Jens Bergmann

Ökonomisierung des Privaten?

Aspekte von Autonomie und Wandel der häuslichen Privatheit

VS VERLAG

Bibliografische Information der Deutschen Nationalbibliothek
Die Deutsche Nationalbibliothek verzeichnet diese Publikation in der
Deutschen Nationalbibliografie; detaillierte bibliografische Daten sind im Internet über
<http://dnb.d-nb.de> abrufbar.

Dissertation Universität Bielefeld, 2010

1. Auflage 2011

Alle Rechte vorbehalten
© VS Verlag für Sozialwissenschaften | Springer Fachmedien Wiesbaden GmbH 2011

Lektorat: Dorothee Koch | Britta Göhrisch-Radmacher

VS Verlag für Sozialwissenschaften ist eine Marke von Springer Fachmedien.
Springer Fachmedien ist Teil der Fachverlagsgruppe Springer Science+Business Media.
www.vs-verlag.de

Das Werk einschließlich aller seiner Teile ist urheberrechtlich geschützt. Jede
Verwertung außerhalb der engen Grenzen des Urheberrechtsgesetzes ist
ohne Zustimmung des Verlags unzulässig und strafbar. Das gilt insbesondere
für Vervielfältigungen, Übersetzungen, Mikroverfilmungen und die Einspeicherung und Verarbeitung in elektronischen Systemen.

Die Wiedergabe von Gebrauchsnamen, Handelsnamen, Warenbezeichnungen usw. in diesem
Werk berechtigt auch ohne besondere Kennzeichnung nicht zu der Annahme, dass solche
Namen im Sinne der Warenzeichen- und Markenschutz-Gesetzgebung als frei zu betrachten
wären und daher von jedermann benutzt werden dürften.

Umschlaggestaltung: KünkelLopka Medienentwicklung, Heidelberg
Gedruckt auf säurefreiem und chlorfrei gebleichtem Papier
Printed in Germany

ISBN 978-3-531-18175-2

Vorwort

Nachstehende Arbeit wurde im Oktober 2009 an der Fakultät für Soziologie der Universität Bielefeld als Dissertation eingereicht. Sie ist hauptsächlich als Sekundäranalyse empirischer Daten konzipiert, an deren Zustandekommen der Autor selbst im Rahmen eines Forschungsprojekts an der Universität Bielefeld beteiligt war. Für die Möglichkeit, auf diese Art und Weise promovieren zu können, sowie für die Unterstützung und fachliche Betreuung möchte ich mich bei Prof. Dr. Birgit Geissler herzlich bedanken.

Bedanken möchte ich mich auch bei Alexandra Bergmann, die meine Launen geduldig ertragen hat, die wertvolle Verbesserungsvorschläge gegeben und die mich stets ermutigt hat, weiterzumachen. Desgleichen danke ich meinem Vater, Wolfgang Bergmann, sowie meiner Familie für die Unterstützung. Mein Dank gilt ferner Maik Dost für seine kritischen Anregungen sowie Astrid Dinter für wertvolle Hilfe bei der Textbearbeitung.

Jens Bergmann

Inhaltsverzeichnis

Einleitung 11

1. Dimensionen der Ökonomisierung 17
1.1. Ökonomisierung (in) der Gesellschaft 19
1.2 Ökonomisierung von Organisationen 44
1.3 Ökonomisierung von Individuum und Alltag 48
1.4 Fazit: Indikatoren für Ökonomisierung 54

2. Soziologische Merkmale von Privatheit 59
2.1 Privatheit 62
2.2 Strukturmerkmale des Privathaushaltes 71
2.3 Private Räumlichkeiten als Arbeitsort 82
2.4 Fazit und Forschungsfragen 86

3. Untersuchungsdesign und methodisches Vorgehen 91
3.1 Auswahl und Rekrutierung der Haushalte 92
3.2 Beschreibung des Haushalts-Samples 94
3.3 Entwicklung und Struktur des Interview-Leitfadens 96
3.4 Zur Auswertung der Interviews 99

4. Ergebnisse der Auswertung der Haushaltsinterviews 107
4.1 Elemente ökonomisch geprägter Lebensführung 108
4.2 Akzeptanz von ökonomisch geprägten Deutungen und Handlungsorientierungen im privaten Bereich 131
4.3 Zum Stellenwert des Privathaushaltes als Privatsphäre 150

4.4 Bedeutungen von Haushaltsarbeit 164

4.5 Zusammenhänge zwischen Ökonomisierung und Privatheit 168

5. Fazit **179**

6. Anhang **185**

6.1 Übersicht über die Interviews zu Haushaltsdienstleistungen 185

Literatur **189**

Tabellenverzeichnis

Tabelle 1:	Häufigkeiten der Haushaltstypen nach Lebensformen	94
Tabelle 2:	Codierleitfaden zum Thema Ökonomisierung	102
Tabelle 3:	Codierleitfaden zum Thema Privatheit	104
Tabelle 4:	Variablengruppe „Ökonomisch geprägte Handlungsmuster". Verteilung der Merkmalsausprägungen für alle Haushalte insgesamt	111
Tabelle 5:	Verteilung der Variablenwerte für Flexibilität und Bindungslosigkeit auf alle Haushalte	125
Tabelle 6:	Verteilung der Variablenwerte für Abgabe von Haushaltsarbeit und Belastung durch Rationalisierung auf alle Haushalte	129
Tabelle 7:	Kreuztabelle der Fall-Verteilung auf die Variablenwerte für Abgabe von Haushaltsarbeit und Belastung durch Rationalisierung auf alle Haushalte	130
Tabelle 8:	Variablengruppe „Ökonomisch geprägte Handlungsorientierungen". Verteilung der Merkmals-Ausprägungen für alle Haushalte insgesamt	132
Tabelle 9:	Verteilung der Variablenwerte für „Professionelles Rollenverständnis" und „Ablehnung traditioneller Rollenmuste" auf alle Haushalte	144
Tabelle 10:	Variablengruppe „Praktiken und Deutungen zu Privatheit" Verteilung der Merkmalsausprägungen für alle Haushalte insgesamt	152
Tabelle 11:	Variablengruppe „Praktiken und Deutungen zu Haushaltsarbeit" Verteilung der Merkmals-Ausprägungen für alle Haushalte insgesamt	165
Tabelle 12:	Verteilung der Indexwerte für ökonomisch geprägte Handlungsmuster und Handlungsorientierungen sowie für Privatheitsmuster (in Klammern der Größenanteil des jeweiligen Quartils am Gesamtfeld)	170
Tabelle 13:	Kreuztabelle der Fälle, die Extremwerte sowohl in Indexwerten zu Privatheit als auch zu Ökonomisierung aufweisen	171

Einleitung

„Wahrscheinlich sind wir sehr ökonomisiert mit allem unserem Denken" (Aus einem Haushaltsinterview; Nr. 6, 199: 199)[1].

Die folgende Untersuchung versteht sich als theoretisch und empirisch explorativ angelegter Versuch der Frage nachzugehen, ob und inwieweit sich die in der Soziologie in letzter Zeit als Ökonomisierung bezeichneten gesellschaftlichen Veränderungen auf den privaten, häuslichen Bereich auswirken. Eine solche Fragestellung liegt nahe, weil sich einerseits – etwa seit Anfang der 1990er Jahre – in sozialwissenschaftlichen Texten Beobachtungen von Verschiebungen im Verhältnis des ökonomischen zu anderen gesellschaftlichen Teilsystemen häufen (Krönig 2007: 12). Andererseits erfährt auch der Privatbereich zunehmend Aufmerksamkeit, insofern in verschiedenen interdisziplinären Diskussionszusammenhängen davon die Rede ist, dass sich „Privatheit" grundlegend im Wandel befände (Jurczyk/Oechsle 2008). Diese beiden Themenbereiche sind bisher jedoch kaum explizit aufeinander bezogen worden. So sehr die Rede von der ‚Ökonomisierung der Gesellschaft' zum Dauerthema geworden ist, so wenig befassen sich diesbezügliche Untersuchungen mit Forschungsgegenständen, die dem Privatbereich zuzurechnen sind[2]. Umgekehrt berufen sich Texte, die Veränderungsprozesse im Privaten analysieren, kaum auf den Begriff der Ökonomisierung oder sie berühren Entwicklungen des ökonomischen Systems nur am Rande.

Über Gründe für diese wechselseitige Ausblendung kann nur gemutmaßt werden. Sie resultiert wahrscheinlich aus arbeitsteiligen Spezialisierungen in der Soziologie oder daraus, dass der Dualismus zwischen „Arbeit" und „Leben" oder „Ökonomie" und „Privatheit" theoretisch eine lange Tradition hat, die sich bis in die antike Philosophie zurückverfolgen lässt und die bis heute Wirkungskraft ausstrahlt (Geuss 2002). Handlungsprinzipien wie Leistung, Konkurrenz, Wettbewerb oder rechenhafte Rationalität scheinen an der Grenze des Privatbereichs

---

[1] Bei den Klammern hinter den Zitaten handelt es sich um folgende Angaben: Interviewnummer, Absatznummer (Beginn des Zitates): (Absatznummer Ende des Zitates). Die soziodemografischen Angaben zu den Interviews sind im Anhang zu finden.
[2] So wird beispielsweise auf dem Gebiet der Industrie- und Arbeitssoziologie eine relativ ausgeprägte Ignoranz gegenüber privater, unbezahlter Arbeit als Forschungsgegenstand ausgeübt, bei recht einseitiger Fixierung auf Veränderungen der bezahlten Erwerbsarbeit, die im betriebswirtschaftlichen Rahmen stattfindet; vgl. Jürgens 2006.

weitgehend halt zu machen (Reichwein 1993; Weber 1980). Und auch die (liberale) Vorstellung, wonach die bürgerliche Gesellschaft Normen der Sorge und Intimität der Privatsphäre zuweist und versucht, sie dem Markt[3] zu entziehen, hat gegenwärtig im öffentlichen Bewusstsein immer noch große Bedeutung (Geissler 2006; Rössler 2001). Dass dieser Trennung zwischen Ökonomie und Privatheit dennoch nicht der Charakter einer quasi natürlichen Gegebenheit zusteht, darauf hat bereits die Kritik der (ersten) Frauenbewegung hingewiesen (vgl. Aulenbacher u.a. 2007), und spätestens mit der steigenden Erwerbsintegration der Frauen, ihren veränderten Lebensentwürfen (Geissler/Oechsle 1996) und den Folgen wird immer deutlicher, wie eng scheinbar privateste Fragen der Lebensführung mit ökonomischen Rahmenbedingungen zusammenhängen. Eine aktualisierte Verknüpfung der Themengebiete „Ökonomisierung" und „Privatheit" ist aber auch aus anderen Gründen nahe liegend.

Es fragt sich angesichts der zeitdiagnostischen Beschreibungen einer Ökonomisierung der Gesellschaft, wie umfassend dieselbe ist und wo die Grenzen dieses Prozesses liegen könnten. Denn nahezu jedes nur erdenkliche, irgendwie identifizierbare gesellschaftliche Betätigungsfeld scheint inzwischen von der „Ökonomisierung" betroffen. Die sozialwissenschaftliche Literatur mit Bezugnahme auf diesen Begriff wächst in den letzten Jahren rapide an und ist kaum noch zu überblicken[4]. Es gibt Beobachter, die nicht nur eine „Vorherrschaft des Marktes" (Saul 1998: 148) diagnostizieren, sondern eine allgemeine „Ökonomisierung aller menschlichen Verhältnisse" (Mittelstrass 1990: 19), und es ist von einer „neuen Topografie des Sozialen" (Lemke u.a. 2000: 32) die Rede, deren Kontur kaum noch Unterschiede erkennen lässt zwischen der prinzipiellen Trennung von Markt, Staat und anderen Sozialsphären.

Die Frage drängt sich auf, ob eine solche Diagnose plausibel ist oder ob sich nicht doch gesellschaftliche Bereiche finden lassen, die sich dem scheinbar umfassenden Prozess der „Vermarktlichung" widersetzen. Als ein solches quasi

---

[3] Die Begriffe „Markt" und „Wirtschaft" sollen in dieser Untersuchung synonym gesetzt werden, obwohl sie in soziologischer Hinsicht Verschiedenes bezeichnen. Da die Forschungsfragestellung darauf abzielt, mit „Ökonomisierung" die Gesamtheit der Ereignisse des wirtschaftlichen Geschehens mit einzubeziehen, macht es keinen Sinn, permanent zwischen der Tauschsphäre des Marktes oder bspw. Wirtschaftsorganisationen zu differenzieren (vgl. hierzu Kraemer 1997: 16f.; Beckert 2007).
[4] So ergab eine willkürliche Online-Recherche zu wissenschaftlichen Publikationen mit dem Titelschlagwort „Ökonomisierung" im Juni 2008 allein 56 deutschsprachige Monographien aus dem Veröffentlichungszeitraum zwischen 2005 bis 2008, die zusammen insgesamt 22 verschiedene Themen-, Berufs-, Organisations- oder Handlungsfelder zum Gegenstand hatten. Von der Ökonomisierung betroffen zeigten sich dieser Liste entsprechend unter anderem die Sozial- und Kriminalpolitik, das Gesundheitswesen, die Bildung bzw. Weiterbildung, die Kunst, Erziehung, Kindheit, Presse, Verwaltung, Sportberichterstattung, Wissenschaft, (Dienstleistungs)Arbeit, Alltag, Personalwirtschaft, Medizin, kirchliches Handeln, der Sozialbereich, der öffentlicher Sektor, der Staat, die Universitäten und das Wissen in Netzwerken – und nicht zuletzt auch die Ökonomie selbst.

Einleitung 13

außerökonomisches Reservat kommt einem die Privatsphäre oder der Bereich der familialen, häuslichen Privatheit in den Sinn, denn bereits in den Gesellschaftsbeschreibungen der soziologischen Klassiker wie Max Weber, Georg Simmel oder Talcott Parsons gehört die Unterscheidung zwischen häuslicher Privatsphäre und Wirtschaftssystem zum konstitutiven Merkmal moderner Gesellschaften. Auch Theoretiker der sozialen Differenzierung (nicht nur Theoretiker in der Tradition von Habermas) unterscheiden auf der Gesellschaftsebene zwischen privaten Familien-, Freundschafts- und Intimbeziehungen einerseits und sozialen Systemen andererseits, und sie gehen diesbezüglich von verschiedenen strukturellen Logiken aus (Luhmann 2005; Fuhse 2005; Schimank/Volkmann 1999: 34ff.; Burkart 2005; Meyer 1990). Die Gültigkeit oder Ausprägung solcher strukturellen Logiken steht auf dem Prüfstand, sollte die Ökonomisierung die gesamte Gesellschaft betreffen, wie von einigen Beobachtern behauptet. Wenn nun in der folgenden Untersuchung dieser Bereich der häuslichen Privatheit unter dem Aspekt seiner Ökonomisierung untersucht werden soll, so geschieht dies einerseits, weil das Private als diejenige Sphäre gilt, die nach sozialwissenschaftlichem und nach populärem Verständnis dem Zugriff des Ökonomischen noch am ehesten entzogen scheint. Andererseits ist das Private in letzter Zeit, wie bereits erwähnt, zunehmend zum Gegenstand öffentlicher Debatten und zeitdiagnostischer Betrachtungen geworden und scheint, in welcher Form auch immer, Wandlungsprozessen unterworfen zu sein. Dies wirft die Frage nach Zusammenhängen auf.

War die wissenschaftliche Thematisierung solcher Wandlungsprozesse bzw. von „Fragen des privaten Lebens" (Jurczyk/Oechsle 2008: 8) bisher eher eine Domäne der Familiensoziologie sowie der Frauen- und Geschlechterforschung, so gibt es nun auch in anderen Kontexten Hinweise auf mögliche Verschiebungen zwischen dem Ökonomischen und dem Privaten. So ist etwa auf dem Gebiet der Soziologie der alltäglichen Lebensführung (Alltagssoziologie) von einer Entdifferenzierung der Bereiche der Erwerbsarbeit und der privaten, häuslichen Lebensführung die Rede (Kudera/Voß 2000; Jurczyk/Jerrich 1993, Thiessen 2004). Die Entgrenzung von Privat- und Erwerbsbereich gilt hier als Begleiterscheinung eines soziokulturellen Wandels von Beruf und Arbeit sowie als Folge des Wandels von individuellen Lebensentwürfen (Voß/Weihrich 2001; Hochschild 2006). Die Handlungslogiken oder Leitvorstellungen in der privaten Lebenswelt würden, so im Wesentlichen der Tenor dieser Forschungen, tendenziell immer weniger unterscheidbar von denjenigen in der Berufswelt („Verbetrieblichung der Lebensführung"). In weiteren Forschungsrichtungen, die den Strukturwandel von Familie und Haushalt thematisieren, kommt es zu ähnlich lautenden Diagnosen. So vollzieht sich in Bezug auf den Privathaushalt seit kurzem seine Entdeckung als Arbeitsmarkt und als Arbeitsort (Gather/Geissler/Rerrich

2002; Anderson 2006; Rerrich 2006; Lutz 2007). Diese Diagnosen einer zunehmenden Integration von Familien- und Haushaltsarbeit in den Marktprozess (Behning 1997: 11; Geissler 2002) werden flankiert von der Rede eines Wandels der Lebensformen, bei gleichzeitigem institutionellen Bedeutungsverlust der Familie und des Privatbereichs (Nave-Herz 2003; Busch/Nave-Herz 2005; Meyer 1992, Reichwein 1993; Tyrell 1988). Ohne dass all diese Veränderungsprozesse explizit auf den Begriff der Ökonomisierung verweisen, ist der Bezug zu wirtschaftlich generierten Faktoren offensichtlich. Auch aus diesem Grund erfolgt an dieser Stelle der Versuch einer Klärung möglicher Auswirkungen der Ökonomisierung auf die Ebene des Privaten.

Es sind also, um noch einmal zusammenfassend zu argumentieren, vor allem drei Beobachtungen, die eine vertiefende Untersuchung der möglichen Ökonomisierung des Privatbereichs motivieren: Zum Einen ist eine zunehmende Zahl an Zeitdiagnosen zu beobachten, die eine Ökonomisierung gesellschaftlicher Bereiche oder auch der gesamten Gesellschaft thematisieren. Dies wirft die Frage unter anderem nach Gestalt und Grenzen dieses Prozesses auf. Darüber hinaus gibt es zweitens eine zunehmende Thematisierung von Veränderungen im Bereich der privaten Lebensführung, die einen Bezug zum Wirtschaftsbereich nahe legen, jedoch selten ausdrücklich benannt werden. Drittens schließlich erfolgen kaum Verknüpfungen dieser beiden Themengebiete, was die Frage nach Zusammenhängen zwischen Ökonomisierung und Veränderungen von Privatheit unbeantwortet lässt. Kurzum: Kann von einer „Ökonomisierung des Privaten" überhaupt die Rede sein? Diese Grundfrage soll im Folgenden in drei Schritten bearbeitet werden.

Zunächst erfolgt eine Aufarbeitung verschiedener Aspekte des Ökonomisierungs-Diskurses um zu klären, was mit diesem Begriff überhaupt gemeint ist (Kapitel 1). Mit Hilfe einer Rekonstruktion verschiedener Diskussionszusammenhänge soll die semantische Vielfalt dieses Begriffs aufgezeigt werden.

Leitthemen hierbei sind die unterschiedlichen strukturellen Rahmenbedingungen, die mit Ökonomisierung angesprochen werden sowie die empirischen Anhaltspunkte, die auf Ökonomisierung hinweisen. Darüber hinaus sollen Analysekategorien oder Indikatoren gebildet werden, die eine Untersuchung dieser Phänomene auf empirischer Ebene anleiten können. In einem zweiten Schritt ist eine Analyse von verschiedenen Aspekten des Privatheitsbegriffs beabsichtigt (Kapitel 2). Geklärt werden soll dabei einerseits theoretisch, wie die Eigenständigkeit des Privaten in der Gesellschaft gefasst wird. Eingegangen wird zunächst auf den Begriff der Privatheit und seiner Veränderungstendenzen im Allgemeinen, um ihm dann an den Beispielen des Privathaushaltes und der Haushaltsarbeit zu spezifizieren. Es wird mit diesem Arbeitsschritt andererseits auf die Bildung von empirisch handhabbaren Analysekategorien abgezielt. Mit Hilfe dieser

Einleitung 15

Kategorien schließlich, die als Ertrag aus den ersten beiden Kapiteln gelten können, soll in einem weiteren Untersuchungsschritt auf empirische Daten einer Befragung zum Thema „Haushaltsdienstleistungen" zurückgegriffen werden. Bei diesen Daten handelt es sich um Transkriptionen von insgesamt 55 leitfadengestützten Interviews in Privathaushalten. Das Forschungsprojekt, in dessen Rahmen diese Daten erhoben wurden, untersuchte im Zeitraum von April 2006 bis März 2008 die ökonomischen und kulturellen Entscheidungsgrundlagen der Dienstleistungsnachfrage von Haushalten sowie den Stand der Inanspruchnahme von Haushaltsdienstleistungen (Bergmann/Geissler/Pohlheim 2008). Es ist geplant, diese Daten mit Hilfe der gebildeten Analysekategorien explorativ zu erschließen.

Da bisher noch keine gehaltvollen empirischen Anhaltspunkte bekannt sind, die den Grad an Ökonomisierung im häuslichen Privatbereich widerspiegeln, ist zunächst eine Rekonstruktion der diesbezüglich relevanten Praktiken, subjektiven Deutungen und Einstellungsmuster aus den vorhandenen Interviews beabsichtigt. Die Untersuchungsmethode besteht in einer quantitativ unterstützten, interpretativen Exploration themenbezogener Aussagen, angelehnt an das Vorgehen des thematischen Codierens (zum methodischen Vorgehen vgl. Kapitel 3). Der Dienstleistungsbedarf in Privathaushalten spielt, so die Vermutung, im Hinblick auf Themen wie Privatheit und Ökonomisierung insofern eine Rolle, als mit der (möglichen) Präsenz von Dienstleisterinnen[5] im Haushalt sowie mit der Übernahme von vorher in Eigenarbeit verrichteten Tätigkeiten „Territorien des Selbst", verstanden als „persönlicher Raum, dessen Betreten als Übergriff empfunden wird" (Goffman 1974: 54f.), verletzt werden könnten. Außerhäusliche, unpersönliche, ökonomische Handlungsorientierungen oder Verhaltensmuster könnten im häuslichen Bereich hierüber zudem an Einfluss gewinnen. Es stellt sich daher die Frage nach der Ausdifferenzierung, Stabilität und Bedeutung von semantischen Figuren, Rollen und Deutungsmustern, die im Kontext von „Reproduktionsarbeit" (Jürgens 2006: 137) im Haushalt von Bedeutung sind. Die Darlegung der Auswertungsergebnisse der Haushaltsinterviews in diesen Punkten erfolgt im abschließenden vierten Kapitel.

Über die Analyse von Motiven, Deutungsmustern und Entscheidungsgrundlagen in Privathaushalten zur Auslagerung oder „Vermarktlichung" von als privat geltenden Handlungen (insbesondere Haushaltsarbeit) lassen sich, so die Vermutung, Rückschlüsse auf den Realitätsgehalt der These einer zunehmenden Expansion ökonomischer Rationalitätsmuster in andere gesellschaftliche Bereiche ziehen. Die Auswertung der Daten soll also Auskunft darüber geben, ob und

---

[5] Es wird in dieser Arbeit durchgehend auf die weibliche Form der Berufsbezeichnung zurückgegriffen, um zu betonen, dass gerade in dieser Berufsgruppe der geschlechtliche Unterschied eine große Rolle spielt und da überwiegend Frauen als Dienstleisterinnen im Haushalt arbeiten.

ggf. wie sich die „wertrationale Haushaltsökonomie" (Max Weber) in Richtung auf ökonomische Zweckrationalität entwickelt. Idealtypisch ausgedrückt: Da der Wettbewerb auf dem Markt zur Versachlichung der Handlungsorientierungen führt und die Eigengesetzlichkeit des Marktes tendenziell „nur Ansehen der Sache, kein Ansehen der Person" (Weber 1985: 383) kennt, ist danach zu fragen, inwieweit sich eben dieses „Ansehen der Person" und eine „Ökonomie des solidarischen Aushelfens" (Beckert 2007: 43) im Bereich der häuslichen Privatsphäre noch als gültig und aktuell erweisen.

1. Dimensionen der Ökonomisierung

Was ist eigentlich mit „Ökonomisierung" gemeint und wie könnte man ein solches Phänomen ggf. nachweisen? Anstatt das Thema der Ökonomisierung der Gesellschaft als bekannt vorauszusetzen oder es als selbstverständliches Faktum zu betrachten, wird an dieser Stelle versucht, das Problem tiefer zu legen. In Frage stehen, wie bereits oben erläutert, Bedeutung und Tragfähigkeit bzw. Anwendbarkeit von Ökonomisierung auf eine spezifische Problematik. Ziel dieses ersten Kapitels ist es daher, den Begriff der Ökonomisierung zunächst mit Hilfe einer komparativen Betrachtung verschiedener Konzeptualisierungen und Analyseansätze empirisch operationalisierbar zu machen. Denn obwohl mittlerweile zum „Dauerthema" (Bango 2001: 60) avanciert und als Schlagwort omnipräsent, mangelt es diesem Konzept nach wie vor sowohl an definitorischer Präzision bzw. Eindeutigkeit als auch an empirischer Fundierung. Ökonomisierung ist ein Schlagwort, das in heterogenen theoretischen Kontexten Verwendung findet und das höchst Verschiedenes bezeichnen kann (Krönig 2007: 12f.). Das Spektrum der Bedeutungen reicht von einer Aufwertung ökonomischer Handlungsprinzipien in Organisationen oder im Alltagshandeln über den Wandel von politisch-ideologischen Programmen bis hin zu tiefgreifenden gesellschaftlichen Strukturveränderungen. Mangels verlässlicher Daten ist außerdem kaum etwas bekannt über die tatsächlichen Effekte von Ökonomisierung (Schimank/Volkmann 2008: 392). Dennoch oder gerade deswegen scheint dieses Konzept für viele Autoren ausreichend plausibel oder attraktiv zu sein, um Veränderungen (in) der Gesellschaft zusammenfassend zu beschreiben. So geht bspw. eine Einladung zu einer soziologischen Fachtagung zum Thema „Ökonomisierung" im Mai 2008 wie selbstverständlich von einer „Ausweitung der ökonomischen Geltungssphäre auf gesellschaftliche Teilbereiche" aus, „in denen wir bisher gewohnt waren, nicht-ökonomisch zu handeln"[6]. Um sich in dieser Situation ein Urteil darüber erlauben zu können, inwieweit der Begriff der Ökonomisierung tragfähig genug ist für eine Analyse gesellschaftlichen Wandels auch auf der Ebene von Privatheit, soll es in diesem ersten Untersuchungsschritt zunächst darum gehen, die semantische Vielfalt dieses Konzepts aufzuzeigen und unterschiedliche Diskussionszusammenhänge aufzuarbeiten. Ein Vergleich der verschiedenen Konnotationen, der impliziten oder expliziten Strukturannahmen, der beschriebenen Entste-

---

[6] URL: http://www.fernuni-hagen.de/imperia/md/content/soziologie/_konomisierung.pdf 14.03.2008.

hungsbedingungen und Auswirkungen von Ökonomisierung soll dabei helfen, die ertragreichsten und für die hier angestrebten Untersuchungsziele nützlichsten Auslegungen zu isolieren. Die folgende Gegenüberstellung verschiedener Ökonomisierungs-Konzepte ist im Wesentlichen an zwei Leitfragen orientiert:

1. Welcher strukturelle Rahmen wird mit dem Begriff angesprochen? Verschiedene Ebenen oder Systemreferenzen der Betrachtung (Individualebene, Organisationsebene und Gesellschaftsebene) sollen beim Vergleich auseinandergehalten werden.
2. Welche empirischen Indikatoren oder Folgen der als Ökonomisierung bezeichneten Prozesse werden genannt?

Die Beantwortung dieser Leitfragen zielt darauf ab, die im empirischen Untersuchungsteil geplante Analyse des Themas vorzubereiten. In verschiedenen Hinsichten kann nämlich die Klärung dieser Fragen, so die Annahme, zur Bildung von Kategorien beitragen, welche helfen, dem Phänomen der Ökonomisierung auf (haushaltsbezogener) Deutungsebene näher zu kommen. Bei der Auswertung der Interviews im vierten Untersuchungsteil soll versucht werden, die Organisation von Alltagserfahrung mittels „Interpretationsschemata" oder „Rahmen" zu rekonstruieren (Goffman 2008a: 31). „Rahmen" werden hierbei als kognitive Deutungsmuster verstanden, nach deren Maßgabe Privathaushalte Situationsdefinitionen herstellen (Eberle 1991: 183f.). Sie sollen multiperspektivisch interpretiert werden, als „gleichzeitiger Ausdruck von Akteursbewusstsein, Interaktionssystemen, Organisationen und den entwickelten Semantiken der gesellschaftlichen Funktionssysteme" (Vogd 2005: 16), daher ist eine vorbereitende Orientierung an theoretisch vermittelten Kategorien unerlässlich. Diese Kategorien, aus themenbezogenen Texten abgeleitet, sollen daraufhin überprüft werden, ob sie als subjektivierende Disposition, als Verstehensanweisung und als strukturelle Referenz eine Rolle für Handlungsmotive oder die Herstellung kommunikativer Situationsdeutungen spielen.

Ein Textvergleich also, der *erstens* versucht, die in den verschiedenen Begriffs-Fassungen jeweils angesprochenen strukturellen Rahmen oder Sinnebenen, auf die sich Ökonomisierung beziehen kann, zu rekonstruieren, soll später eine Identifizierung situationsübergreifender Kontextbedingungen in den Aussagen aus den Interviews ermöglichen. Die vergleichende Thematisierung *zweitens* von empirischen Indikatoren oder Erscheinungsweisen der Ökonomisierung soll dazu dienen, diese kategorial zu bündeln, um sie bei der Auswertung als konkrete alltagswirksame Fakten oder Erfahrungen wiederfinden zu können.

1.1 Ökonomisierung (in) der Gesellschaft

Der nun folgende Überblick über die einschlägigsten Bestimmungen von „Ökonomisierung" ist zum Zweck der besseren Übersicht zunächst strukturiert nach Systemreferenzen bzw. nach strukturellen Kontextbedingungen, die mit diesem Phänomen angesprochen werden. In Anlehnung an die in der Soziologie übliche (und schulübergreifend gängige) Dreiteilung von gesellschaftlichen Ebenen, bildet die Differenzierung zwischen Gesellschaft, Organisation und Individuum (Makro-, Meso- und Mikroebene) einen ersten Orientierungsrahmen (vgl. dazu Esser 1996; Schimank/Volkmann 2008). Eine Ausrichtung an diesen Betrachtungsebenen soll gewissermaßen zwischen zeitdiagnostischer und gesellschaftstheoretischer Perspektive vermitteln. Die Frage lautet daher: Wie gestaltet sich die Ökonomisierung auf diesen unterschiedlichen Ebenen?

1.1 Ökonomisierung (in) der Gesellschaft

Eine Beantwortung der Frage nach Ausprägung oder Gestalt der Ökonomisierung auf gesamtgesellschaftlicher Ebene setzt voraus, dass von „Gesellschaft" ein Begriff existiert. Selten jedoch wird im Zusammenhang mit der Rede von Ökonomisierung deutlich, was man unter der Gesellschaft zu verstehen habe. Es sind vielmehr diffus „menschliche Lebensbereiche", „das Soziale" oder einzelne gesellschaftliche Teilgebiete (wie das Gesundheitswesen oder das Erziehungssystem), die als von der Ökonomisierung betroffen beschrieben werden. Nimmt man jedoch die Rede von einer Ökonomisierung der Gesellschaft ernst und möchte sie auch empirisch nachvollziehbar machen, so muss ein Bezug herstellbar sein zu klar umrissenen „soziologischen Tatbeständen" (Durkheim 1984). Mit der Theorie der funktionalen Differenzierung der Gesellschaft und mit Begriffen wie Werten oder Normen liegen Angebote solcher Präzisierungen vor. Ihnen soll in den nächsten beiden Teilschritten gefolgt werden.

1.1.1 Ökonomisierung als Entdifferenzierung

Für die klassische Soziologie steht der Umstand, dass die Wirtschaft in der modernen Gesellschaft einen eigenständigen Teilbereich bildet, außer Frage. Unter anderem Durkheim, Simmel, Max Weber und Parsons beschreiben Autonomie und Funktionsweise der Wirtschaft als ausdifferenziertes Ordnungsgefüge mit eigenen Handlungsmustern und institutionellen Rahmensetzungen, das neben der Religion, dem Recht, der Kunst oder der Wissenschaft spezifische Funktionen erfüllt und dabei an relativ unabhängige, selbstproduzierte Erwartungen anknüpft (Baecker 2008, 2006; Kraemer 1997; Schimank/Volkmann 1999). Reziprok zu dieser Bestimmung von Ökonomie als einem eigenständigen, relativ unabhängigen Gesellschaftsbereich oder System, wird in der klassischen Gesellschaftstheorie davon ausgegangen, dass auch die anderen Bereiche einen relativ autonomen Status innehaben. Sie haben sich arbeitsteilig spezialisiert. Denn ob als gesellschaftliche „Arbeitsteilung" (Durkheim), als Nebeneinander verschiedener „Ordnungen" bzw. „Wertsphären" (Max Weber) oder als „Subsysteme" (Parsons): „Dass moderne Gesellschaften funktional differenziert sind, gilt als die schlechthin zentrale [...] Aussage der Soziologie" (Berger 2003: 208)[7]. Die Gesellschaft insgesamt wäre dann im weitesten Sinn definiert als Zusammenhang oder Gesamtheit dieser relativ autonomen Teilsysteme - als „umfassendes Sozialsystem" (Luhmann 2007: 78).

Im Vollzug ihrer spezialisierten Operationen bleiben also bspw. die Religion, das Recht oder die Kultur von ökonomischen Belangen im Großen und Ganzen unbehelligt. Das systemtheoretische Stichwort für diesen Sachverhalt lautet „legitime Indifferenz" oder „funktionale Entlastung" (vgl. u.a. Luhmann 1997: 724ff.): Die Eigensinnigkeit (funktional ausdifferenzierter) gesellschaftlicher Teilsysteme führt (so zumindest die differenzierungstheoretische Position) dazu, dass die Wirtschaft, die Politik, das Recht oder die Erziehung ihre je eigenen Dynamiken entfalten können und sich bei der Bearbeitung ihrer Teilaufgaben weitestgehend nicht in die Quere kommen. Als ungleichartige Kommunikations- oder Sinnzusammenhänge dienen die verschiedenen Teilsysteme der Erfüllung spezifischer gesellschaftlicher Funktionen, welche aus historisch bestimmbaren gesellschaftlichen Bezugsproblemen entstanden sind, und auf deren ausschließliche Lösung die Subsysteme sich spezialisiert haben[8]. Das Bezugsproblem der Politik in diesem Sinne ist die Herstellung kollektiv verbindlicher Entscheidungen, das der Wirtschaft die Produktion von Gütern zur Befriedigung von Bedürfnissen und das der Wissenschaft die Herstellung von Wahrheit. Im Zuge der jeweiligen Funktionserfüllung kommt es zu teilsystemspezifischen Verhaltensstilen (Rollen) und Sprachen oder auch zu spezialisierten Organisationen[9]. Definitionskriterium eines Teilsystems dabei ist das Vorliegen eines ungleichartigen, auf Dauer gestellten Sinnzusammenhangs, der als Leitorientierung für kommunikative Einzelhandlungen innerhalb dieses Sinnzusammenhangs dient. Im Ver-

---

[7] Vgl. ebenso: „Im Rahmen soziologischer Gesellschaftstheorie hat sich der Differenzierungsbegriff [...] nahezu konkurrenzlos durchgesetzt" (Nassehi 2003: 146). Dass die Funktionssysteme dennoch aufeinander angewiesen sind und in wechselseitigen Austauschbeziehungen stehen, gehört ebenfalls zu den Grundthesen der Differenzierungstheorie (vgl. dazu Mayntz 1988; Schimank/Volkmann 1999, Tyrell 1998; Luhmann 1997).
[8] Zu Details, die „extrem unwahrscheinlichen" historischen Übergänge von segmentärer Stratifikation zu funktionaler Differenzierung betreffend, vgl. Luhmann 1997, S.707ff..
[9] Zur besonderen Rolle von Organisationen im Kontext der Differenzierungstheorie vgl. Tacke 2001 und Drepper 2003.

1.1 Ökonomisierung (in) der Gesellschaft

hältnis der Teilsysteme zueinander wird von einer prinzipiellen Gleichrangigkeit ausgegangen; das heißt, es kann keine für alle Systeme gültige Rangordnung angegeben werden und keines von ihnen nimmt eine dominierende oder gesamtgesellschaftlich leitende Position ein (Luhmann 1997: 707ff.) [10].

Es ist nun gerade diese klassische, arbeitsteilige Bestimmung des Verhältnisses der verschiedenen gesellschaftlichen Teilbereiche zueinander, die mit dem Begriff der „Ökonomisierung", wenn er sich auf die Ebene der Gesamtgesellschaft bezieht, in Frage gestellt wird. Es gibt Beobachter, die gegenwartsbezogen nicht nur eine „Vorherrschaft des Marktes" (Saul 1998: 148) diagnostizieren, sondern eine allgemeine „Ökonomisierung aller menschlichen Verhältnisse" (Mittelstrass 1990: 19). So versteht z.b. Jarren unter Ökonomisierung ganz allgemein „die Ausweitung des ökonomischen Systems auf Felder, die vorher anderen Systemimperativen unterlagen" (Jarren 1998: 78), und Schimank/Volkmann fassen zusammen: Ökonomisierung auf der Makro-Ebene „bezeichnet einen Vorgang, durch den Strukturen, Prozesse, Orientierungen und Effekte, die man gemeinhin mit einer modernen kapitalistischen Wirtschaft verbindet, gesellschaftlich wirkmächtiger werden" (Schimank/Volkmann 2008: 382). Es ist dann die „Verfolgung des Zwecks wirtschaftlicher Profit" (ebd.: 383), die eine Verfolgung anderer Zwecke (bspw. denjenigen der Bildung kollektiv verbindlicher Entscheidungen in der Politik) verdrängt oder überlagert. Ökonomisierung wird auf der Gesellschaftsebene in dieser Art als Verkehrung der Zweck-Mittel-Relation verschiedener Bereiche gefasst; sie ist als Okkupation durch das ökonomische Teilsystem zu verstehen: politisches Handeln beispielsweise erfolgt dann unter Maßgabe und Zielsetzungen systemfremder (wirtschaftlicher) Kriterien oder Ziele, bzw. der „Wettbewerb" erfährt als Problemlösungsverfahren eine zunehmende Akzeptanz gegenüber alternativen Verfahren (Heinrich 2001: 160). Es erfolgt eine „pauschale Ausdehnung der Marktgesellschaft" (Giddens 1997: 29).

Mit dieser Bestimmung nimmt der Ökonomisierungsbegriff Bezug auf differenzierungstheoretische Positionen und behauptet eine mehr oder weniger ausgeprägte Entdifferenzierung zwischen dem ökonomischen und anderen gesellschaftlichen Funktionsbereichen. Wirtschaftliche Prinzipien, so die Aussage, kommen nun dort zum Tragen, wo vorher nur die eigenen Prinzipien der entsprechenden Bereiche zählten. Ökonomisierung besagt in diesem allgemeinen

---

[10] Eine Ausnahme in dieser Hinsicht bilden natürlich marxistische Positionen, die seit jeher eine Dominanz der Wirtschaft in der Gesellschaft unterstellen bzw. eine Unterwerfung anderer gesellschaftlicher Bereiche unter das ökonomische Kalkül (vgl. dazu auch Pahl 2007; Kühl 2008). Dass solche Positionen seit den 1980er Jahren im akademischen Betrieb kaum noch eine Rolle gespielt haben und erst im Zuge von Wirtschaftskrise und Systemumbruch wieder vermehrte Aufmerksamkeit erfahren, hat sicherlich mit einem Wandel der politischen Kultur zu tun; ist aber auch durch Defizite differenzierungstheoretischer Ansätze erklärbar.

Verständnis also, dass es verschiedene gesellschaftliche Bereiche gibt, die ineinander eindringen können, es aber eigentlich nicht sollen. Die Diagnose folgt einer Raummetaphorik (Krönig 2007: 13). In diesem Sinne sprechen Autoren wie Stichweh von „korrupten strukturellen Kopplungen" zwischen ökonomischen und anderen Teilsystemen (Stichweh 2005: 175) und Bourdieu bezeichnet den gleichen Sachverhalt als „Intrusion", als Eindringen einer teilsystemfremden Logik in ein anderes System (oder „soziales Feld", Bourdieu 1998). In der Art einer „feindlichen Übernahme" durch die „Logik der Ökonomie" (Wrana 2006: 1) wird Ökonomisierung als Prozess gefasst, der eine Deprofessionalisierung, Vermarktlichung oder sachfremde Verzweckung anderer Bereiche bewirkt. Ob man nun davon ausgeht, dass ein solches „Eindringen" der ökonomischen Logik in andere Teilbereiche als normale, beständige Bedrohung der kapitalistischen Wirtschaftsweise anzusehen sei – als die Regel –, oder aber nur als ein prinzipiell instabiler, vorübergehender Zustand – als Ausnahme – eine insgesamt zunehmende Ressourcenabhängigkeit von Teilsystemen, ihre Strukturierung nach Effizienz- und Leistungskriterien sowie ihre äußerliche Beeinflussung durch die Wirtschaft bilden Grundtatbestände einer solchen Bestimmung von Ökonomisierung.

Dass die Wirtschaft zunehmend einschränkend auf die Operationsbedingungen der anderen Systeme einwirkt, bzw. dass es zu Ungleichgewichten im Verhältnis dieser Systeme gekommen ist, wird nun schon seit längerem auch im differenzierungstheoretischen Kontext unter dem Stichwort der „Entdifferenzierung" diskutiert (u.a. Buß/Schöps 1979; Halfmann/Japp 1981; Gerhards 1993; Wagner 2005). Diese Diskussionen kreisen unter anderem darum, ob die Grenzen sozialer Differenzierung nicht schon überschritten sind und ob nicht bereits von Prozessen krisenhafter Entdifferenzierung die Rede sein sollte. Allerdings lassen sich verschiedene Entdifferenzierungskonzepte im Zusammenhang mit diesen Debatten isolieren und viele Autoren negieren auch prinzipiell die Möglichkeit einer Entdifferenzierung auf Gesellschaftsebene[11]. Es fragt sich daher, welche Gestalt intersystemische Beeinflussungen annehmen (könnten), wenn von einer Ökonomisierung die Rede ist. Eine Klärung dieser Frage ist auch deshalb nötig, um Ausprägungen oder Ausformungen einer möglichen Beeinflussung des haushaltsbezogenen Privatbereichs durch das ökonomische Teilsystem nachvollziehbar machen zu können.

Bezogen auf die Gesellschaftsebene können diesbezüglich mindestens zwei differenzierungstheoretisch inspirierte Hauptkonzepte identifiziert werden. Folgt man Luhmanns systemtheoretischem Vokabular, besitzt hierbei die Unterscheidung zwischen Funktion und Leistung eine große Bedeutung (Luhmann 1997:

---

[11] „Kommunikationen auf der Ebene der Gesellschaft und ihrer Funktionssysteme können per definitionem nicht entdifferenziert werden" (Bora 2001: 174; vgl. in diesem Sinne auch Krönig 2007).

1.1 Ökonomisierung (in) der Gesellschaft

757f.). Beeinflussungen zwischen Systemen können dementsprechend 1. funktionsbezogen als grenzauflösende „Überkreuzung von Codes" vorliegen und sie lassen sich 2. in Form von veränderten intersystemischen Leistungsbeziehungen feststellen. Beobachtungen zu einzelnen Funktionssystemen können also entweder auf das Verhältnis eines Teilsystems zum Gesamtsystem abzielen (Funktion), oder sie können die Beziehungen zwischen einzelnen Systemen thematisieren (Leistungen). Im Unterschied zur „Funktion" (potentielle Sicherung von Leistungen) besteht die „Leistung" eines Systems in deren konkreter Umsetzung. Im Hinblick auf Ökonomisierung soll diese Unterscheidung im Folgenden kurz ausgeführt werden[12].

A) Ökonomisierung als Funktionsverlust

Nach Maßgabe der systemtheoretischen Perspektive, die sich auf dem Gebiet der Differenzierungstheorie derzeit als Leitparadigma durchgesetzt hat (vgl. Giegel/ Schimank 2003), meint Entdifferenzierung auf der gesamtgesellschaftlichen Ebene zunächst die Aufhebung einer dauerhaft eingerichteten Grenze zwischen einem sozialen System und seiner Umwelt und damit seinen Funktionsverlust. Es handelt sich dabei um eine Vermischung der Sinnrationalitäten der Teilsysteme bzw. um eine Entdifferenzierung von teilsystemischen Codes durch Vermischung mit anderen Orientierungen (Gerhards 1993: 271f.). Gesellschaftliche Teilsysteme können Informationen aus ihrer Umwelt normalerweise nur nach Maßgabe selbständig hergestellter Beobachtungsschemata verarbeiten. Diese Schemata bestehen aus kommunikativ hergestellten und nur momenthaft aktualisierten *binären Codierungen* von Kommunikation, welche als Wahrnehmungs- und Verarbeitungsmuster von Informationen dienen. Mit der Verwendung solcher zweiwertiger Leitdifferenzen (Unterscheidungen wie Zahlen/Nichtzahlen, Recht/Unrecht oder Macht haben/keine Macht haben) kommt es im System zur rekursiven Schließung sowie zur autopoietischen[13] Selbstreproduktion von Kommunikation. Das System greift selbstreferenziell auf interne Strukturen zurück und spezialisiert sich auf diejenige Kommunikation, die für es relevant ist. Das bedeutet zum Beispiel, wirtschaftlich relevant ist nur, was sich in die Sprache von Geldpreisen übersetzen lässt. Dieses Prozedere ermöglicht eine autonome,

---

[12] Der Einschub dieser sehr allgemeinen und abstrakten gesellschaftstheoretischen Betrachtungen soll dazu dienen, den späteren Zugriff auf empirische Phänomene systematisch zu steuern, er muss sich also noch bewähren.
[13] „Die Autopoiesis besteht in der Reproduktion (=Produktion aus Produkten) der elementaren Operationen des Systems, also zum Beispiel von Zahlungen, [...] von kollektiv bindenden Entscheidungen usw.". Luhmann 1997, S.752. „Autopoiesis heißt [..] Weiterlaufen der Produktion von Elementen des Systems durch Elemente des Systems", Luhmann 1994, S.71.

funktionsbezogene Reduktion komplexer Umweltinformationen sowie deren Weiterverarbeitung. Mit „Funktion" ist dabei gemeint, dass jedes System für die Gesellschaft als Gesamtheit aller Systeme spezifische Probleme löst (Luhmann 1997: 743ff.). Die Funktion der Wirtschaft als Teilsystem liegt in der Verknüpfung einer „zukunftsstabile[n] Vorsorge mit je gegenwärtigen Verteilungen" (Luhmann 1994: 64). Diese *„Funktion* [wird] zum unverwechselbaren Bezugspunkt der Selbstreferenz [der Wirtschaft] gemacht"[14], indem nur der jeweils positive Wert des Codes („Zahlen") Anschlussfähigkeit für weitere Kommunikation erlangt.

Mit anderen Worten, das System legt sich selber auf seinen spezifischen Beobachtungs- und Auswahlbereich von Kommunikationen fest und spezialisiert sich damit immer weiter auf seine Funktionserfüllung (operative Schließung). Zwar gibt es Kopplungen zwischen den Systemen, aber diese haben letztlich kaum Einfluss auf die prinzipiell nur systemzweckgebundene, spezifisch codierte Weiterverarbeitung der Kommunikation. So ist es üblich, dass bspw. Politiker von der Förderung und Korrektur der Wirtschaft reden. Entscheidungen im Medium der Macht aber können Entscheidungen im Medium des Geldes nicht kausal determinieren, sondern bestenfalls irritieren (Luhmann 2002: 114). Umgekehrt gilt dies genauso. Wirtschaftliche Kommunikation, so könnte man auch sagen, findet normalerweise in der Politik keinen Anschluss, sie macht dort keinen „Sinn". Wenn Geldzahlungen als Störung für das politische System bezeichnet werden, dann nur, weil das politische System nicht frei über diese Zahlungen verfügen kann. Zumindest auf der Ebene der Funktionssysteme würde ein direkter Tausch von Macht gegen Geld – also der Missbrauch von politischer Macht für eine andere Sinnlogik (Korruption) – die Verknüpfung unterschiedlicher Sinnhorizonte bedeuten und somit funktionale Entdifferenzierung (Hiller 2005).

Ökonomisierung als Entdifferenzierung würde dementsprechend einen kontextfremden, nicht mehr systemgebundenen Gebrauch des Geldmediums bzw. des Kommunikationscodes „Zahlung/Nicht-Zahlung" bedeuten. Andere Systeme ordnen dann ihren Code dem wirtschaftlichen Code unter. Dies ist beispielsweise dann der Fall, wenn die Produktion von Wahrheit im Wissenschaftssystem nach Maßgabe von Gewinnerwartung erfolgt. Wenn nun Ökonomisierung als Entdifferenzierung und als Vermischung, Austausch oder „Überkreuzung" von Kommunikationsmedien (Smelser 1985: 211) gefasst wird, gerät die rekursive Reproduktion der Kommunikationsmedien in Gefahr und Systemgrenzen werden ten-

---

[14] Luhmann 1997: 748 (Hervorhebung J.B.). Vgl. Luhmann 2002, S.88: „Ein Code schafft und dirigiert zugleich die Entscheidungsfreiheiten des Systems: Erzeugung und Reduktion von Kontingenz in einem."

denziell aufgelöst[15]. Das System wird in seiner Bestandserhaltung gefährdet. In Gefahr gerät somit auch seine Funktionserfüllung für die Gesellschaft. Konkret könnte sich also eine auf diese Art und Weise begriffene Form der Entdifferenzierung als tendenzielle Ersetzung systemspezifischer Codierungen durch den wirtschaftlichen Code (Zahlung/Nicht-Zahlung) beobachten lassen. Zu beobachten wäre dann zudem eine Entdifferenzierung der Stabilisationsbedingungen der Teilsysteme (Gerhards 1993: 272). In dieser Art wird bspw. beschrieben, dass sich das Geld als Spezialsprache und die ökonomische Autopoiesis gegenüber anderen Medien oder Systemen immer weiter verselbstständigen (Wilke 2003; Nassehi 2003). Weiterhin könnte sich eine Ökonomisierung möglicherweise als Funktionsverlust der jeweils „infizierten" Teilsysteme bemerkbar machen (vgl. Wagner 2005 für die Ökonomie selbst). Für die Politik zum Beispiel würde dies bedeuten, dass sie auf Grund sachfremder (an Zahlungen orientierter) Codierungen ihrer Kommunikationen tendenziell ihre gesellschaftliche Funktion, „Kapazität für kollektiv bindendes Entscheiden bereit zu halten", nicht mehr erfüllen kann[16] (Fischer 2002). Politisch induzierte Arrangements oder Verfügungen hätten dann, das wäre die Folge der Ökonomisierung, kaum noch kollektiv verbindliche Auswirkungen (weil sie nur noch Nutzen- und Gewinnorientiert wären, nicht mehr am Gemeinwohl orientiert; vgl. am Beispiel der Sozialpolitik: Evers/Heinze 2008). Für das Bildungs- und Erziehungssystem liegen ähnliche Beobachtungen vor (Straubhaar 2005; Wrana 2006). Zu fragen wäre also (später unter Bezugnahme auf das zweite Untersuchungskapitel), ob sich im Zuge von Ökonomisierungsprozessen solche Auswirkungen (Funktionsverluste und Umcodierungen) auch auf der Ebene des Privathaushaltes beobachten lassen.

B) Ökonomisierung als Umstrukturierung von Leistungsbeziehungen zwischen Systemen

Eine weitere mögliche Lesart von Entdifferenzierung auf gesellschaftstheoretischer Ebene betrifft das *Leistungsgefüge* zwischen Systemen. Der wechselseitige Austausch von Leistungen zwischen Systemen ist Bedingung der Möglichkeit ihrer Autonomie. Normalerweise, so die Differenzierungstheorie, stellt beispielsweise die Wirtschaft Zahlungsfähigkeit zur Verfügung und schafft so Raum für die Bildung von eigenselektiven Anknüpfungspunkten für kommunikative Handlungen in den anderen Teilsystemen. Die Leistung der Ökonomie für

---

[15] Vgl. mit Bezug auf Korruption: Bergmann 2007; Hiller 2005; Fischer 2002.
[16] Luhmann 2002: S.86. Das politische System muss sich darum bemühen, die Rahmenbedingungen dafür zu schaffen, dass die durch Interessengruppen oder Parteien artikulierten Ziele als solche auch stets als kollektive Verbindlichkeiten (an)erkannt werden (können).

die Politik besteht so in Geldzahlungen, also in Steuern, und sie stellt generell Güter zur nichtökonomischen Nutzung zur Verfügung (Luhmann 1994: 132). In der Wissenschaft kann man sich auf diese Art durch den Einsatz (Tausch) von Geld ganz der Wahrheitsproduktion widmen. Leistungen bewirken „selektive Ereignisverkettungen" (Krause 2001: 166), indem sie Systeme zugleich voneinander entlasten und aneinander koppeln. Das heißt, die Versorgung mit Geld ist für so gut wie alle Systeme ein notwendiges und auf Dauer gestelltes Konstitutionsverhältnis, das Erwartungsstrukturen festlegt. Durch Geld als Leistungsressource des Wirtschaftssystems befreien sich Systeme aus der Umwelt der Wirtschaft von wirtschaftlichen Erwägungen, sie werden autonom, daher ist jedes System von solchen Leistungen abhängig. Im Rahmen differenzierungstheoretischer Betrachtungen vollzieht sich ein *sach- und funktionsgemäßer* Leistungsaustausch zwischen der Wirtschaft und anderen Systemen dadurch, dass das Kommunikationsmedium des Geldes in Form von Zahlungsfähigkeit zur Verfügung gestellt und im jeweiligen System zweckgebunden gegen andere Medien ausgetauscht wird. Umgekehrt profitiert die Wirtschaft unter anderem durch die Bereitstellung von Rechtssicherheit durch das Rechtssystem.

Es ist diese Art der „neutralen", arbeitsteiligen Verknüpfung oder Kopplung zwischen Systemen, die mit dem Begriff der Entdifferenzierung in Frage gestellt wird[17]. Zeitdiagnostische Beobachtungen geraten häufig in Widerspruch zu den genannten Grundannahmen der Differenzierungstheorie, insofern ihr eine Unterschätzung des Desintegrationspotenzials der modernen Gesellschaft vorgeworfen wird (Simsa 2003: 116; Berger 2003, Schwinn 2004). Wenn hierbei die Ökonomie unter Anklage steht, ist oft von einer Heteronomie des Wirtschaftssystems die Rede und von einem Versagen ihrer Leistungsproduktion (Paul 2002; Wagner 2005)[18].

Der Ökonomisierungsdiskurs lässt sich an dieser Stelle einordnen, denn theoretisch gesprochen impliziert eine Entdifferenzierung zwischen der Ökonomie und anderen Teilsystemen deren zunehmende Abhängigkeit von finanziellen Erwägungen. Wenn eine ausreichende Versorgung mit Finanzmitteln nicht mehr

---

[17] Beispielsweise beschreibt Weingart (1983) Umstrukturierungen von Leistungsbeziehungen durch eine Zunahme von politischen Fremdregulierungen in der Wissenschaft (Weingart 1983: 274f.), oder Autoren wie Buß/Schöps (1979) bezeichnen veränderte Leistungsbeziehungen zwischen Teilsystemen als Entdifferenzierung, indem sie einen zunehmenden Einbau systemfremder Themen in das Gesundheitssystem beobachten.

[18] Diagnosen einer Ökonomisierung moderner Industriegesellschaften finden sich bereits bei Vertretern der Kritischen Theorie (exemplarisch Habermas 1981; II: 470ff.: (Kolonisierung der Lebenswelt durch Technik und Wirtschaft) oder Horkheimer/Adorno (1985:108ff.) in der Analyse der „Kulturindustrie", wonach sich das Verwertungsprinzip des Kapitalismus in Kulturdinge eingegraben habe), sie lassen aber nur begrenzte Rückschlüsse auf aktuelle (postindustrielle) alltagspraktische Rezeption/Aneignungen von Marktsemantiken zu.

1.1 Ökonomisierung (in) der Gesellschaft

gewährleistet ist, treten in den Kopplungen zwischen der Wirtschaft und anderen Systemen Irritationen auf. Es kommt zu „Kostendruck" und Rationalisierungszwängen. Ein solches Versagen der Leistungsfähigkeit des Wirtschaftssystems könnte als der eigentliche Grund für die Dominanz wirtschaftlicher Aspekte in vielen gesellschaftlichen Bereichen gelten (Wagner 2005:12f.). So findet sich im Entdifferenzierungsdiskurs häufig die Beschreibung einer Loslösung ökonomischer Logiken aus einem integrierenden, wohlfahrtsstaatlich geprägtem politischen Setting, das sich auf ein zunehmendes funktionales Unvermögen der Wirtschaft zurückführen lässt (Stichweh 2000; Simsa 2003). Unter anderem Codierungen von politischer Kommunikation und Wirtschaftskommunikation geraten, so die Beobachtungen, hierbei durcheinander (Krönig 2007: 67ff.) oder sie werden nicht mehr nur punktuell getauscht, sondern dauerhaft ineinander konvertiert. Zwischen den Systemen treten „Störungsbeziehungen" (Schimank 2003: 282) auf, die in Form einer Dominanz wirtschaftlicher Fragestellungen oder in Form von „Dauerirritationen" (Wagner 2005: 12) entdifferenzieren. Ein solches „Übergreifen" (Schimank/Volkman 2008: 384) ließe sich, folgt man dem differenzierungstheoretischen Vokabular, möglicherweise auch anhand einer verminderten oder versagenden Leistungserbringung von Teilsystemen feststellen. Zu fragen wird sein, ob hiervon auch die Intersystem-Beziehungen zwischen Wirtschaft und Privathaushalt tangiert sind.

Entdifferenzierungsthesen sind, wie bereits erwähnt, höchst kontrovers und sie haben unter dem Stichwort der „Exklusion" zu umfangreichen Debatten über Folgeprobleme geführt (vgl. u.a. Bora 2001; Simsa 2003; Schwinn 2004). Sowohl in der Beschreibung von gesellschaftlichen Funktionsproblemen als auch in den Beschreibungen der gegenwärtigen Ausprägung funktionaler Differenzierung bestehen erhebliche Differenzen. Vor allem an der „Theoriefront" (Pahl 2007: 36) zwischen Kritischer Theorie und Systemtheorie ist es aber bislang kaum zu weiterführenden Einsichten in den Zusammenhang zwischen ökonomischer Verselbständigung und der Differenzierungsform der modernen Gesellschaft gekommen.

Ob es letztlich überhaupt theoretisch sinnvoll oder geboten erscheint, im Zusammenhang mit Ökonomisierung von einer „Entdifferenzierung" gesellschaftlicher Systeme zu sprechen, soll an dieser Stelle nicht weiter diskutiert werden[19]. Da das Beziehungsgeflecht zwischen den Teilsystemen als ein komplexes Gefüge wechselseitigen Ressourcenaustauschs gilt (vgl. Mayntz 1988;

---

[19] Akzeptiert man systemtheoretische Prämissen, ist jedenfalls die Vorstellung eines Eindringens der Wirtschaft in andere Systeme ausgeschlossen. Auf der Ebene der Gesamtgesellschaft können Systeme in keiner Weise ihre Grenzen überschreiten, denn sie aktualisieren sich allein durch die fortlaufende Aktualisierung und Spezifikation ihrer kommunikativen Codes, die ja ihre Grenzen darstellen (vgl. hierzu Krönig 2007: 16ff.; Bora 2001).

Tacke 2001; Luhmann 1987), müsste noch viel genauer als bisher geklärt werden, wie sich diese Austauschbeziehungen und Interdependenzen – nicht nur begrifflich, sondern auch empirisch – gestalten. Von wechselseitigen Beeinflussungen, Interferenzen, Leistungen, Kopplungen oder Störungen zwischen Systemen jedenfalls ist auch bei Gegnern der Entdifferenzierungsthese die Rede. So lautet zum Beispiel die These eines Differenzierungstheoretikers, dass sich der kulturelle Stil der Selbstbeschreibung der Gesellschaft von einer politischen zur ökonomischen Form der Beobachtung gewandelt habe, welche am Knappheitsmanagement statt am Kollektivitätsmanagement ansetze (Nassehi 2003:186). Und bereits bei Luhmann selbst lassen sich mehrere Aussagen finden, die – trotz aller grundsätzlichen Gleichrangigkeit und Unsubstituierbarkeit aller Funktionssysteme – auf eine Dominanz des ökonomischen Systems hindeuten. So wird es als möglich in Rechnung gestellt, dass die Entwicklung der Gesellschaft „in erster Linie von einem ihrer funktional notwendigen Teilsysteme abhängt" und dieses die Probleme für die anderen Systeme vordefiniert (Luhmann 1975: 96). An anderer Stelle wiederum werden die globalisierten Finanzmärkte als „Zentren der Weltgesellschaft" (Luhmann 2007: 808) bezeichnet und das Geld wird als Steuerungsmedium „sui generis" problematisiert (Willke 2003: 172). Diesen Thesen folgt jedoch keine weiterführende Explikation empirischer Belege oder Begründungen. Es handelt sich lediglich um Argumente, die Möglichkeiten oder Wahrscheinlichkeiten andeuten und die nur wenig über faktische Ausdifferenzierungsprozesse aussagen.

Für die hier verfolgte Fragestellung bleibt nach all dem jedenfalls vorerst festzuhalten: Betrachtet man „das Private" oder den Privathaushalt aus der systemischen Perspektive (vgl. Meyer 1992 oder Rothenbacher 1987), könnten sich mögliche ökonomisierungsbedingte Veränderungen mit Hilfe der soeben ausgeführten Begriffe identifizieren lassen. Für die empirische Exploration der Haushaltsinterviews lassen sich folgende Hypothesen aufstellen: Auf der Leistungsebene (Austauschbeziehungen zwischen Funktionssystemen) könnte ein tendenzielles Versagen der Wirtschaft (ausreichende Bereitstellung von Zahlungsmitteln) vorliegen, was den Privathaushalt intern zunehmend dazu zwingt, sich über „fremde", wirtschaftsbezogene Entscheidungen, Medien oder Codes zu reproduzieren (Entdifferenzierung). Hinweise auf einen kontextfremden, dauerhaften Gebrauch des Geldmediums im Privathaushalt wiederum könnten Rückschlüsse liefern, auf einen gesamtgesellschaftlichen Funktionswandel des Privathaushaltes. Genauer zu untersuchen wären dann Anzeichen für diesen Funktionswandel. Eine weitere zu verfolgende empirische Frage ist, ob und wie solche Zusammenhänge von den beteiligten Akteuren wahrgenommen bzw. gerahmt werden (Schimank 2003: 284). Hierbei wäre bspw. in einer Strukturrekonstruktion von konkreten Kommunikationen darauf zu achten, inwieweit darin systemspezifische Anschlussregelungen bemerkbar sind (Vogd 2005).

1.1.2 Ökonomisierung als Wandel kultureller Ideale, Deutungen und Normen

Zur Bestimmung von Ökonomisierung auf der gesamtgesellschaftlichen Ebene soll in dieser Untersuchung nicht allein auf differenzierungstheoretische Erwägungen zurückgegriffen werden, denn es wird angestrebt, ein möglichst umfangreiches begriffliches Spektrum an gesellschaftsbezogenen Konzepten operationalisierbar zu machen. Diskurse mit (direkter oder indirekter) Bezugnahme auf Ökonomisierung rekurrieren auch auf andere theoretische Perspektiven als auf diejenige der Differenzierungstheorie. Möglicherweise bleiben einige der eben erläuterten Konzepte (Leistung, Funktion, Code) dann jedoch zu abstrakt, um sie empirisch umsetzen zu können. Aus diesen Gründen soll die Betrachtung von Ökonomisierung auf der Gesellschaftsebene ergänzt werden durch eine kurze Erwähnung von sozialwissenschaftlichen Texten, die nicht so sehr strukturell-funktionale Aspekte gesellschaftlichen Wandels, sondern eher dessen kulturell-normative Implikationen fokussieren. Ergänzend zur Betrachtung der von Funktionssystemen bereitgestellten Sinnverarbeitungsregeln ist der Fokus auf die Aufnahme und Umsetzung dieser Regeln zu richten. Wie strukturiert sich das Orientieren und Erleben im Zusammenhang mit Ökonomisierung?
Schon Max Weber identifizierte gesellschaftliche Sphären zunächst über den spezifischen „Sinn", den die Handelnden ihrem „sich - orientieren" zugrunde legen (Weber 1980: 31). Und seit dem „Cultural Turn" der 1980er Jahre gewinnen „Kulturen" als Erklärungsfaktoren sozialen Wandels einen immer größeren Einfluss in den Sozialwissenschaften (Pohlmann 2008). Folgt man der in der Soziologie klassischen Unterscheidung zwischen Kultur und Sozialstruktur, betonen Forschungen in dieser Traditionslinie vornehmlich die ideelle oder kulturelle Dimension sozialen Wandels[20]. Und da umgekehrt die Differenzierungstheorie primär „funktionalistisch" an transpersonalen Strukturmomenten interessiert ist, treten bei ihr Motive, Ziele und subjektive Erwartungen der Gesellschaftsmitglieder eher in den Hintergrund (Schwinn 2001). Unstrittig verweisen beide soziologischen Traditionslinien auf heterogene Gesellschaftsbegriffe und sie scheinen in vielen Punkten unvereinbar[21]. Es wird dennoch an dieser Stelle davon ausgegangen, dass solche Konzepte nicht zwangsläufig im Widerspruch

---

[20] Systemtheoretisch gesprochen, ließe sich der Gegenstand kultursoziologischer Forschung auch als „Semantik" bezeichnen (Stichweh 2000).
[21] Zur methodoligischen Tradition und Kritik am Funktionalismus vgl. Jetzkowitz/Stark 2003. Zum Thema vgl. auch Haferkamp1990.

zueinander stehen müssen, sondern dass sie sich im Sinne einer umfassenden Ausschöpfung analytischer Möglichkeiten ergänzen können. Die Deutungsperspektive oder die Frage nach der normativ-kulturellen Erzeugung sowie der dauerhaften Gewährleistung (Legitimation) von Ökonomisierungstendenzen soll also in diesem Untersuchungsschritt verfolgt werden, um bei der Auswertung der qualitativen Daten möglichst vielen Facetten von Ökonomisierung Rechnung tragen zu können.

Drei zeitdiagnostisch derzeit einschlägige Begriffe und damit zusammenhängende sozialwissenschaftliche Diskurse lassen sich auf diese Thematik beziehen. Es handelt sich a) um den Begriff des Neoliberalismus, b) um Studien zur „Gouvernementalität" und c) um Diskussionen, die einen „neuen Geist des Kapitalismus" verhandeln.

a. Neoliberalismus

Soziologische Gegenwartsdiagnosen, die seit den 1980er Jahren Veränderungen in der Alltagsmoral, einen Wandel von kulturellen Leitbildern oder von Normen feststellen, rekurrieren nicht immer explizit auf den Begriff der Ökonomisierung. Sie nehmen jedoch auffallend häufig Bezug auf Konzepte, die augenscheinlich im Zusammenhang stehen mit der Wirtschaft oder dem Markt. In der Folge einer veränderten Wirtschafts- und Sozialpolitik in den 1980er Jahren („Reagonomics", „Thatcherismus") sowie im Zuge des Zusammenbruchs der sozialistischen Staaten und des Aufkommens eines Diskurses über „Globalisierung", werden kulturell-normative Veränderungen oft mit Schlagworten wie „Neoliberalismus", „Vermarktlichung" oder „Marktradikalisierung" belegt. Ökonomisierung soll an dieser Stelle als zusammenfassender Oberbegriff für diese Schlagworte gelten, insofern ihnen allen gemeinsam ist, dass sie Prinzipien, Denkweisen, Richtlinien, Normen oder Wertungen benennen, die im weitesten Sinne ursächlich den Handlungsfeldern der Ökonomie oder des Marktes zugeschrieben werden. Die „Semantik des Marktes" (Kraemer 1997: 271f.) scheint sich, so der Tenor, als sinnhaftes Deutungsschema, als Weltbild oder als spezifischer Gebrauch von Symbolen und Zeichen gegenüber konkurrierenden Semantiken gesellschaftsweit immer weiter durchzusetzen:

> „In unserer westlich-abendländischen Gesellschaft etabliert sich ein alles überwölbendes Wertsetzungssystem, dem sich viele oder alle anderen psycho-sozialen Systeme teilweise oder völlig unterzuordnen beginnen. Dieses Wertsetzungssystem ist das des Marktes, der Marktwirtschaft" (Müller/Müller 1997: 10).

Solche und ähnliche Kennzeichnungen von kulturellen Wandlungen als Ökonomisierung erfolgen zumeist in kritischer Absicht (Schimank/Volkmann 2008: 382). Man betrachtet die Ökonomisierung als „alles beherrschende Denkweise" bzw. „Markt-Ideologie" (Saul 1997: 8, 49), die traditionelle Wertprioritäten zur Disposition stellt, was als Rückschritt oder Verfall gewertet wird. Prominenter Vertreter dieser Sichtweise ist Pierre Bourdieu, der seinen kultursoziologischen Analysen zwar immer schon eine latente Dominanz des ökonomischen Feldes zugrunde gelegt hat (Bourdieu 1983), der aber darüber hinaus in seinen politisch motivierten Texten seit den 1990er Jahren als vehementer Kritiker des „Neoliberalismus" aufgetreten ist. Abweichend von seiner ursprünglichen Bedeutung in den Wirtschaftswissenschaften, verwendet Bourdieu den Begriff des Neoliberalismus als Kennzeichnung der Verbreitung von ökonomischen Sinngebungen und Sachzwängen. Mit Bezug auf die Kunst lautet seine Aussage beispielsweise:

> „Doch das, was den künstlerischen Produktionssphären heute in allen modernen Industriegesellschaften widerfährt, ist etwas völlig Neues, etwas so nie Dagewesenes: dass nämlich die gegenüber den ökonomischen Zwängen hart erkämpfte Unabhängigkeit der Produktion und Verbreitung von Kultur durch das Eindringen der Marktlogik auf allen Ebenen der Herstellung und Zirkulation kultureller Güter in ihren Grundlagen bedroht ist" (Bourdieu 2001: 83).

Die europäischen Gesellschaften der Gegenwart, so Bourdieu weiter, seien von einem „fürchterlichen Rückschritt" bedroht (1998: 10), insofern historische Errungenschaften wie soziale und solidarische Werte durch die „neoliberale Heimsuchung" (1998: 13) abgeschafft würden. Dieser neoliberale „herrschende Diskurs" (1998: 130), der die Welt der Wirtschaft als reine und vollkommene Ordnung präsentiere, gewinne seine symbolische Stärke dadurch, dass er auf die reale politisch-ökonomischen Macht der Eliten zurückzuführen sei (1998: 132f.). Obwohl Bourdieu schon seit jeher scheinbar ökonomieferne Handlungsfelder wie z.B. die Kultur als ökonomisch präformiert beschrieben hat (Bourdieu 1983), diagnostiziert er also eine neue Qualität dieser „Zensur des Geldes" (Bourdieu 2001: 85). Die aktuelle Form der Marktvergesellschaftung, so seine Einschätzung, forciere „technokratische" Handlungsmotive, Verhaltensmuster und einen Habitus, der sich grundlegend von Tauschformen der Reziprozität und Werten wie Solidarität und Gemeinschaftlichkeit unterscheide. Letztere verlören immer mehr an Bedeutung. Die Hegemonie des Neoliberalismus entwerte normativ-kulturelle Arrangements, die den Kapitalismus in seiner bisherigen Form geprägt hätten. Dieser Prozess wird von Bourdieu aus einer klassen- und machttheoretischen Perspektive analysiert, insofern es den Machteliten gelungen sei, ihr semantisches Deutungsmonopol durchzusetzen. Gesellschaftsweit würden von Managern und Politikern marktbezogene Zeichencodes und Distinktionssysteme als hegemoniale Denkweise etabliert. Das symbolisch vermittelte Gebot einer unbedingten Marktgängigkeit, so ließe sich Bordieus zentrale kulturpolitische Botschaft zusammenfassen, wird nahezu über sämtliche gesellschaftliche Felder für legitim erklärt. Wie aber gestaltet sich diese Profit- oder Marktlogik im Einzelnen, und vor allem: aus welchem Grund erfährt sie scheinbar so viel Zustimmung?

Einige Komponenten des neoliberalen Programms, dieser Ideologie einer „darwinschen Welt" (Bourdieu 1998: 134), wie Bourdieu sie diagnostiziert, seien kurz umrissen: Die neoliberale Ideologie, so Bourdieu, basiert auf einer Sprache, die stets auf Sachzwänge anstatt auf Werte verweist. Solche Sachzwänge wiederum beruhen auf der Logik des Wettbewerbs und der Wirtschaftlichkeit, sie begründen die Notwendigkeit von Flexibilität und eine formalisierte, gewinnorientierte Handlungslogik[22]. Größtmögliches Wachstum von Produktivität und Wettbewerb seien als „letztes und einziges Ziel" (Bourdieu 1998: 50) menschlichen Handelns zu betrachten. Der Staat habe sich aus wirtschaftlichen Belangen zurückzuziehen und er bilde sich auch aktuell zurück. Im Hinblick auf Beschäftigungsverhältnisse propagiere der neoliberale Diskurs die Individualisierung von Bewertungsverfahren und Vorgaben sowie eine Delegation von Verantwortung mit der Folge einer zunehmenden Selbstausbeutung und Selbstkontrolle der Arbeiter. Weiterhin verfolge er eine Gleichsetzung von individueller Profitmaximierung mit jeder Rationalität überhaupt sowie eine umfassende Durchsetzung von „moralischem Darwinismus" (Bourdieu 1999: 138), das heißt einen Kult des „Winner" und einen normativen Zynismus. Generell sei diese Entwicklung, so Bourdieu, als „politische Umsetzung einer Utopie" zu werten (Bourdieu 1998: 130) und sie vergrößere das menschliche Leiden. Abgesehen von klassentheoretischen Erwägungen erfährt man von Bourdieu allerdings wenig zu den Gründen der Akzeptanz dieser Ideologie.

Man muss die politischen Einschätzungen Bourdieus nicht unbedingt teilen, genauso wenig sein soziologisches Programm einer klassentheoretisch geprägten Generalisierung der Selbstbeschreibungen des ökonomischen Feldes (Kieserling

---

[22] Hier ist eine Parallele zu Max Webers Konzept der „formalen Rationalität" offensichtlich, der diese als Grundkategorie seiner Wirtschaftssoziologie definiert hat, als „zahlenmäßige, ‚rechenhafte'" Vorsorge bzw. als vorausschauende Kalkulierbarkeit des Handelns (Weber 1980: 44f.). Die Maßstäbe eines solchen Handelns sind nach Weber quantifizierbar, messbar, relativistisch bestimmt (unter Absehung von jedweden qualitativen und persönlichen Gegebenheiten) sowie verallgemeinerbar und nicht an materielle Ziele gebunden (Kraemer 1997: 41ff.). Marktrationalität als Rentabilität hat keine Ziele außerhalb ihrer selbst. Im Gegensatz zu Bourdieus ideologiekritischer Konzeption der Handlungslogik des Neoliberalismus, ist Webers „formale Rationalität" aber nicht nur als subjektive Orientierung gedacht, sondern auch als faktisch vorgegebener Handlungsrahmen (als strukturelle Bedingungen des Marktes).

1.1 Ökonomisierung (in) der Gesellschaft

2004). Seine ideologiekritischen Kommentare reichen aber aus, um sich ein Bild davon machen zu können, was in normativer Hinsicht unter Ökonomisierung zu verstehen sein könnte. Unter dem Schlagwort des Neoliberalismus versammelt sich in dieser Art und mit ähnlichen Inhalten eine große Zahl an Kritikern, deren Augenmerk vornehmlich auf politische Programme (Deregulierung, Privatisierung, Sozialabbau) und auf Erscheinungen der politischen Kultur gerichtet ist (vgl. u.a. Butterwege u.a. 2008). Mit dieser Engführung auf das politische System geht allerdings der ursprüngliche Sinn von „Neoliberalismus" verloren.

Der Begriff des Neoliberalismus stand anfänglich für eine seit den 1930er Jahren entstandene wirtschaftspolitische Lehre, die einen Rückzug des Staates und privatwirtschaftliche organisierte Lösungen forderte (Boelcke 1983: 44f.). Seine Vertreter in Deutschland, die Ordoliberalen, wollten die klassische liberale Wirtschaftslehre wiederbeleben und sich vom Keynesianismus sowie vom Laissez-Faire-Liberalismus abgrenzen. Die Ordoliberalen vertraten die Idee einer „sozialen Marktwirtschaft", in die der Staat regulierend und sozial stützend eingreifen müsse (vgl. unter Berufung auf Foucault: Lemke u.a. 2000: 15f.). In den USA entwickelte sich mit der Chicagoer Schule fast zeitgleich eine zweite Form des Neoliberalismus, die diese Unterscheidung zwischen Staat und Markt aufhob: Ökonomische Betrachtungs- und Bewertungsformen wurden von Vertretern dieser Denkschule auf den gesamten Bereich der Gesellschaft übertragen.

> „Die Ökonomie gilt nicht mehr als *ein* gesellschaftlicher Bereich mit spezifischer Rationalität, Gesetzen und Instrumenten, sie besteht vielmehr aus der Gesamtheit menschlichen Handelns, insofern dieses durch die Allokation knapper Ressourcen zu konkurrierenden Zielen gekennzeichnet ist" (Lemke/Krasmann/Bröckling 2000: 16).

Diese Generalisierung der ökonomischen Perspektive als gesamtgesellschaftliches Analyseprinzip hat sich unter Vertretern dieser Denkschule in der Folgezeit gegenüber der ordoliberalen Begriffsverwendung durchgesetzt (Butterwege 2008). Der „ökonomische Imperialismus" (Gary S. Becker) des neoliberalen Ansatzes verbreitete sich zu einer allgemein anerkannten neuen Anthropologie. Folgt man den Vertretern der Chicagoer Schule, impliziert „neoliberal" zu denken eine Vorstellung von Gesellschaft, in der sämtliche Lebensbezüge von Marktmechanismen reguliert werden (sollten) und in der der Markt als „privilegierter Ort gesellschaftlicher Integration fungiert" (Bröckling 2007: 76). Mit dem Aufkommen der Debatten über „Globalisierung" in den 1980er Jahren erfährt der Begriff des Neoliberalismus dann nochmals einen Bedeutungswandel. Er gilt seitdem primär als politische Programmatik und als kritisches Schlagwort (Chomsky 2003), das heißt er emanzipiert sich in seinem öffentlichen Gebrauch nahezu vollständig von seiner ursprünglich rein wirtschaftstheoretischen Bedeutung. Als neoliberal gelten nun politische und wirtschaftliche Zielsetzungen, die die industriegesellschaftlich geprägte, wohlfahrtsstaatliche Konstellation ablösen. Theoretisch (politik- und wirtschaftswissenschaftlich) bezeichnet „Neoliberalismus" zurzeit eine geistige Strömung, die verschiedene Ansätze vereint und deren Repräsentanten diesen Begriff selbst nicht verwenden, da er ihnen als politischer „Kampfbegriff" gilt. Die feste Zuordnung zu Personen und die Abgrenzung von anderen Konzepten ist kaum mehr eindeutig zu leisten (Bröckling 2007: 104ff.; Willke 2003). Aus diesen Gründen sollen hier Definitions- und Abgrenzungsprobleme nicht weiter verfolgt werden. Es kann jedoch als unstrittig gelten, dass im Zusammenhang mit einer Analyse von „Ökonomisierung" und ihren normativen Implikationen die ideologiekritische Diagnose, dass das neoliberale Denken hegemonial geworden und in „alle Lebensbereiche" eingedrungen sei (Butterwege 2008: 12), eine wesentliche Rolle spielt. Zu fragen wäre nun empirisch, inwieweit solche als „neoliberal" zu bezeichnenden Deutungsangebote auch auf privater, haushaltsbezogener Ebene Wirkungskraft entfalten.

b. Gouvernementalität

Die ideologiekritische Perspektive, die den Neoliberalismus-Begriff als „falsches Wissen", als Herrschaftsmittel und als politisch-wertenden Begriff verwendet, wird von Vertretern der Gouvernementalitätsstudien[23] kritisiert. Sie gilt ihnen bei der Betrachtung der Realität als „ökonomistische" und „ideologiekritische" Verkürzung (Lemke u.a. 2000: 19), da mit Neoliberalismus keineswegs eine Politik der Zurückdrängung des Staates oder einer Ausdehnung des Marktes zu bezeichnen sei. Vielmehr sei „Neoliberalismus" als Denkweise Bestandteil einer gesellschaftsweit hegemonialen „Regierungstechnik" und diese wiederum als „historische Fixierung von gesellschaftlichen Kräfteverhältnissen" (ebd.: 27) zu verstehen. Weder sei es sinnvoll, so diese Kritik weiter, von getrennten Bereichen des Staates und des Marktes auszugehen, noch sei allgemein die Diagnose eines „falschen Wissens" angebracht, das von Machteliten missbraucht werde. Das Problem einer ideologischen „Anwendung von Programmen" stellt sich für den Analytiker der Gouvernementalität gar nicht, insofern aus „nominalistischer Perspektive" der Staat selbst eine Art von Regierungstechnik und die Trennung

---

[23] Der Begriff der "Gouvernementalität" ist ein Neologismus Michel Foucaults, in dem die Begriffe Regieren ("gouverner") und Denkweise ("mentalité") miteinander verknüpft sind. Studien, die sich auf Foucault und sein genealogisches Forschungsprogramm einer Untersuchung von Regierungspraktiken beziehen, haben sich bereits seit den beginnenden 1990er Jahren im angelsächsischen Raum unter dem Namen „governementalitiy studies" als neue Forschungsrichtung etabliert. In Deutschland finden Forschungen unter diesem Begriff seit ca. zehn Jahren vermehrt statt.

1.1 Ökonomisierung (in) der Gesellschaft

vom Markt und Staat eine bestimmte historische Erfindung, eine Art der Problematisierung und Gestaltung von Realität darstellt (ebd..20f.). Gouvernementalitätsstudien verfolgen daher ein Forschungsprogramm der Rekonstruktion von historisch wirksamen

> „Bündel(n) aus Deutungsschemata, mit denen heute Menschen sich selbst und ihre Existenzweise verstehen, aus normativen Anforderungen und Rollenangeboten, an denen sie ihr Tun und Lassen orientieren, sowie aus institutionellen Arrangements, Sozial- und Selbsttechnologien, die und mit denen sie ihr Verhalten regulieren sollen" (Bröckling 2007: 7).

Im Hinblick auf das an dieser Stelle verfolgte Ziel einer Isolierung von diskursiven und/oder normativen Aspekten von Ökonomisierung interessiert der Forschungszweig der Gouvernementalitätsstudien vor allem deswegen, weil er es sich unter dem Oberbegriff der Ökonomisierung zum Ziel gesetzt hat, aktuelle Leitbilder, Regierungspraktiken, Denkweisen und „Techniken der Subjektivierung" zu analysieren. Die Studien zur Gouvernementalität bieten eine Lesart von „Ökonomisierung" an, die diese zugleich als politisches Programm und als umfassendes Interpretationsschema für gesellschaftliche Prozesse rekonstruiert. Sie basieren auf der Auswertung einer umfangreichen Fülle an Dokumenten, Diskursen und Publikationen aus verschiedensten gesellschaftlichen Bereichen, in deren Rekonstruktion die performative Verschränkung von Praktiken und Wissen, von Beobachtungsweise und Gegenstandskonstitution demonstriert werden soll. Ihnen allen gemeinsam ist der Bezug auf Ökonomisierung als umfassende Kennzeichnung gesamtgesellschaftlichen Wandels.

Gouvernementalitätsstudien sind also diskursanalytisch geprägt und sie fokussieren macht- oder herrschaftstheoretisch den Wandel von Techniken der Lenkung und Regierung von Subjekten (Garland 1997). Sie betrachten „Regierung" ebenen- oder systemübergreifend als „Kunst, die Macht in der Form und nach dem Vorbild der Ökonomie auszuüben" (Foucault 2000: 49) und sie versuchen sich somit an einer Verknüpfung von gesamtgesellschaftlicher und individuenzentrierter Forschungsperspektive. Der Fokus auf „Führung" und „Regierung" möchte sich dabei nicht als rein politisch oder staatlich beschränkter Blick verstanden wissen, sondern man verweist auf zahlreiche unterschiedliche Handlungsfelder und Praxisformen, die neben der Politik ebenfalls auf Lenkung, Kontrolle oder Leitung von Individuen oder Kollektiven abzielen (Lemke u.a. 2000: 10). So finden sich in Gouvernementalitätsstudien Bezugnahmen unter anderem auf Wissensgebiete wie Erziehung, das Versicherungswesen, die Kriminalitätsbekämpfung oder die Statistik (Garland 1997). Gemeinsamkeiten in Denkweisen und Rationalitätsformen, in der analytische Sprache, den ausformulierten Zielen und den Techniken zur Zielerreichung konstituieren sich in all diesen Handlungsfeldern nach gleichen Prinzipien, so der Tenor in diesen Studien. Das Soziale insgesamt gerät in dieser Perspektive zu einem „Network of Governance" (Garland 1997: 179).

Um Leitbilder, Ideen und normative Dispositionen von Ökonomisierung kenntlich zu machen, soll im Folgenden die Figur des „unternehmerischen Selbst" umrissen werden, wie sie von Ulrich Bröckling untersucht wird. Dieses Leitbild, gegen Ende der 1970er Jahre als neuartige Subjektivierungsform aufgetaucht und hegemonial geworden (Bröckling 2007), markiert den Kern des ökonomisierten Sozialcharakters. Als Modus von Anleitung und Identitätsbildung der Menschen hat es sich inzwischen gesellschaftsweit durchgesetzt, so die These, und vor allem durchdringt es auch den Bereich des privaten Lebens.

Methodologisch betrachtet, geht es den Analytikern der Kultur des Unternehmertums nicht darum, subjektive Sinnwelten oder Veränderungen in der Sozialstruktur zu rekonstruieren. Diese wie jene werden als Effekte von Steuerungsanstrengungen begriffen, welche den zentralen Untersuchungsgegenstand bilden. Komplementär zum Ansatz der sozialwissenschaftlichen Hermeneutik, die aus Befragungen oder Beobachtungen Selbstdeutungen interpretierend erhebt (Bröckling 2007: 42f.), verschiebt sich die Untersuchungsrichtung also auf *Anleitungen* zur Selbstdeutung. Im Sinne der Verwirklichung einer „Soziologie der Normen" ordnen sich Gouvernementalitätsforscher wie Bröckling in einen kultursoziologischen Kontext ein (Bröckling 2007:12f.). Sie richten den

> „Blick auf Begrifflichkeiten und Wissenskomplexe [...], mit denen Individuen als Individuen typisiert und durch die sie angehalten werden, ihrer Individualisierungspflicht nachzukommen" (Bröckling 2007: 24).

Gegenstand der Analysen Bröcklings sind auf diese Art unter anderem soziologische und wirtschaftswissenschaftliche Theoreme, sozialpolitische Maßnahmen, Ratgeberliteratur und (Selbst)-Management-Programme, die konkrete Anweisungen formulieren, wie Menschen zu behandeln sind und wie sie sich zu verhalten haben. Ihnen allen ist gemeinsam, dass sie darlegen, wie Individuen sich dem Leitbild des unternehmerischen Handelns anähneln sollen (können). Differenzierungstheoretisch gesprochen, handelt es sich bei den Analysen Bröcklings, wie oben (Kap. 1.1.1) dargestellt, ebenfalls um die Beobachtung eines „Übergreifen[s] marktökonomischer Mechanismen auf andere Bereiche des Sozialen" (Bröckling 2007: 37). Wie also genau gestaltet sich dieses „Übergreifen" in den verschiedenen Strategien der Menschenführung?

Historischer Einsatzpunkt für das „Unternehmerische Selbst" ist der politische Wertewandel, der mit der Krise des sozialdemokratischen Zeitalters und dem Abschied vom sozialdemokratischen Projekt sowie mit dem hedonistischen

1.1 Ökonomisierung (in) der Gesellschaft 37

Individualismus nach 1968 eingesetzt hat (Bröckling 2007: 50ff.). In diesem Punkt ist sich Bröcklig mit den Diagnosen der Ideologiekritiker einig. Mit dem Übergang vom Wohlfahrts- zum aktivierenden Staat unter Thatcher und Reagan 1979/1981 kam es, so die Beobachtung von Bröckling, zu einer Konvergenz zwischen hedonistischem und unternehmerischem Individualismus. Das unternehmerische Selbst konnte nur deshalb zu einer hegemonialen Gestalt werden, weil es „an ein kollektives Begehren nach Autonomie, Selbstverwirklichung und nichtentfremdeter Arbeit anschloss" (Bröckling 2007: 58). Nur in der unternehmerischen, selbständigen Sorge um sich, so lautete die Parole, ließe sich den vorgezeichneten Bahnen einer fordistischen Normalbiografie entfliehen. Unangepasstheit und Distinktion sind zu kultivieren, so die Anleitungen aus vielen populären Ratgebern, weil sie als „Alleinstellungsmerkmale" Marktgängigkeit versprechen. Denkfiguren wie das Individuum als Nutzenoptimierer, das Leben als Marktplatz und der Homo oeconomicus wurden in diesem Zusammenhang als anthropologische Grundgegebenheiten reaktiviert (ebd.: 58f.). Im Rahmen einer umfassenden „Ökonomisierung des Sozialen" konnte sich daraufhin in allen gesellschaftlichen Bereichen ein Handeln, Fühlen, Denken und Wollen durchsetzen, das sich an ökonomischen Effizienzkriterien und unternehmerischen Kalkülen ausrichtet. Sowohl in soziologischen Studien zur Arbeit und Industrie als auch in der in den 1980er Jahren boomenden Managerliteratur, wurden verstärkt Prinzipien wie Selbstmobilisierung, Selbststeuerung, Risiko- und Leistungsbereitschaft sowie Selbstdisziplinierung nicht nur im Hinblick auf Mitarbeiterführung, sondern auch auf gesamte Lebensentwürfe und Alltagspraktiken beobachtet und propagiert. Zeitgenössische Managementkonzepte und Lenkungsleitlinien in Organisationen verfolgen Strategien wie Autonomisierung, Responsibilisierung und Flexibilisierung (Bröckling 2007: 12). Sie fordern eine neue Selbständigkeit der Arbeitnehmer, insofern sie die Übernahme von Verantwortung und Risiken („Empowerment"), die permanente Innovation sowie Techniken der Selbstkontrolle, Disziplinierung und die nutzenoptimierende Aktivierung von persönlichen Ressourcen als zentrale Verhaltensdispositionen und Universaltherapie für alles und jeden darstellen (ebd.: 108ff.). Unternehmensorganisation, Persönlichkeitsentwicklung und die Gestaltung des privaten Lebens werden in der Idee des „unternehmerischen Selbst" konsequent in eins gesetzt:

> „Die Selbstverwaltung des individuellen Humankapitals [...] kennt weder Feierabend noch Privatsphäre. Selbstmanagement soll die Potenziale der ganzen Person (und nicht nur der Arbeitskraft) aktivieren" (Bröckling 2007: 67).

Eine Umsetzung der geforderten Handlungsprinzipien ist niemals abgeschlossen, so Bröckling weiter, denn fortlaufende Selbstbeobachtung und Selbsteinschätzung (der Vergleich mit der Konkurrenz) charakterisieren das unternehmerische Agieren genauso wie der Zwang, sich abweichend zu geben bzw. „Alleinstellungsmerkmale" herauszubilden und zu Markte zu tragen. Da der Markt sich in beständigem Wandel befindet, belegt der Management-Diskurs seine Adressaten durch diese Anforderungen mit einer strukturellen Überforderung, denn es ist unmöglich, diesen Ansprüchen ausreichend zu genügen. Leben im Allgemeinen wird so zum permanenten Assessment-Center (Bröckling 2007: 61f.).

Das Profitmotiv ist bei alledem jedoch keineswegs als die zentrale intrinsische Motivation angesprochen. Nicht nur in der Ratgeber-Literatur, sondern auch in der neoliberalen politischen Theorie, in Psychologie und Nationalökonomie motivieren eher Kreativität, Souveränität und Freiheit. Die Beobachtung Bröcklings lautet, dass das unternehmerische Selbst seine innere Triebfeder wesentlich in der Selbstverwirklichung und seiner Selbstbehauptung suchen und finden soll. Diese Ziele aber können nur in actu (niemals abschließend) und nur im universalen Horizont des Marktes eingelöst werden. Unternehmerischer Ehrgeiz mündet so in unermüdliche „künstlerische" Anpassung bzw. Selbstbehauptung unter Bedingungen kontingenten Marktgeschehens. Die Ausgestaltung des Lebens überhaupt, welches in eins fällt mit täglichem Konkurrenzkampf, wird zur Selbstverwirklichung und diese wird zum ökonomischen Erfolg. Insofern sich das ganze Leben also aus ökonomischen Notwendigkeiten herleiten und erklären lässt, wird – wie in Zweigen der neoliberalen Theorie auch – der Markt im Diskurs des unternehmerischen Selbst als universales Modell der Vergesellschaftung etabliert (Bröckling 2007: 58ff.).

Der Einwand liegt nahe, dass sich die Kultur des Unternehmertums keineswegs in allen Köpfen gleichermaßen festgesetzt hat und dass viele Menschen trotz aller Appelle an Werten wie Gleichheit und Solidarität festhalten. Probleme, die schon den Weberschen Ansatz auszeichneten, nämlich vom Diskurs direkt auf die Handlungsrationalität der Akteure zu schließen, ohne Übersetzungsregeln zwischen Diskursstruktur, individueller Handlungsweise und institutioneller Ordnung genau benennen zu können (Pohlmann 2008: 121), scheinen sich auch hier anzudeuten. Vertreter der Gouvernementalitätsstudien begegnen diesem Einspruch mit dem Argument, dass sich der Unternehmensdiskurs vor allem in Alltagspraktiken reproduziere, ob die Beteiligten es nun wollten oder nicht. Die (vorgebliche) Freiheit beispielsweise, sich im familiären Privatbereich geschützt von der Außenwelt zu verhalten, wird als konstitutive Ressource des Regierbarmachens von Subjekten definiert (Rose 1999: 127ff.). Handeln unter den Bedingungen privater, familiärer Autonomie verwirkliche Normalitätsbilder und Sozialisationspraktiken, die eine Steuerung der Bevölkerung ohne direkten Zwang ermögliche. Diskurse werden auf diese Weise und in Anlehnung an

1.1 Ökonomisierung (in) der Gesellschaft

Foucault als überpersönliche und tendenziell verselbständigte realitätsbildende Komplexe („Dispositive") betrachtet (vgl. Foucualt 1991).

„Selbst wenn Menschen den Unternehmensdiskurs nicht ernst nehmen und eine gewisse zynische Distanz zu seinen Ansprüchen bewahren, so reproduzieren sie ihn doch durch ihr Alltagshandeln, in das er eingeschrieben ist" (du Gay/Salaman 1992; zit. nach Bröckling 2007: 60f.).

‚Das Unternehmen' soll nicht als rein ideelles Konstrukt verstanden werden, sondern als eine „Dimension' materieller Praktiken" (Bröckling 2007: 61). Nicht etwa Wirkmächtigkeit und Umsetzung, sondern Funktionsweise und innere Logik dieses Deutungsschemas sind daher Kernthemen. Da also die Verbreitung des Leitbildes des unternehmerischen Selbst, so die Formulierung, vom Genealogen der Subjektivierung nicht thematisiert wird (Bröckling 2007: 10f.), ist im Anschluss an Bröckling ergänzend nach empirischen Hinweisen der Gültigkeit bzw. der „Übersetzung" solcher diskursiven Praktiken im Privathaushalt zu fragen.

Wie bereits erwähnt, gewinnen die Gouvernementalitätsstudien ihre besondere Qualität durch die Diagnose eines grundlegenden Wandels von Machtstrukturen oder der politischen Kultur insgesamt. Ihr zentrales Thema ist die „technische" Funktionsweise von Regierungsmacht (Garland 1997). Auch wenn sich „Regieren" dabei nicht auf das Handeln staatlicher Instanzen alleine beschränkt, hat daher die gesamte Analysierichtung in ihrer Verengung auf Machtpraktiken, ähnlich der Neoliberalismus-Kritik eine ausgeprägte Ausrichtung auf Themen, die von Politik und Verwaltung vorgegeben sind (Butterwege 2008). Der Blick des Genealogen ist fixiert auf Herrschaft. Ihn interessiert, wie diese Herrschaft angewandt wird und wie die Unterworfenen sich aktiv selbst regieren. Fragen nach der legitimatorischen Einbettung oder der normativen Akzeptanz dominierender Wertordnungen und Anweisungen treten somit in den Hintergrund. Die Gouvernementalitätsliteratur sagt auch wenig darüber aus, wer, warum unternehmerische Identitäten auswählt (Garland 2007: 198). Um aber über die Dauerhaftigkeit und Stabilität dieser internalisierten Disposition urteilen zu können, sind Aussagen über die Sozialstruktur unabdingbar. Denn damit Instruktionen dispositiv wirken können, sind konstitutive Semantiken auf „sozialstrukturelle Vorkehrungen angewiesen [...], die diese Übersetzungsleistung stützen oder einfordern" (Stichweh 2000: 243). Solche „Vorkehrungen" können in legitimatorischen Motiven, Erwartungen und allgemeinen Rechtfertigungsmustern bestehen. Ihre Untersuchung auf dem Hintergrund von Ökonomisierung leistet die Studie von Luc Boltanski und Ève Chiapello zum „neuen Geist des Kapitalismus", auf die nun im nächsten Schritt kurz eingegangen werden soll.

c. Neuer Geist des Kapitalismus

Welche legitimatorischen Mechanismen könnten also Menschen veranlassen, ihre alltäglichen Anstrengungen auf der Folie eines marktförmigen Kampfes um Anerkennung zu begreifen und auch kritiklos hinzunehmen? Die Antwort auf diese Frage suchen Luc Boltanski und Ève Chiapello im normativ-kulturellen Fundament des ökonomischen Sachzwangs. Sie nennen dieses Fundament den „neuen Geist des Kapitalismus" und verstehen darunter eine „Ideologie, die [...] das Engagement für den Kapitalismus rechtfertigt" (Boltanski/Chiapello 2003: 42f.). Sowohl „Erfolg als auch Akzeptanz des Kapitalismus" hängen von Werten ab (ebd.: 42), deren Wandel das Hauptthema der Studie ist. Die kapitalistische Gesellschaftsordnung ist stets gezwungen, so die Grundthese der Autoren in Anlehnung an Max Webers Forschungsprogramm, auf Grund ihrer prinzipiell „amoralischen" Form der Kapitalanhäufung (ebd.: 462) die an ihr beteiligten Individuen motivational einzubinden. In all seinen historischen Ausprägungen benötigt der Kapitalismus ideologische Legitimationsmuster (Rechtfertigungsordnungen), die Wertigkeiten, allgemeine Vorstellungen von Gerechtigkeit oder übergeordnete Äquivalenzprinzipien vorgeben, auf deren Grundlage Handlungen und Personen beurteilt werden können (ebd.: 58f.). Boltanski und Chiapello benennen und analysieren solche nicht-ökonomische Voraussetzungen bzw. die Legitimationsbasis des unternehmerischen Diktats als Komplexe orientierungswirksamer Gerechtigkeits- und Gemeinwohlvorstellungen („Cités", poleis bzw. Rechtfertigungsordnungen) sowie Regelungen legitimer Positions- und Statuszuweisungen. Mit dem Ende der fordistischen Produktionsweise und seinen institutionellen Arrangements in den späten 1970er Jahren habe sich, so die Beobachtung, keineswegs eine umfassende Entnormativierung durchgesetzt, sondern die „projektbasierte Polis" hat die „industrielle Polis" als Rechtfertigungsordnung abgelöst. Boltanski und Chiapello schließen mit diesem Argument an eine traditionsreiche wirtschaftssoziologische Debatte zu nicht-ökonomischen Voraussetzungen und sozialen Einbettungsnotwendigkeiten ökonomischer Prozesse an (Beckert/Diaz-Bone/Ganßmann 2007). Stabile Erwartungsstrukturen auf Märkten könnten sich nur bilden, so die Kernthese dieser Forschungsrichtung, sofern sich die beteiligten Akteure auf außer-ökonomische institutionelle, kognitive oder kulturelle Kontexte rückbeziehen (Beckert 2007: 444ff.).

Im Rahmen neuer projektförmiger und teamorientierter Arbeitsprozesse bzw. einer weitgehend deregulierten Netzwerkökonomie haben sich neue Verhaltens- und Fairnessstandards etabliert, die von Boltanski und Chiapello hauptsächlich aus einem Vergleich der Manager-Literatur der 1960er und 1990er Jahre erschlossen werden. Diese neuartigen außerökonomischen Motivations- und Legitimationsressourcen wurden, so die paradoxe Diagnose, auf Grundlage der antiautoritären Kapitalismus-Kritik gebildet und von den führenden Wirtschaftseliten adaptiert. Hatte sich der fordistisch organisierte Kapitalismus in den Jahren von 1930 bis 1960 noch mit Hilfe von bürgerlichen und familienweltlichen Orientierungen legitimiert, gilt nun eine projekt-basierte Werteordnung, die Ideale wie Emanzipation, Autonomie, Gleichheit und Authentizität sowie die Unabhängigkeit von längerfristigen Bindungen an Andere favorisiert (Boltanski/Chiapello 2003: 147ff.). Die Rechtfertigungsordnung des Projekts basiert auf Erfahrungen und Handlungsrhythmen, die einer vernetzten Welt angepasst sind. Im Unterschied zur Familienpolis sind soziale Beziehungen in der Projektpolis durch Freiwilligkeit, Selektivität und Mobilität geprägt (Boltanski/Chiapello 2003: 62) und sie sind relativ instabil. Da solche variabel vernetzten Strukturen selbst nicht als Träger von Wertigkeitsordnungen dienen können (ebda.: 151), beziehen sich Normen und Werte vor allem auf die Projekte und ihre Nutzung. Diese wiederum sind geprägt von Flexibilität, Anpassungsfähigkeit, Lokalität und Vorläufigkeit (Kocyba/Voswinkel 2007). Das Gemeinwohl, das sich früher noch auf eine idealisierte Gemeinschaft beziehen konnte, ist also nun auf das Wohl des Netzwerks und des Projekts zusammengeschrumpft. Die gegenüber der fordistischen Phase des Kapitalismus veränderte Alltagsmoral demonstrieren die Autoren u.a. anhand von gewandelten Einstellungen zu Geld und Besitz sowie zur Arbeit bzw. in der Berufsethik (Boltanski/Chiapello 2003: 205ff.). Für die hier verfolgten Untersuchungszwecke sind genau diese Ausführungen von Interesse, da sie Anhaltspunkte bieten für eine Exploration von Alltagshandeln unter den Bedingungen von Ökonomisierung.

Der neue Geist des Kapitalismus in der konnexionistischen Welt unterscheidet sich, so Boltanski und Chiapello, in Fragen des Geldes, der Arbeit, des Besitzes und der eigenen Selbstwahrnehmung „tiefgreifend" (ebd.: 210) vom Geist der vorhergehenden Stufe. So orientiert sich das Sparen heutzutage weniger an materiellen Gütern als vielmehr an Zeit. Zeit wird zum knappsten Gut: „Sparen bedeutet in dieser Welt also zuallererst, mit seiner Zeit zu geizen und sie intelligent zu verwalten." (Boltanski/Chiapello 2003: 205). Für den zeitgenössischen Projektarbeiter ist es unabdingbar, die Zeit als Ressource so gut wie möglich zu planen, da das Zeitkapital unablässig neu investiert werden muss. Dies gilt nicht nur bei der Erwerbsarbeit, sondern ebenfalls für den ehemals arbeitsfreien Privatbereich: Auch Freizeit ist dazu gedacht, sie für die Informationssuche über lohnende Projekte zu nutzen, insofern verschwimmen die traditionellen Grenzen von Arbeit und Freizeit. Die Zeitordnung im neuen Kapitalismus ist geprägt von Imperativen wie Effizienz und Zielstrebigkeit und zeitliche Vorgaben sind vor allem nicht mehr so weisungsgebunden wie vorher: Selbstbestimmung in Einteilung und Verwendung von Arbeitszeit sowie diskontinuierliche Zeitnutzung schreiten voran; sie motivieren und belasten zugleich, da sie neue

Freiheiten mit sich bringen und neue (Vereinbarkeits-)Anforderungen an den Einzelnen stellen (Geissler 2008a). Hierüber verändert sich auch der Charakter der sozialen Beziehungen:

> „Seine Zeit nicht zu verlieren bedeutet, sie für die Herstellung und Pflege der gewinnträchtigsten, d.h. unwahrscheinlichsten und entferntesten Kontakte zu nutzen, anstatt sie im Freundes- und Verwandtenkreis bzw. im Kontakt mit Menschen zu vergeuden, deren Umfang lediglich ein affektives oder spielerisches Vergnügen bietet" (Boltanski/Chiapello 2003: 205).

Entwickelten sich im hergebrachten Kapitalismus Familien- und Berufssphäre auseinander – sowohl im Hinblick auf Wirtschaftsmethoden als auch im Hinblick auf Machtformen – (wie auch Max Weber ausdrücklich betonte; vgl. Weber 1980: 212ff.), löst sich diese Unterscheidung in der vernetzten Welt tendenziell auf. Im Begriff der „Kompetenz" (Boltanski/Chiapello 2003: 209) werden persönliche Eigenschaften eines Mitarbeiters mit seinem Leistungsvermögen untrennbar miteinander verbunden und auch der Besitz löst sich aus seinem relativ stabilen sozialen Verweisungszusammenhang. Insofern die Verfügungsgewalt über organisatorisch besessenes Eigentum immer weniger in Händen einer bürokratischen Macht oder von Betriebsinhabern liegt, sondern sich in Form von Mietverhältnissen und befristeten Nutzungsrechten über Leihobjekte verflüchtigt, ist der schwerelose „Kontaktmensch" bzw. der „Nomade" (ebd.: 208, 169) der projektbasierten Polis von der Verantwortung gegenüber seiner Umgebung tendenziell entbunden und wird immer mehr auf sich selbst zurückgeworfen. Ebenso wie die Zeit und die sozialen Beziehungen verflüchtigen und entstrukturieren sich also auch Besitz- und Nutzungsrechte in der projektbasierten Polis zunehmend. Sie werden individualisiert und „entbettet". Hiervon betroffen sind auch Arbeitsethik und „Berufsmoral" (Max Weber):

> „Während sie auf der ersten Entwicklungsstufe des Kapitalismus mit rationaler Askese verbunden war und Mitte des 20. Jarhunderts mit Verantwortung und Wissen, wird sie nunmehr tendenziell vom Begriff der Aktivität verdrängt, ohne dass zwischen einer persönlichen oder gar spielerischen Aktivität und einer Berufstätigkeit sorgsam unterschieden würde" (Boltanski/Chiapello 2003: 209).

Gegenüber einer oft mit Tatenlosigkeit gleichgesetzten Stabilität werden Begriffe wie „Veränderung" oder „etwas unternehmen", „sich verändern" zunehmend positiv bewertet, so die Beobachtung (Boltanski/Chiapello 2003: 209). Projektemachen, allseitiges Networking, Flexibilität, Polyvalenz und Autonomie sind Eigenschaften und Fähigkeiten, die den neuen Geist des Kapitalismus normativ entscheidend prägen. Boltanski und Chiapello beurteilen diesen Wandel von

1.1 Ökonomisierung (in) der Gesellschaft

Berufs- und Alltagsmoral in Fragen des Geldes, der Arbeit, des Besitzes und der eigenen Selbstwahrnehmung, die den neuen Geist des Kapitalismus prägen, nicht bloß als Anpassungsprozess oder eine nebensächliche Veränderung, sondern sie verfolgen die Intention einer „Theorie des Strukturwandels" auf der Makroebene (Boltanski/Chiapello 2003: 517). Sie wollen also mit den beschriebenen Entwicklungen eine grundlegende, gesellschaftsweite Umwälzung von Normen bezeichnen, die auch auf der Mikroebene individueller Akteure wirkmächtig wird (Zur Kritik an dieser Intention und ihrer Verwirklichung vgl. die Beiträge in Hessinger/Wagner 2008)[24]. Angesichts der Beschränkung der Analysen auf den Managementdiskurs bleibt allerdings ein Zweifel, ob sich der beschriebene normative Wandel bruchlos auf alle Bereiche der Gesellschaft übertagen lässt. Die Aneignung und Umsetzung normativer Ansprüche geht auf Organisations- und Individualebene oft nicht bruch- oder widerspruchslos vonstatten (Wagner 2007). Ob und in welcher Form die veränderten Normen und Anforderungen des neuen Geists des postfordistischen Kapitalismus auch auf der privaten Haushaltsebene „ankommen" bzw. wie sie dort interpretiert und ggf. bewältigt werden, soll daher weiter unten genauer untersucht werden.

Davor allerdings werden weitere Aspekte von Ökonomisierung umrissen. Um alltagswirksame Facetten der Ökonomisierung möglichst umfassend benennen zu können, ist auch danach zu fragen, wie sich die Makro-Ebene zu der Meso-Ebene organisatorischer Regelungen verhält und wie sich veränderte Handlungsbedingungen- und Orientierungen in handlungswirksame Deutungen auf der Mikroebene niederschlagen. Eine Zugrundelegung allein der gesamtgesellschaftlichen Analyseebene könnte sich hierfür möglicherweise als zu grobmaschig und zu undifferenziert erweisen. (Wie) Wirkt sich also die Ökonomisierung der Gesellschaft auch auf Wirtschaftsbetriebe und den Einzelnen aus? Es ist anzunehmen, dass dort genauso wie auf der Gesellschaftsebene relativ eigensinnige, kontextspezifische Interpretationen und Aneignungsweisen von Ökonomisierung geleistet werden. Welche Elemente von Ökonomisierung, verstanden als gesamtgesellschaftlicher Prozess, schlagen sich also ggf. in Selbst- und Fremdbeschreibungen von Individuen und Organisationen nieder? Dieser Frage soll im Folgenden nachgegangen werden.

---

[24] Im Unterschied zur gesellschaftskritischen Diagnose der Gouvernementalitätsstudien und der Kritiker des Neoliberalismus gehen Boltanksi und Chiapello jedoch nicht davon aus, dass sich die „Projektwelt" als Ausweitung der Marktsphäre oder –Logik verstehen lässt. Der neue Projekt-Kapitalismus widerspricht sogar einer reinen Markt- oder Wettbewerbsordnung, da in ihr persönliche Bindungen, mangelnde Transparenz und soziale Kooperation in Netzwerken prägend sind (vgl. Boltanski/Chiapello 2003: 177).

1.2 Ökonomisierung von Organisationen

Für das an dieser Stelle verfolgte Untersuchungsziel der Exploration von Auswirkungen der Ökonomisierung auf Privathaushalte, spielt die Ebene von Organisationen nur indirekt eine Rolle. Zwar gelten Organisationen vielen Autoren als Schlüsselerscheinung zeitgenössischer Gesellschaften und es wurde zu deren Beschreibung sogar der Begriff der „Organisationsgesellschaft" gebildet (Schimank 2001: 278f.; Müller-Jentsch 2003: 15). Doch im Hinblick auf die jeweils prägenden Prinzipien des Handelns sowie auf die gesellschaftlichen Funktionen und die Verhaltenserwartungen bestehen zwischen Organisationen und privaten Haushalten scheinbar mehr Differenzen als Gemeinsamkeiten. Die Organisationssoziologie versteht unter Organisationen formal-hierarchische Sozialgebilde, in denen zweckrational arbeitsteilig gehandelt wird, wobei die Koordination des Handelns durch eine Stufenfolge von Verantwortung erfolgt (Maurer 2008b). Privathaushalte dagegen gelten als gemeinschaftliche Gebilde ohne formale Mitgliedschaftsregeln, klare Rollenvorgaben und (außer der Bedarfsdeckung) auch ohne rational verfolgten Handlungszweck (Bohler/Glatzer 1998: 112; Meier 1997; Geissler 2006). Gesamtgesellschaftliche Funktionen von Organisationen liegen u.a. in der Integration von Funktionssystemen oder in der Vermittlung zwischen ihnen (Luhmann 2000: 400; Drepper 2003: 251), während der Privathaushalt, gesamtgesellschaftlich betrachtet, für die psychische und physische Reproduktion bzw. für die Bereitstellung von Personal für Organisationen und Funktionssysteme zuständig ist (Rothenbacher 1987; Burkart 2005). Akteure folgen in beiden Kontexten unterschiedlichen Handlungslogiken und Rationalitätskriterien (Geissler 2002). Schon die unterschiedlichen Arten der Einbindung durch einerseits Arbeitsverträge und andererseits durch emotional geprägte Beziehungen konstituieren unterschiedliche Erwartungen und Verhaltensmuster (Brose/Diewald/Goedicke 2004). Das Individuum, so scheint es, bewegt sich in Haushalt und Organisation in je verschiedenen Welten. Wenig spricht auf den ersten Blick also dafür, Ökonomisierungstendenzen in beiden Gebieten aufeinander zu beziehen. Doch die in den letzten Jahren auf organisatorischer Ebene geschilderten Wandlungsprozesse legen eine solche Verknüpfung nahe, da sie auffallend oft Parallelen, Interferenzen und Grenzverschiebungen zwischen diesen Gesellschaftsbereichen beschreiben. Veränderungen in Organisationen sind möglicherweise gekoppelt an Wandlungen in Privathaushalten und umgekehrt; es fragt sich nur, in welcher Hinsicht. Um solche möglichen Interferenzen benennen zu können, soll nun zunächst auf organisationsbezogene Beobachtungen eingegangen werden.

In der Arbeits- und Industriesoziologie besteht Einigkeit darüber, dass mit dem Ende der 1970er Jahre eine Abkehr von der fordistischen Regulations- und

Organisationsweise des Kapitalismus eingetreten ist (Heidenreich/Töpsch 1998; Deutschmann 2002; Dörre 2003). Die Veränderungsprozesse, die sich seitdem in Wirtschaftsorganisationen vollziehen, werden in der Organisations- und Arbeitssoziologie relativ einheitlich mit Begriffen beschrieben, die einen „Ökonomisierungsdruck" (Schimank 2008: 221) als Gesamtbezeichnung für den Strukturwandel nahe legen. Bei diesen Beschreibungen geht es nicht nur um organisationsexterne Marktveränderungen, also solche, die im Zuge der ökonomischen Globalisierung auftreten (Holzer 2008). Seit einigen Jahren wird der Markt auch organisations*intern* als zentrales Steuerungsinstrument für Umstrukturierungen genannt. Unter Stichworten wie Ergebnissteuerung, Organisationsnetzwerke, Dezentralisierung, Vermarktlichung oder Internalisierung des Marktes wird verdeutlicht, wie Manager innerhalb von Firmen Konkurrenz zwischen Unternehmenseinheiten forcieren (Kühl 2000)[25]. Die meisten der in den letzten Jahren beobachteten Momente organisatorischer Umgestaltungen dienen, darin sind sich viele Forscher einig, der Steigerung von Gewinnorientierung, der Kostenminimierung und der Marktorientierung (Sauer/Döhl 1997; Moldaschl 1998). Konzepte wie flache Hierarchien, mehr Eigenverantwortlichkeit oder Dezentralisierung dienen dem Management von Wirtschaftsorganisationen dazu, „in der Beziehung zwischen Unternehmensspitze und dezentralen Einheiten eine Art Kapitalmarkt" zu simulieren und die Ausbildung von „konzerninternen Arbeits-, Management-, Ressourcen-, und Produktmärkten" zu fördern (Kühl 2000: 818). Wirtschaftsorganisationen konzentrieren sich zunehmend auf ihr „Kerngeschäft" und sie orientieren sich auch in denjenigen Bereichen an Rentabilitätskriterien, die vorher vom Gewinnprinzip unbehelligt waren. Erfolgsbezogene Entgeltformen werden zu zentralen Instrumenten organisatorischer Gestaltung erhoben (Voswinkel 2004) und sogar in humanitären Hilfsorganisationen, einem Feld, in dem wirtschaftlicher Gewinn nicht vorgesehen ist, finden gewinnorientierte Managementkonzepte bzw. Ökonomisierungsprozesse zunehmend Verbreitung (Langhoff 2008). Weitere Komponenten des Wandels von Organisationen bestätigen diese Diagnose einer Ökonomisierung von Organisationen. Sie werden wie folgt geschildert:

Durch Deregulierung, Outsourcing und Steigerung der Selbststeuerungsfähigkeit kleinerer Organisationseinheiten sowie durch zunehmende Kundenorientierung werden aus flexiblen Subunternehmern und Abteilungen konkurrenzfähigere korporative Akteure. Bei der Steuerung von Mitarbeitern findet eine verstärkte Orientierung an der „Eigenkapitalrendite" bzw. an umsatzorientierten Kennziffern statt (Voswinkel 2004; Dörre 2003). In Geld und Personen wird

---

[25] Konzepte wie „Lean Management", „Business Process Reengineering" oder „modulare Fabrik", die sich in der allgemeinen Managementdiskussion der 1990er Jahre durchsetzten, verdeutlichen dies ebenfalls (Kühl 2000).

nicht mehr langfristig investiert, sondern man orientiert sich an kurzfristiger Gewinnmaximierung (Schimank/Volkmann 2008: 388). Beschäftigungsverhältnisse verkürzen sich in Anlehnung an befristete Projektlaufzeiten. Aus Kostengründen wird die Vorausplanung von Arbeit zurückgenommen und an die Stelle bürokratisch-hierarchischer Steuerungsformen treten flache Hierarchien, Gruppenarbeit und somit zunehmende Flexibilität und Selbststeuerung der Produktion (Heidenreich/Töpsch 1998). Die umfassende Orientierung am Markt sowohl im Binnen- wie im Außenverhältnis der Organisation gewinnt an Bedeutung. Dezentralisierte Unternehmenseinheiten werden in ein Konkurrenz- und Marktverhältnis zueinander gesetzt und jede Einheit ist gehalten, sich an Rentabilitätskriterien zu orientieren. Techniken wie Zielvereinbarungen, Budgetierung, Kennziffern, Balanced Scorecards und Auditierung sollen motivieren und disziplinieren.

Maßnahmen zur Konkurrenzintensivierung finden auch zunehmend in staatlich getragenen oder mitfinanzierten Organisationen statt (New Public Management; Public-Private Partnership und Outsourcing) (Schimank/Volkmann 2008: 387f.). In einem Handwörterbuch zur Verwaltungswissenschaft wird der Begriff der Ökonomisierung auf die Modernisierung von Staat und Verwaltung in den 1960er und 1970er Jahren im angelsächsischen Raum zurückgeführt (Franke 2003). Die Ökonomisierung von öffentlichen Organisationen zielte damals, so heißt es dort, auf eine „effizientere und effektivere Aufgabenerfüllung" (ebd.). Dies sind auch heute noch die wesentlichen Ziele der Veränderungen von öffentlichen Organisationsstrukturen (Vogel 2007), denn in der Verwaltungspraxis wird weitgehend dem New Public Management-Diskurs gefolgt. Das heißt, man verfolgt Anstrengungen der Wirtschaftlichkeitssteigerung (Dahm 2004).

Planungen von Produktionsprozessen, die Ressourcenallokation und das Angebot werden in Organisationen ökonomisiert, insofern gesellschaftsweit eine Phase „besonders intensiver Dominanz ökonomischen Kalküls" (Altmeppen 2008: 238) eingetreten zu sein scheint. Zusammenfassend, so kann man sagen, propagiert und forciert die Ökonomisierung des wirtschaftlichen Handelns in Organisationen eine „immer weiter getriebene Steigerung von Gewinnerwartungen" (Schimank 2008: 221).

Mit all diesen Veränderungsprozessen verändert sich auch der betriebliche Alltag der Mitglieder von Organisationen, denn an die Stelle einer weitgehenden Vorstrukturierung von Arbeit treten verschiedene Formen der Selbstregulierung und Selbstorganisation, Verantwortlichkeiten werden delegiert bzw. nach ‚unten' verlagert. Leitlinien für die Gestaltung von Arbeit werden diffuser, wodurch die Leistungsanforderungen steigen (Voß 1998: 477). „In Folge der ‚Subjektivierung von Arbeit' und im Namen der Ergebnisverantwortung werden die Beschäftigten umfassend auf Formen der Selbstkontrolle und der Selbstverantwortung verpflichtet" (Wagner 2008: 22; Wagner 2007). In Organisationen bürdet man den

1.2 Ökonomisierung von Organisationen

Beschäftigten durch die stärkere Ausrichtung auf den Markt steigende Unsicherheiten auf und es findet eine Intensivierung von Belastungen und Anforderungen statt (Brose/Diewald/Goedicke 2004: 294). Die Folgen der internen Vermarktlichung von Organisationen für Prozesse der Identitätsbildung und der Behauptung werden unter Schlagworten wie „innere Landnahme" (Moldaschl 1998) oder „Identität als Ware" (Neckel 1996) verhandelt. Innerbetriebliche Erwartungen wandeln sich tendenziell von Treue und Pflichterfüllung hin zu Kreativität und Eigensinn (Wagner 2008). Hieraus können paradoxe Verhaltensanforderungen für den einzelnen Mitarbeiter entstehen, denn immer mehr Entscheidungsspielräume und Eigenverantwortung stehen im Widerspruch zu nach wie vor gültigen hierarchischen Weisungsordnungen (Kühl 2000: 827; Voß 1998). Die Einführung „unternehmerischer Persönlichkeiten" auch in vormals untergeordnete, weisungsgebundene Organisationsebenen durch „Empowerment" führt in der Summe zu immer weniger Schutz und Entlastung für den Einzelnen bei zunehmenden berufsbiographischen Unsicherheiten.

Für eine Analyse von Ökonomisierung stellt sich hierdurch erneut die Frage nach individuell vollzogenen Interpretations- und Umsetzungsleistungen durch die Adressaten dieser Entwicklungen. Da es in Organisationen nicht immer nur um Leistung, Profit und Kennziffern gehen kann, sondern da auch Werte, Loyalität, lebensweltlich gestützte Erwartungen und Bindungen sowie die Würdigung von Leistungen eine wesentliche (integrative) Rolle spielen (Wagner 2008), ist zu vermuten, dass eine Abschwächung solcher organisatorischer Kompensationsmechanismen[26] auch Auswirkungen auf die individuelle Identitätsbildung hat (Holtgrewe 2002). Wenn im Zuge der Ökonomisierung auf organisatorischer Ebene zunehmend individuelle Persönlichkeitsmerkmale kapitalisiert werden, wenn Individualität auf „Leistung" (Neckel 1996: 142) reduziert und die „Selbstvermarktung" (Voß 1998: 479) zur Norm wird, dann sind nachhaltige Veränderungen auf der Mikroebene zu erwarten. Mit solchen Effekten auf den Einzelnen, auf seine Orientierungen und seine Lebensführung sind die subjektiven Seiten gesellschaftlicher und organisatorischer Ökonomisierungsprozesse benannt. Solche Prozesse sollen im folgenden Unterkapitel skizziert werden.

---

[26] „Die neue Anerkennungsordnung, die das Unternehmen ins Werk zu setzen versucht, führt zu einer Vereinseitigung von Anerkennung und systematischen Verknappung von Anerkennungschancen. In Folge dieser Vereinseitigung streift das Unternehmen die Simmelschen Dankbarkeitspflichten und die normativen Verbindlichkeiten des Musters der Rücksichtnahme (Gouldner) ab" (Wagner 2008: 39).

1.3 Ökonomisierung von Individuum und Alltag

Im arbeits- und industriesoziologischen Kontext haben sich die soeben angeführten organisatorischen Entwicklungen unter anderem in der These der „Subjektivierung von Arbeit und Arbeitskraft" (Voß 2007; Moosbrugger 2008) sowie in der Figur des „Arbeitskraftunternehmers" (Voß/Pongratz 1998) niedergeschlagen. Die zentrale Botschaft im Zusammenhang mit diesen Konzepten lautet, dass sich im Zuge von organisationsbasierter Deregulierung und Flexibilisierung der Arbeitswelt auch gesamtgesellschaftlich ein "tiefgreifender Strukturwandel" (Voß 1998: 473) vollzieht. Demzufolge gehen die betrieblichen Veränderungen mit einem Wandel der Nutzung von subjektiven Arbeitsvermögen sowie mit einem Wandel des Leittypus von Arbeitskraft einher, die auch auf andere Lebensbereiche ausstrahlen. In postindustriellen Arbeitsbeziehungen beginnt sich, so die Diagnose, ein neuer Sozialtypus des Arbeitnehmers durchzusetzen, dessen Anforderungsprofil erhebliche Auswirkungen auf die private Lebensführung hat. Vorgegebene gesellschaftliche Ansprüche und das individuelle Selbstverständnis dieses Sozialtypus kommen dabei zur Deckung. Im Unterschied zur Figur des „unternehmerischen Selbst", welche eher im Sinne eines normativen Appells zu verstehen ist (Bröckling 2007: 48), ist der Arbeitskraftunternehmer als zwar idealtypisch zugespitztes, aber dennoch real vorfindbares Destillat sozialstrukturell fundierter Beobachtungen gedacht. Mit diesem Konzept und seiner Übertragung auf Momente außerbetrieblicher Verhaltensweisen oder Einstellungen sind also explizit empirische Kennzeichen einer Ökonomisierung auch der Mikroebene (als private, haushaltsbezogene Sphäre) benannt. Was ist damit gemeint und was sind die wesentlichen Merkmale des „Arbeitskraftunternehmers"?

Der erstmals 1998 in die arbeitssoziologische Debatte eingebrachte Begriff des „Arbeitskraftunternehmers" soll einen fundamentalen, nachhaltigen Wandel im gesellschaftlichen Leitbild und der Organisation von Arbeit zum Ausdruck bringen – eine „neue Grundform der Ware Arbeitskraft" (Voß/Pongratz 1998: 131). Noch heute prägt dieser Begriff die arbeitssoziologische Diskussion, auch wenn er weit davon entfernt ist, als anerkannter und empirisch fundierter Forschungsstand zu gelten (Gerst 2005)[27]. Der „Arbeitskraftunternehmer" soll, so die eher bescheidene Intention seiner Schöpfer, im Sinne des „Idealtypus" von Max Weber lediglich bestimmte beobachtete Gegebenheiten zugespitzt bündeln,

---

[27] In einer nachträglichen empirischen Überprüfung von gesellschaftlich dominanten Arbeitskrafttypen (neben dem neuen „Arbeitskraftunternehmer" wurde auch der alte Typus des „verberuflichten Arbeitskraftnehmers" erforscht), haben Voß und Pongratz die Verbreitung des neuen Arbeitskraft-Typs auch auf Erwerbsfelder wie die Informations- und Kommunikationstechnologie-Branche, den Weiterbildungs- und Beratungssektor sowie auf Unternehmen der New Economy beschränkt (Pongratz/Voß 2003).

1.3 Ökonomisierung von Individuum und Alltag

um als heuristische Kategorie bei der Analyse empirischer Erscheinungen hilfreich zu sein (Voß 2007: 99; Voß/Pongratz 1998). Die anhaltende Popularität dieses Konzepts erklärt sich daher wohl nicht so sehr durch seine empirische Evidenz, als vielmehr durch die Verknüpfung von Thesen zum Wandel der Arbeitswelt mit Aussagen zur gesamtgesellschaftlichen Entwicklung, denn die arbeitssoziologische Perspektive wird zu einer Soziologie der Lebensführung erweitert (Jurczyk/Voß 2000). Unter anderem Jurczyk, Voß und Pongratz beschreiben Prozesse einer erweiterten Selbstkontrolle und Selbstorganisation der Arbeitenden, einen verstärkten Zwang zur Ökonomisierung der Arbeitsleistungen und schließlich eine „Verbetrieblichung", auch der alltäglichen Lebensführung (Voß/Pongratz 1998: 140ff.), die sie im neuen Idealtypus bündeln. Mit dem Übergang von betrieblicher Fremdkontrolle zu verstärkter Selbstkontrolle der Arbeitenden beginnt, so ihre Beobachtung, auch ein Wandel vom bisher nur in spezifischen und begrenzten Situationen und eher reaktiv auf dem Arbeitsmarkt agierendem Träger der Ware Arbeitskraft zu einem in ökonomischer Hinsicht umfassend strategisch handelndem Akteur. Dieser Akteur ist gleichzeitig Adressat und Propagandist von verschärfter Konkurrenz, von gestiegenen Anforderungen an sich selbst und seine Umwelt. Er richtet sich mit seiner gesamten Persönlichkeit an der ökonomischen Verwertung seiner Kompetenzen aus (Voß 1998: 478f.). Die Hauptmerkmale des Arbeitskraftunternehmers sind Selbstkontrolle, Selbstökonomisierung und Selbstrationalisierung (Voß 2007: 99f.). Das bedeutet, er muss seine Tätigkeiten (nicht nur innerbetrieblich) zunehmend selbst organisieren, er ist gezwungen, sich aktiv marktorientiert zu verhalten und er muss seinen gesamten alltäglichen Lebenszusammenhang systematisch durchrationalisieren.

Für den Arbeitskraftunternehmer wird die bewusste Konstruktion, effizienzorientierte Organisation und die kontinuierlich zweckgerichtete Weiterentwicklung einer sehr individuellen und leistungsfähigen Lebensführung zum zentralen gesellschaftlichen Integrationsmittel. Die Ausrichtung des alltäglichen Lebenshintergrundes auf die Erwerbssphäre gewinnt durch ihn gegenüber der Vergangenheit eine neue Qualität, insofern eine bewusst entwickelte und effizient organisierte Alltagsorganisation Orientierungen an traditionellen familiären oder Freizeit-orientierten Werten ablöst. An Stelle des fordistischen Familienmodells favorisiert der Arbeitskraftunternehmer flexiblere Formen der Lebensgestaltung, die sich einer eindeutigen Zuordnung zu Eigenlogiken und Strukturierungsprinzipen von Arbeit und Leben entziehen (Kratzer/Lange 2006: 188)[28].

Für den „Arbeitskraftunternehmer" verschwimmen also die Grenzen zwischen Erwerbstätigkeit und Freizeit, Berufs- und Privatleben, denn als Reaktion

---

[28] In diesem Zusammenhang ist oft die Rede von „Arbeitsnomaden", „Patchwork-Familien" oder von „Living-Apart-Together"-Beziehungen.

auf neue Anforderungen praktiziert er „eine eigenständig gesetzte und kontrollierte umfassende Rationalisierung des gesamten Handelns (und des gesamten Lebensrahmens) auf Basis zeitökonomischer Mechanismen" (Jurczyk/Voß 2000: 180). Freizeit wird zur Residualkategorie, zum heteronomen Anhängsel der Erwerbsarbeit und die „Work-Life-Balance" ist gestört (Roth/Zakrewski 2006). Verfügbare Zeit wird immer mehr als Mechanismus gezielter Effizienzbeurteilung und –Steigerung bzw. als ökonomische Ressource interpretiert. Die temporale Verdichtung und Entgrenzung der Entwicklung von Arbeitsfähigkeit, die der Arbeitskraftunternehmer praktiziert (und praktizieren muss), manifestiert sich unter anderem in der Rede von der lebenslangen Aus- und Weiterbildung. Regeneration und Erholung finden nicht mehr in festen, gesicherten und zeitlich entspannten Zeiträumen statt, sondern nur noch in situativ genutzten Zeitreservaten, die sich aus Erwerbsprozessen ergeben. Die Bewertung der gesamten Alltags- und biographischen Zeit findet unter ökonomischen Gesichtspunkten statt. Verfügbare Zeit wird immer mehr zum explizit erkannten und systematisch verwendeten ‚Kapital' für die erwerbsbezogene Verwertung des Arbeitsvermögens (Jurczyk/Voß 2000: 180f.). Trennungen zwischen kontrolliertem und ökonomisiertem erwerbsbezogenen Handeln und privatem reproduktionsbezogenen Handeln erweisen sich nur noch als begrenzt möglich und sinnvoll. Die Parallelen dieses Sozialtypus zum von Bröckling analysierten neoliberalen Leitbild des „unternehmerischen Selbst" sind offensichtlich. Sowohl Arbeitskraftunternehmer als auch unternehmerisches Selbst sind relativ flexibel, bindungslos und befinden sich in einem fortlaufenden Prozess der Selbstoptimierung. Im Sozialtypus des Arbeitskraftunternehmers manifestiert sich auf diese Art die Ökonomisierung, auch auf der individuellen Ebene, und mit den Mitteln einer zweckgerichteten, leistungsorientierten Lebensführung vollzieht sich, so die Meinung der Autoren, tendenziell eine historisch neuartige Form der Einbindung von Individuen in die Gesellschaft.

> „Dieser Prozess markiert eine neue Stufe der Rationalisierung von Gesellschaft (bzw. der Durchsetzung einer privatwirtschaftlich basierten Vergesellschaftungslogik), eine Entwicklung, die zuerst die Sphären Wirtschaft, Arbeit, Staat und Wissen erfasst hat und nun (nach ersten, auch von Weber schon gesehenen Anzeichen bei einzelnen Eliten, wie v.a. dem calvinistischem Bürgertum) sozial immer umfassender die Alltagsgestaltung und damit auch die bisher nur teilweise betroffenen Privatsphäre von Menschen unterwirft" (Voß 1997: 219).

Zwar nicht ausschließlich im Sinne eines direkten Übergreifens betrieblicher Anforderungen auf das außerbetriebliche Handeln, sondern auch in Form einer bewusst praktizierten „freiwilligen Selbstausbeutung" (Moosbrugger 2008) voll-

1.3 Ökonomisierung von Individuum und Alltag

zieht sich in dieser Form eine erweiterte ökonomische Bewertung und Verwertung der alltäglichen und biographischen Lebenszeit. „Die ganze Alltags- und Lebenszeit wird der Herrschaft einer ökonomischen Rationalität unterworfen" (Jurczyk/Voß 2000: 189). Flexibilisierung und Rationalisierung führen zu einer zunehmenden Aufhebung der bisherigen Trennung von Arbeit und Privatsphäre (Kratzer 2003). „Die Grenzen zwischen betrieblich organisierter Erwerbsarbeit und privatem, heim- und familienbasiertem Leben werden unscharf" (Kratzer/Sauer 2007: 241). In mehreren empirischen Studien zur alltäglichen Lebensführung wurden diese Thesen alltagssoziologisch operationalisiert und modifiziert (Voß/Weihrich 2001; Ebringhoff 2007; Demzsky von der Hagen 2006; Kleemann 2005). Verbindendes Moment dieser Forschungen ist die Beobachtung einer Ausbreitung der Logik der Effizienzsteigerung und Ökonomisierung in der privaten Lebenssphäre. Die Leitsemantik der „Entgrenzung" wird dabei als neues Strukturmerkmal des Verhältnisses von „Arbeit und Leben" deklariert (Jürgens 2006: 61ff.). Ökonomisierung als „Entgrenzung" vollzieht sich in der Perspektive dieser Forschungsrichtung sowohl als Wunsch der Akteure als auch als äußerer Zwang und sie wird in verschiedenen Abstufungen beobachtet bzw. sozialstrukturell differenziert. So haben beispielsweise Pongratz und Voß selbst zwischen „starr segmentierten", „gleitend segmentierten" und „integrierten" Formen der Wechselwirkung von Arbeit und Leben unterschieden (Pongratz/Voß 2003). Eine scharfe Entgrenzung ist demzufolge vorwiegend in der Gruppe der beruflichen Selbständigen zu finden, in der eine Trennung der Lebensbereiche nicht mehr angestrebt wird. „Starr" und „gleitend" segmentierte Formen der Alltagsorganisation weisen dagegen noch eine relativ deutliche Trennung der Sphären Arbeit und Leben auf. Der Idealtypus des Arbeitskraftunternehmers tritt also „in Reinform" nur bei speziellen Erwerbstätigen auf, dennoch verbreiten sich seine Einzel-Merkmale auch unter anderen Gruppen gesellschaftsweit, so lautet die Diagnose zur Empirie des neuen Leitbildes (Voß 2007: 99). Es kann daher festgehalten werden, dass sowohl in Forschungen zum Thema Freizeit/Familie, zur Trennung von Arbeit und Freizeit als auch zur Work-Life-Balance eine eindeutige Tendenz dahingehend festgestellt wird, dass das private Leben immer häufiger mit Bezug zum beruflichen Bereich bewertet und geplant wird (Hoff 2008; Hochschild 2006). Ökonomisierung wird bei all diesen Darstellungen eher handlungslogisch, als rationales Verhalten der Individuen gegenüber ihren Ressourcen erklärt.

Die Ökonomisierungsthese könnte sich in dieser Form also empirisch auf der Individual- und Alltagsebene in mehreren Facetten der Übernahme von „betriebsförmigen" Denk- und Handlungsweisen widerspiegeln sowie in einer tendenziellen Aufhebung von Lebensbereichen wie Arbeit und Freizeit oder Beruf und Familie. Forschungen zum Thema „alltägliche Lebensführung", die eine

„Verbetrieblichung des Alltags" bzw. eine Ökonomisierung des Privatbereichs beschreiben, rekurrieren auf das Konzept der „Lebensführung", das in Abgrenzung zum Begriff der „Lebensstils" versucht, gezielt alltagspraktische Handlungen zu thematisieren (Voß 2000). Organisatorische Leistungen und Methoden der Koordination von Tätigkeiten in den verschiedenen Alltagssphären (Arbeit, Familie, Freizeit) werden dabei subjektiv gefasst, als individuelle Konstruktionsleistung und „unmittelbarste(s), originäre(s) Handlungssystem der Person" (Voß 1997: 212). Überindividuelle Orientierungen und Denkweisen dagegen spielen eine eher nachgeordnete Rolle. Aus diesem Grund bilden die von dieser Forschungsrichtung angebotenen Konzepte möglicherweise eine gute Ergänzung der bisher vorgestellten Facetten von Ökonomisierung. Im Rahmen einer Typologie vom mehreren Formen der alltäglichen Lebensführung beispielsweise, die als zentrales Ergebnis dieser Forschungsrichtung gelten kann (Bolte 2000), wären ökonomisierungsbedingte Typen identifizierbar als vergleichsweise variabel, zeitlich kurzfristig und flexibel angelegte Alltagsmuster. Auf Grund einer Ausrichtung des Alltags am Marktgeschehen, könnten zudem Momente einer eher „situativen" und „strategischen" Lebensführung (Voß 1998: 21f.) gegenüber längerfristig angelegten Strukturmustern oder Routinen im Alltag (traditionale Lebensführung) überwiegen. Ein hohes Maß an Selbstorganisation sowie eine wachsende Rolle diffuser Sozialformen und –normen zwischen Arbeit und Privatleben sind die wesentlichen Kennzeichen, die diesen Typus der Lebensführung von dem traditionalen Typus unterscheiden. Tendenzen zur bewussten, rationalen Organisation des Alltags könnten sich, in Abhängigkeit von verschiedenen Haushaltsformen (Klocke/Spellerberg/Lück 2002), in zunehmend individualisierten Zeitrhythmen, in ausgeprägter reflexiver Organisation der Alltagstätigkeiten oder in neuartigen Mustern der Planung und Aufteilung haushaltsbezogener Arbeit andeuten (Rerrich 2000).

Sowohl in den Debatten der Arbeits- und Industriesoziologie als auch generell in soziologischen Untersuchungen zur Subjektkonstitution unter marktförmigen Bedingungen (Kraemer 1997) wird betont, dass sich der Orientierungs- und Handlungsrahmen des Individuums marktbezogen (in sachlicher, in zeitlicher und sozialer Hinsicht) anders entfaltet als in anderen gesellschaftlichen Kontexten. Wenn Ökonomisierung eine Ausweitung oder zunehmende Dominanz marktförmiger Strukturbedingungen bedeutet, dann sind individuelle Anpassungen an solche Bedingungen ebenfalls als mögliche Indikatoren zu beachten. Im Marktgeschehen entwickeln sich schon allein aufgrund von verminderter Intensität und Dauer der Interaktions-Kontakte Anforderungen an das Denken und das Verhalten des Einzelnen, die sich, historisch belegbar, deutlich von denen in anderen Handlungskontexten (wie z.B. Haushalt und Familie) unterscheiden (Weber 1980; Polanyi 1979). In der Wirtschaft dominiert Knappheitskommuni-

1.3 Ökonomisierung von Individuum und Alltag 53

kation (Baecker 2006) und man folgt distanzierteren Handlungslogiken als bspw. im Privatbereich (Geissler 2002). Auch hiermit sind Aspekte von Ökonomisierungstendenzen benannt, die sich am empirischen Material möglicherweise identifizieren lassen können.

Einige wesentliche Punkte hierzu seien kurz angeführt: Am Markt dominieren Erwartungen, Rationalitätsvorgaben und Anforderungen, die den sozialen Akteur in Richtung Anonymisierung, Versachlichung und rechenhafter Rationalität treiben. Marktbeziehungen entbinden tendenziell – bei Strafe des Entzugs von Tauschchancen – von traditionalen Gemeinschaftsnormen, von sozialmoralischen Verpflichtungen und von persönlichen Rücksichten (Weber 1988: 56; Kraemer 1997: 247f.). Ökonomisch definierte Handlungsziele bilden einen abstrakten Rahmen, in dem das rechenhaft-kalkulierende Marktsubjekt strategisch und instrumentell sein Vorgehen planen muss. Marktsubjekte müssen daher tendenziell auf normative Rücksichten oder auf das Einverständnis Dritter verzichten (Habermas 1982 I: 410ff.). Sie erleben die gesellschaftlichen Verhältnisse nicht als stabil, sondern flüssig und variabel. Die soziale Welt wird am Markt eher technisch-distanziert und als veränderbar interpretiert. Eine praktisch-rationale Lebensführung gilt als (historisch vermittelt über die Glaubensinhalte des asketischen Protestantismus) Grundlage der Entstehung der modernen, kapitalistischen Wirtschaftsgesinnung (Weber 1988). Marktbezogenes Gewinnstreben unterliegt kaum ethischen Einschränkungen: „Wo der Markt seiner Eigengesetzlichkeit überlassen ist, kennt er nur Ansehen der Sache, kein Ansehen der Person, keine Brüderlichkeits- und Pietätspflichten" Weber 1980: 383). Ähnlich wie Max Weber weist auch Simmel darauf hin, dass das Geld als Tauschmedium des Marktes die Operationen der Tauschakteure relativ abstrakt vermittelt (Simmel 1989: 375ff.; Hengsbach 2008: 161ff.). Die Tauschakteure werden durch Gebrauch des Geldmediums von personalen Beziehungen immer unabhängiger; Distanz und Anonymität treten daher unter Marktbedingungen an die Stelle von lokal gebundener Interaktion. Personal gebundene Erwartungen werden durch die anonyme, formale Rechtgültigkeit eines Tauschvertrages ersetzt; der Markt versachlicht Motivlagen und macht das Geld zum allgemeinen Motivationshintergrund. Die „Universalisierung des Geldes erfordert [...] die Ausklammerung von externfunktionalen, nicht ökonomisierbaren Relevanzen" (Luhmann 1994: 239). Die in normativer Hinsicht eher flüchtigen und unverbindlichen Marktbeziehungen unterscheiden sich daher grundlegend vom Tauschmodus der sozialen Reziprozität, der „auf einen intersubjektiv geltenden Hintergrundkonsens über fraglos geteilte Überzeugungen und Einstellungen nicht verzichten kann" (Kramer 1997: 264). Reziprozität als Gegenseitigkeits- und Verpflichtungsbeziehungen (Adloff/Mau 2005) sowie „verständigungsorientiertes", normgeleitetes Handeln werden, zumindest in der Theorie von Habermas, der „Lebenswelt" zugesprochen und vom Handeln unter ökonomischen

Bedingungen unterschieden (Habermas 1982). Für eine empirische Operationalisierung von Ökonomisierung auf der Haushaltsebene stellt sich daher die Frage, inwieweit dort solche Reziprozitätsnormen noch gültig sind. Geht man von einer gesellschaftsweiten „Internalisierung des Marktes" (Neckel 1996) aus, wären Reziprozitätsnormen möglicherweise zugunsten einer „Logik des Tausches" (ebd.: 143) oder auch zugunsten geldförmiger, unpersönlicher Handlungsstandards abgeschwächt. Das „marktförmige Ich" zeichnet sich im Zuge der Ökonomisierung auch in der „Lebenswelt", so zumindest Neckel, durch ein hohes Maß an Leistungsorientiertheit, Flexibilität und einer „unbefragten Legitimität des Gewinnmotivs" aus (Neckel 1996: 144).

All diese kursorisch angeführten Aspekte einer Ökonomisierung von individuellem Handeln und Einstellungen bieten, um dies klarzustellen, nur schlaglichtartige, heterogene und theoretisch unvermittelte Einblicke in unterschiedliche Forschungsergebnisse. Alltagssoziologische Konzepte sind kaum rückbezogen auf übergreifende gesellschaftstheoretische Erwägungen. Und weder die Annahmen zum Arbeitskraftunternehmer noch die Thesen zum „Übergriff" marktförmiger Subjektkonstitution auf bislang marktfremde Bereiche bilden allgemein anerkannte und empirisch abgesicherte Erkenntnisse. Die präsentierten Thesen sollen in dieser Form und an dieser Stelle auch nicht als unproblematische oder faktisch gültige Erkenntnisse verstanden werden[29]. Zweck dieser Zusammenschau ist vielmehr eine Bündelung und Komprimierung von Konzepten, die eine Kategorienbildung zum Thema „Ökonomisierung" anleiten können. Im nächsten Untersuchungsschritt werden erste Bestandteile eines solchen Kategoriensystems umrissen.

1.4 Fazit: Indikatoren für Ökonomisierung

Die Zusammentragung von Elementen einer Ökonomisierung auf verschiedenen gesellschaftlichen Ebenen, wie sie sich in sozialwissenschaftlichen Theoremen und zeitdiagnostischen Beschreibungen präsentieren, soll zum Abschluss des ersten Untersuchungsschrittes anhand von Indikatoren gebündelt dargestellt werden. Es ist geplant, diese Indikatoren im vierten Untersuchungsteil als Grundlage zur Bildung von Kategorien zu nutzen, welche die Interpretation der Interviews anleiten sollen. Die Darlegung folgt der Unterscheidung zwischen

---

[29] Die erwähnten Untersuchungen und Thesen sind vielfach auch zu Recht kritisiert worden; vgl. etwa Kleemann 2005; Funder 2000 und Bosch 2000 zur Verallgemeinerung der These einer Entgrenzung der Erwerbsarbeit oder Jürgens 2006 zur vereinfachten Übertragung betrieblicher Prozesse auf den privaten Reproduktionsbereich.

Makro-, Meso- und Mikro-Ebene, um auch bei der Auswertung verschiedene funktionale Bezüge bzw. Systemreferenzen unterscheiden zu können.

A) Makro-Ebene

Mit Bezug auf die gesamtgesellschaftliche Ebene konnte Ökonomisierung zunächst differenzierungstheoretisch als mögliche Störungsbeziehung, Vermischung, Entdifferenzierung oder Entgrenzung zwischen dem ökonomischen Teilsystem der Gesellschaft und anderen Systemen bestimmt werden. Wettbewerb und wirtschaftliche Prinzipien ersetzen dabei andere, vorher gültige Problemlösungsverfahren in den betroffenen Systemen. Ökonomisierung als Vertauschung von Zwecksetzungen auf abstrakter, gesellschaftlicher Strukturebene erfordert für eine empirische Operationalisierung, die Unterscheidung zwischen funktionalen Codes, Funktionen und Leistungen. Für die hier verfolgte Fragestellung bedeutet dies: Sachfremde Logiken dringen in die private Haushaltssphäre ein und ersetzen haushaltsspezifische Kommunikationsmuster und Deutungen. Solche Logiken könnten beispielsweise anhand einer sinnhaften Strukturierung der Kommunikation nach Effizienz- und Leistungskriterien identifiziert werden. Im Hinblick auf funktionale Aspekte systemischer Differenzierung, wäre nach einer Vermischung der Sinnrationalitäten der Teilsysteme bzw. nach einer Entdifferenzierung von teilsystemischen Codes, durch Vermengung mit anderen Orientierungen zu suchen. Ökonomisierung läge vor im Falle eines kontextfremden, nicht mehr systemgebundenen Gebrauchs des Geldmediums bzw. des Kommunikationscodes „Zahlung/Nicht-Zahlung". Betrachtet man Leistungsbeziehungen zwischen Systemen, ist im Falle einer Ökonomisierung von Störungsrelationen auszugehen, die sich im Privathaushalt beispielsweise in einer Dominanz wirtschaftlicher Fragestellungen wegen Unterversorgung mit ökonomischen (Versorgungs)Leistungen manifestieren. Dies betrifft sowohl Zahlungsmittel als auch externe, unterstützende Dienstleistungen.

Die gesamtgesellschaftliche Ebene lässt sich auch hinsichtlich normativ-kultureller Erzeugung bzw. Legitimation von Ökonomisierungstendenzen untersuchen, wobei dann nach der relativen Verbreitung ökonomisierungsbezogener Handlungsorientierungen zu fragen ist. Mit ideologiekritischen Beschreibungen des Neoliberalismus, mit der Figur des unternehmerischen Selbst sowie mit den Werten des projektbezogenen „neuen Kapitalismus" liegen Beschreibungen solcher Deutungsangebote vor. Neoliberale, wirtschaftsbezogene Normen bestehen unter anderem in legitimatorischen Handlungsbegründungen durch Sachzwänge, in einer formalisierten, gewinnorientierten Handlungslogik, in moralischem Darwinismus, der Zustimmung zu Konkurrenz und Leistung sowie in der Zurückweisung eines Staatsintervenismus. Denkmuster des unternehmerischen

Selbst lassen sich möglicherweise durch Werte wie Kreativität, Unabhängigkeit, Selbstbehauptung, Flexibilität, Autonomie oder permanente Selbstoptimierung verifizieren. Verhaltensstandards der postfordistischen Netzwerkökonomie schließlich wären in Aussagen zu Themen wie Geldnutzung oder Arbeit und Besitz zu suchen, die einen Wandel in der Alltagsmoral (gegenüber familienweltlichen Orientierungen) nahe legen; darüber hinaus in Idealen wie Bindungsunabhängigkeit, Zielstrebigkeit, Selbstbestimmung, Anpassung, Vorläufigkeit und Mobilität. Zu fragen wäre schließlich danach, ob sich vorfindbare Deutungen zum Charakter der individuellen Zeitnutzung, des Wertes von sozialen Beziehungen oder der Berufmoral mit den Interpretationen zum normativen Strukturwandel in der „Projektpolis" decken.

B) Meso-Ebene

Momente einer Ökonomisierung der organisatorischen Mesoebene sind nur indirekt auswertungsrelevant, da sich Handlungsbedingungen im Privathaushalt sozialstrukturell nicht unmittelbar in Organisationskontexte übersetzen lassen (Tacke 2000; Jürgens 2006: 60ff.). Mit der Arbeit in Organisationen aber erwerben Individuen über Geld hinausgehende Ressourcen, die als soziales und kulturelles Kapital die Bedingungen der Inklusion in andere Sozialsysteme strukturieren (Tacke 2000: 131). Organisationsbezogene Aspekte der Ökonomisierung interessieren daher insofern, als durch sie Wechselwirkungen oder Kopplungen zwischen Erwerbsarbeit und Privathaushalt eventuell näher bestimmt werden könnten. So werden in den oben erwähnten industriesoziologischen Forschungen Phänomene wie eine Entgrenzung von Arbeit und Organisation oder die „Subjektivierung von Arbeit" auf Untersuchungen zur alltäglichen Lebensführung übertragen. Thesen wie eine „Verbetrieblichung der Lebensführung" wären dementsprechend mittels Suche nach entsprechenden Organisationsprinzipien der (Haus)Arbeit im außerbetrieblichen Alltag überprüfbar. Ergiebige Indikatoren könnten hierbei unter anderem eine leistungsorientierte, reflexive Alltagsorganisation; die Planung und kostenorientierte Aufteilung, ggf. Delegation von haushaltsbezogenen Tätigkeiten oder ein effizienzorientierter Umgang mit Zeit und sozialen Beziehungen bilden.

C) Mikro-Ebene

Die Frage nach individuellen, subjektiven Aneignungen von gesellschaftlichen bzw. organisatorischen Ökonomisierungsprozessen konnte anhand der Thesen zum „Arbeitskraftunternehmer" und anhand von allgemeinen Aussagen zum

1.4 Fazit: Indikatoren für Ökonomisierung

Handeln unter Marktbedingungen spezifiziert werden. Indikatoren für eine Ökonomisierung von Individuum und Alltag könnten sich dementsprechend in Komponenten zunehmender Marktorientierung und systematischer Durchrationalisierung sämtlicher Lebensaspekte finden lassen. Eine relativ ausgeprägte Ausrichtung der Lebensführung auf die Erwerbssphäre, die tendenzielle Aufhebung der Trennung von Arbeits- und Privatsphäre oder Arbeit und Freizeit sowie eine erhöhte Flexibilität und Bindungslosigkeit können als ökonomisch induzierte Verhaltensweisen eingestuft werden. Vergleichsweise variable und kurzfristige angelegte Typen der Lebensführung müssten sich ökonomisierungsbedingt von eher traditionellen Formen abgrenzen lassen. Im Hinblick auf identitätsbildende Denkfiguren oder individuelle Orientierungsrahmen wären Erwartungen und Anforderungen zu nennen, die den Handlungsrahmen des Einzelnen in Richtung Anonymisierung, Versachlichung und rechenhafte Rationalität drängen. Eine verhältnismäßig gering ausgeprägte Neigung zu normativ begründeten Verpflichtungen im Privaten sowie eine Akzeptanz von Verhaltensweisen, die eher Distanz und Anonymität als personenbezogene Werte (wie Loyalität, Liebe und Solidarität) transportieren, könnte daraus resultieren. Eine solche Handlungslogik der Distanz und Anonymität sowie die Nennung von Geld als vorrangigem Motivationshintergrund auch im Privaten, könnten darauf hinweisen, dass Ökonomisierungsaspekte individuelles Handeln und Einstellungen tangieren.

Als Zwischenfazit aus diesen ersten, kursorischen Annäherungen an Ökonomisierungsaspekte kann festgehalten werden, dass die Diskussionen um diesen Begriff, trotz aller divergierenden Konzeptualisierungen, einen breiten Fundus an Indikatoren aufweisen, der vielversprechende Anknüpfungsmöglichkeiten zu bieten scheint. Vielsprechend sind diese deswegen, da sie nicht nur an subjektiven handlungsleitenden Prinzipien von Akteuren in verschiedenen Kontexten ausgerichtet sind, sondern da sie auch transpersonale Orientierungen und Momente struktureller Gegebenheiten mit einbeziehen. Die Wechselwirkungen und Eigendynamiken der unterschiedlichen Analyseebenen sind dabei vorerst nicht festgeschrieben auf Konzepte, die den Fortgang der Untersuchung möglicherweise blockieren. Systembezogene, eigensinnige Spezifika oder auch inkohärente, widersprüchliche Deutungen der Ökonomisierung werden dadurch nicht von vornherein ausgeschlossen. Da es zudem keinen objektiv an Sachgegebenheiten festmachbaren „Ökonomisierungsdruck" (Schimank 2008: 223) zu geben scheint, genauso wenig wie ein in sich kohärentes Normgefüge, das eindeutig als „Ökonomisierungskanon" bestimmbar wäre, müssen diese Indikatoren erst einmal an Polaritäten ausgerichtet werden, die noch recht grobmaschig scheinen. Dies ist unumgänglich, will man sich einem Thema explorativ annähern.

Für den Privathaushalt und die Haushaltsarbeit als Untersuchungsgegenstand bedeutet dies, dass nach Hinweisen gesucht werden muss, die sich zunächst hauptsächlich relational gegeneinander abgrenzen lassen. Um aber den Privathaushalt als solchen in seiner Spezifik auf Ökonomisierungsprozesse beziehen zu können, sollen nun im nächsten Untersuchungsschritt seine wesentlichen soziologischen Merkmale sowie seine aktuellen Veränderungen genauer bestimmt werden.

2. Soziologische Merkmale von Privatheit

Private, persönliche Beziehungsmuster[30] und der häusliche Bereich gelten nicht nur in der Alltagssoziologie als „gegenstrukturelle" (Burkart 2005: 105) Rückzugsgebiete (oder als Reproduktionsbereich) gegenüber anderen gesellschaftlichen Feldern, insbesondere auch gegenüber der Ökonomie. Bereits bei soziologischen Klassikern wie Weber, Goffman, Parsons oder auch in der Systemtheorie (hier in Bezug auf die Familie und Intimbeziehungen) wird die relative Eigenständigkeit oder strukturelle Differenz des Privatbereiches in Relation zu anderen gesellschaftlichen Sphären in verschiedenen Varianten ausformuliert (Gräf 1993; Burkart 2002, 2005; Luhmann 2005).

Besonderheiten privater, häuslicher Beziehungen sind demnach (im Unterschied zu solchen in Organisations- und anderen Funktionssystemen) unter anderem durch eine Orientierung des Handelns an personenbezogenen Merkmalen sowie durch ausgeprägte geschlechtsspezifische Zuweisungen (Rössler 2001: 49ff.) gekennzeichnet. Weiterhin ist der Privatbereich charakterisiert durch Abwesenheit von Professionalisierung[31], durch einen relativ gering ausgeprägten Grad der Allgemeingültigkeit von Erwartungen sowie durch weitgehende soziale Folgenlosigkeit der Kommunikationen. „Je besser sich die beteiligten Personen kennen, desto eher lassen sich allgemeine Verhaltenserwartungen aussetzen, und desto eher lässt sich eine private Situation herstellen" (Gräf 1993: 70). Private Konstellationen werden auch als time-off-Situationen beschrieben, als „soziale Auszeiten" (Gräf 1993: 35f.) oder „Hinterbühne" (Goffman 2008b: 104), deren Setting nur mittelbar für zukünftige Interaktionen mit bestimmten Personen relevant bzw. anschlussfähig ist. Privatheit zeichnet sich zudem generell durch Grenzziehungen aus, sowohl räumlich als auch symbolisch und informationsbezogen: „Private Handlungen sind solche, zu denen nicht jeder kognitiven Zugang hat oder haben sollte" (Geuss 2002: 18). Das Eintreten in „persönlichen Raum" wird in der Regel als Übergriff empfunden (Goffman 1974: 56f.).

Weiterhin gilt der private Haushalt als Ort des Konsums und der psychischen und physischen Reproduktion (Geissler 2002), in dem gegenüber der Umwelt eine reduzierte formale Rechenhaftigkeit und ein relatives Übergewicht

---

[30] Z.B. Intimbeziehungen, Freundschaftsbeziehungen, Verwandtschaftsbeziehungen.
[31] Hartmann Tyrell z.B. spricht in diesem Zusammenhang von der „nicht-professionalisierten Privatsphäre der Familie" (Tyrell 1978: 186).

emotionaler Bindungen (Weber 1980: 214; Reichwein 1993) vorliegt sowie eine Dominanz von personenbezogener Interaktion als „innergesellschaftlich kontingente[r], auf Wahlfreiheit und zugerechneter Entscheidung beruhende[r] Form von Sozialität" (Kieserling 1999: 16) (in Abgrenzung bspw. zu organisatorisch geprägtem Rollenverhalten).

Bereits anhand dieser kursorischen Aufzählung einiger Merkmale der häuslichen Sphäre wird deutlich, dass der Bereich der Privatheit (und der Privathaushalt) als Gegenstück und Schutzraum gegenüber der Ökonomie oder auch als außerökonomisches Reservat betrachtet werden kann. Für diese Auffassung gilt: „Das private Leben in privaten Räumen folgt anderen Regeln als das Leben außerhalb dieser Räume" (Rössler 2001: 255). In historisch angelegten sozialwissenschaftlichen Studien wird die Eigensinnigkeit oder Abgrenzbarkeit des (familiären) Privaten in diesem Sinne bestätigt (Ariès/Duby 1993; Kaufmann 1995)[32]. Eine Trennung und Aufspaltung von Räumen, Wissen oder Handlungen in private, nicht-erwerbsbezogene Strukturen einerseits und öffentliche, ökonomisch geprägte Bereiche andererseits, zählt demnach „strukturell und normativ zu den konstitutiven Elementen moderner Gesellschaften" (Jurczyk/Oechsle 2008: 9; vgl. auch Rössler 2001: 11ff.).

Nicht nur im Hinblick auf Ökonomisierungsdiskurse, sondern auch auf Grund von Debatten, die in jüngster Zeit zunehmend Fragen des privaten Lebens zum Gegenstand öffentlicher Erörterungen oder politischer Steuerungsversuche machen (Jurczyk/Oechsle 2008; Ostner 2008) fragt sich daher, inwieweit (noch) von einer solchen Autonomie oder Eigensinnigkeit des privaten, haushaltsbezogenen Bereiches gegenüber den Sozialverhältnissen des Marktes ausgegangen werden kann. Die Frage drängt sich auf, ob sich die Aufspaltung der Gesellschaft in private Belange einerseits und ökonomische Beziehungen andererseits wenn zwar nicht gleich als obsolet, so doch zumindest in veränderter oder abgeschwächter Form präsentiert. Folgt man Forschungen zur alltäglichen Lebensführung, die an arbeits- und industriesoziologische Konzepte anschließen, dies wurde im vorherigen Kapitel deutlich, lässt sich eine solche Frage dahingehend beantworten, dass sich die Logik der Effizienzsteigerung und Ökonomisierung auch in der privaten Lebenssphäre ausbreitet (Jurczyk/Rerrich 1993; Kudera/Voß 2000, Voß/Weihrich 2001; Kratzer/Lange 2006). Diese arbeitssoziologische Forschung zur Alltagsgestaltung hat sich allerdings nicht zu Unrecht kritischem

---

[32] Zwar kommen die Zweiteilungen von Öffentlichkeit und Privatheit einerseits sowie von Erwerbsarbeit und Familie andererseits nicht immer zur Deckung, und es gibt eine Vielzahl kritischer Stimmen, die die „Scheinsphäre" der Privatheit (Habermas 1996; Jürgens 2006) dekonstruieren bzw. ihre Autonomie hinterfragen. Dennoch soll an dieser Stelle, der Einfachheit halber, erst einmal an der durchaus simplifizierenden Gegenüberstellung von privatem Leben bzw. Haushalt auf der einen und Ökonomie auf der anderen Seite festgehalten werden.

2. Soziologische Merkmale von Privatheit

Widerspruch ausgesetzt, denn zum einen wird in ihrem Zusammenhang eine dem Privatbereich eigene, inhärente Logik kaum thematisiert. Veränderungen in privaten Lebenszusammenhängen erscheinen hierdurch nur als Begleiteffekte erwerbsbezogener Rationalisierungen (Jürgens 2006: 61ff.). Das heißt, betriebliche Veränderungen werden relativ unvermittelt auf den privaten Bereich übertragen. Strukturell möglicherweise inkompatible Handlungskontexte werden analogisiert, indem „auch private soziale Beziehungen zu ökonomisch werthaltigen Arbeitsbeziehungen verobjektiviert werden" (Matuschek 2003: 350). Zum anderen basieren die hier vertretenen Thesen zu neuen Grenzziehungen zwischen Erwerbsarbeit und Privatbereich auf weitgehend unzulässigen Verallgemeinerungen selektiver qualitativer Studien, das heißt, sie sind empirisch nicht sonderlich abgesichert (Bosch 2000: 266).

Möchte man also der Frage nach einer möglichen Ökonomisierung des Privaten fundierter nachgehen, ist man zunächst auf die Notwendigkeit verwiesen, Spezifika des privaten Haushaltsbereichs genauer zu bestimmen, denn weder mit dem Begriff der alltäglichen Lebensführung, noch mit dem Konzept des Privathaushalts sind klar umrissene oder präzise abgrenzbare soziologische Gegenstände benannt. Zwar gibt es im Hinblick auf Privatheit neuerdings zunehmend Debatten zum Wandel und zu Grenzverschiebungen zwischen Öffentlichem und Privaten (Thiessen 2004; Jurczyk/Oechsle 2008), diese sind aber geprägt von recht heterogenen Konzeptualisierungen. Auch den privaten Haushalt betreffend fällt es schwer, einen einheitlichen Gegenstandsbezug herzustellen. Die Soziologie hat sich zwar intensiv mit einigen haushaltsbezogenen Sachverhalten auseinandergesetzt, unter anderem mit dem Struktur- und Funktionswandel der Familie, mit neuen Lebensformen in der Lebensstilforschung, mit der geschlechtsspezifischen Verteilung der Hausarbeit in der Frauenforschung, mit der Freizeit, mit Intimität oder generell mit den Abläufen in der „alltäglichen Lebenswelt". Es handelt sich hierbei aber nicht um Erkenntnisse, die sich vereinheitlichend auf einen konsistenten Begriffsgebrauch von Privathaushalt beziehen lassen. Der Privathaushalt, so muss festgestellt werden, scheint in der Soziologie bisher zumindest eher ein rein deskriptiver Begriff zu sein (Thiessen 2004: 81f.; Wienold 1995: 286; Methfessel/Glatzer 1994: 426ff.).

Ziel der Untersuchung in diesem zweiten Kapitel ist es daher zunächst, Elemente der soeben angedeuteten strukturellen Differenz zwischen haushaltsbezogener Privatheit und der Ökonomie zu sammeln und zu bündeln – diesmal aber aus der Perspektive von Privatheit. Im Hinblick auf die Eigenständigkeit bzw. den Eigensinn des Privaten soll nach dessen Ausformungen und Ausprägungen gefragt werden. Wie gestalten sich die Grenzen und strukturellen Eigenheiten von Privatheit in verschiedenen diskursiven Kontexten? Quasi spiegelbildlich zum ersten Untersuchungsteil soll also versucht werden, Anhaltspunkte zur weiteren Bestimmung für Indikatoren einer möglichen Grenzverschiebung zwischen Ökonomie und dem privaten Bereichen zu finden. Hierbei wird in drei Schritten vorgegangen, die sich folgenden Fragestellungen widmen:

1. Wodurch zeichnet sich der Bereich der Privatheit aus und welcher Art ist der Wandel, der sich in diesem Bereich vollzieht?
2. Welche Merkmale bestimmen den Privathaushalt als Untersuchungsgegenstand? Und
3. Wie ist Arbeit im Privathaushalt charakterisiert?

Mit Beantwortung dieser Fragen sollen Anknüpfungspunkte für die Analyse möglicher Ökonomisierungstendenzen gesammelt werden. Die Interpretation von Aussagen zu diesen Anknüpfungspunkten könnte dann im abschließenden empirischen Untersuchungsteil, so die Annahme, auf dem Hintergrund der im ersten Kapitel gesammelten Ökonomisierungsindikatoren, mögliche Veränderungen deutlich machen.

2.1 Privatheit

Die in dieser Untersuchung angestrebte Analyse von Deutungen und Aneignungen ökonomischer Semantiken auf Haushaltsebene sowie die von Konstruktionsweisen des Privaten, geht davon aus, dass man es hierbei mit Bereichen oder Diskursen zu tun hat, die sich relativ eindeutig identifizieren lassen. Es wird angenommen, dass es sich beim Privaten um einen „eigensinnigen" Sozialzusammenhang handeln müsste, der sich von seiner Umwelt sinnhaft abgrenzen lässt. Unterstellt man also dem Privatbereich eine eigenständige Logik, oder den mit „Privatheit" assoziierbaren Kommunikationen (Handlungen, Deutungen), dass sie sich bei ihrer Reproduktion in der Gesellschaft unterscheiden von anderen Formen der Kommunikation, dann wäre zu fragen, worin diese überhaupt bestehen und ob sie sich im Zuge sozialen Wandels verändert haben (bzw. wie sie sich in ihren aktuellen Ausprägungen darstellen). Hierbei interessiert Privatheit sowohl als individuelle, subjektive Ordnungskategorie als auch als objektive, vorgegebene (diskursive, normative oder institutionelle) Rahmenbedingung.

Welche Möglichkeiten des Verständnisses vom Privaten gibt es also angesichts des sozialen Wandels in der post-industriellen Gesellschaft? In Anlehnung an die Analyse von Beate Rössler, die einen Überblick über den Diskussionsstand zum Thema „Privatheit" vermittelt, lassen sich mindestens sechs unterschiedliche Diskurse über das Private anführen, die jeweils verschiedene theoretische Perspektiven oder Problemstellungen fokussieren (Rössler 2001: 11ff.; vgl. auch Jurczyk/Oechsle 2008)[33]. Im Hinblick auf die an dieser Stelle verfolgte Fragestellung nach (sozialwissenschaftlich relevanten) Grenzen und institutionellen Eigenarten des Privaten auf der Haushaltsebene interessieren hiervon wiederum vor allem drei Diskussionszusammenhänge: Neben 1. Theorien über Öffentlichkeit, die das Private als komplementäre Kategorie mitführen, sind dies 2. Konzeptualisierungen, die das Private als Bereich des häuslichen Lebens, der Familie und der Intimität in den Blick nehmen sowie 3. (meist kulturkritische) zeitdiagnostische Betrachtungen, die Grenzen und Beziehungen zwischen den Bereichen des Privaten und des Öffentlichen hinterfragen. Im Folgenden sollen diese unterschiedlichen Thematisierungsarten des Privaten zusammenfassend abgehandelt werden, um wesentliche Strukturmerkmale dessen zu isolieren, was als privat gilt. Im Fokus stehen zunächst jedoch „Klassiker" der im weiteren Sinne soziologischen oder sozialphilosophischen Thematisierung von Öffentlichkeit und Privatheit, da sie als konzeptuelle Referenz im Hintergrund der genannten Debatten permanent auftauchen.

Max Weber thematisiert den Bereich des Privaten als Haushalt sowohl im Kontext seiner Herrschaftssoziologie als auch im Zusammenhang mit der Analyse wirtschaftlichen Handelns. Er unterscheidet im Rahmen seiner Analyse okzidentaler Rationalisierungsprozesse idealtypisch die private Hausherrschaft von öffentlicher politischer Herrschaft. Demzufolge entstand der moderne Staat als rationale, legitimierte Ausübung von Macht und Gewalt, als „anstaltsmäßiges Herrschaftsverhältnis von Menschen über Menschen" (Weber 1980: 822) in Abgrenzung zum Haushalt, der als Ort der Privatheit weiterhin durch Formen der patriarchalen personalisierten Machtausübung charakterisiert sei. „Hausherrschaft" beruht auf persönlich gefärbten Beziehungen und auf dem Glauben an die Tradition (Weber 1980: 580). Im Haushalt oder der Hausgemeinschaft, so Weber, kommen Familiengemeinschaft und Hauswirtschaft, Vergemeinschaftung und Vergesellschaftung, affektuelles, traditionales und rationales Handeln zusammen und bilden eine Einheit. Weitere Kennzeichen des privaten Haushalts sind Solidarität nach außen und ‚kommunistische` Güternutzung nach innen („Hauskommunismus") (Weber 1980: 822).

---

[33] Zu unterscheiden sind demnach im Einzelnen soziologische und philosophische Theorien der Öffentlichkeit, Theorien der Zivilisation, Zeitdiagnosen, der Diskurs über Familie, die feministische Theorie, der Diskurs über informationelle Privatheit, der juridische Diskurs sowie der philosophische Diskurs (Rössler 2001: 11ff.). Jurczyk/Oechsle wiederum identifizieren „disziplinäre Thematisierungen von Privatheit" wie die Geschichtswissenschaft, Politik-, Rechtswissenschaft und (Sozial)Philosophie, Soziologie(n) und Medienwissenschaft (Jurczyk/Oechsle 2008: 12ff.). Eine Zuordnung der Thematisierungen von Privatheit zu diesen verschiedenen Disziplinen ist recht willkürlich, da sich viele der genannten Diskurse überschneiden Dieses Problem verdeutlicht aber jetzt bereits, dass es „keinen klaren Begriff" (Geuss 2002: 128) von Privatheit gibt.

„Der hauskommunistische Grundsatz, dass nicht ‚abgerechnet' wird, sondern der Einzelne nach seinen Kräften beiträgt und nach seinen Bedürfnissen genießt, lebt noch heute als wesentlichste Eigentümlichkeit der Hausgemeinschaft unserer ‚Familie' fort, freilich meist nur als ein auf den Haushaltskonsum beschränkter Rest" (Weber 1980: 214).

Weber differenziert weiterhin idealtypisch zwischen dem „rationalen Haushalt" und der historisch jüngeren „rationalen Erwerbswirtschaft". Während im Haushalt die Bedarfdeckung im Mittelpunkt steht, ist die Erwerbswirtschaft an Rentabilität ausgerichtet. Erwerbsbetrieb und -unternehmung sowie Haushalt stellen für ihn zwar keine exklusive Alternativen dar: „Haushalten und Erwerben können [...] derart ineinander greifen, dass nur der Schlussakt (Absatz hier, Verzehr dort) den Ausschlag für den Sinn des Vorgangs gibt" (Weber 1980: 47). Es ist aber dennoch dieser „Schlussakt" des Verzehrs, der die „Hauswirtschaft" bzw. die wirtschaftlichen Orientierungen im Haushalt fundamental unterscheidet von der marktförmig orientierten Handlungsweise des Erwerbens mit Hilfe der „Kapitalrechnung" (ebd.: 48). Mit dem Konsum verwirklicht sich die ökonomische Investition abschließend in der materiellen Bedarfsdeckung, während sich im unabschließbaren Kreislauf der Kapitalwirtschaft die Investitionen endlos aneinander reihen. Wirtschaften im Kontext des privaten Haushalts, so Weber, zeichnet sich durch den Aspekt der Gemeinschaftlichkeit, Solidarität und reduzierten formalen Rationalität aus. Es ist orientiert an der Bedarfsdeckung, nicht an Erwerb oder Gewinn. Der Privathaushalt ist daher charakterisiert durch Ausschluss Haushaltsfremder, durch traditionsbestimmte Orientierungen (bspw. geschlechtsspezifische Arbeitsteilung) sowie durch technisch diskontinuierliches und relativ unspezialisiertes Handeln (Reichwein 1993: 136ff.). Im Vergleich mit marktbezogenem Wirtschaftshandeln erfolgt im privaten Haushalt, auf Grund einer Dominanz von Vertrauen in die wechselseitige Reziprozität von Leistung und Gegenleistung, hauptsächlich ein solidarischer Austausch von Gütern und Diensten ohne Berücksichtigung von Äquivalenz oder von formellen Rechten und Pflichten (Offe/Heinze 1986).

Diese von Max Weber herausgestellten grundlegenden soziologischen Strukturaspekte von (haushaltsspezifischer) Privatheit orientieren sich also idealtypisch zum einen an wirtschaftlichen Aspekten des Handelns im Haushalt und zum anderen an Herrschaftsstrukturen. Die Grenzen des Privatbereichs werden strukturell dort verortet, wo sich das (wirtschaftliche) Handeln über die Sphäre des Hauses hinaus am marktbezogenen Erwerb (nicht an der Subsistenz) orientiert, oder wo sich (Haus)Herrschaft in traditional orientierten, patriarchalischen Machtformen darstellt. Auch wenn der Analyserahmen Webers historisch sehr weitreichend ist, sind mit diesen Strukturmerkmalen erste Orientierungspunkte

2.1 Privatheit

für eine Analyse des Privatbereichs genannt, an die angeknüpft werden kann. So findet dieser Analyserahmen beispielsweise Widerhall im Akteurs- und tauschtheoretischen Ansatz von Coleman, der idealtypisch drei Arten von Tauschbeziehungen unterscheidet, nämlich marktvermittelte, herrschaftsförmige und vertrauensbasierte Tauschbeziehungen. Im privaten Haushalt, so Coleman, dominieren vertrauensbasierte, symmetrische Austauschformen, die auf Liebe und Zuneigung beruhen (Brose/Diewald 2004).

Jürgen Habermas, als ein weiterer zentraler und oft zitierter Referenzautor der strukturtheoretischen Bestimmung des Privaten, grenzt sich explizit von Webers formal-soziologischen Blickwinkel ab und bestimmt Privatheit sowie (bürgerliche) Öffentlichkeit aus normativer, „ideologiekritischer" (Habermas 1996: 21) Perspektive. Er verbindet mit „Öffentlichkeit" einen Emanzipationsanspruch, insofern sie ihm nicht nur als institutionalisierte Handlungssphäre gilt, sondern auch als Ort des kritischen Austausches oder der ungezwungenen, demokratischen Meinungsbildung. Privatheit, als Komplementärbegriff zu Öffentlichkeit, wird von ihm ebenfalls im Hinblick auf staatliche Strukturen und politische Willensbildung definiert. Sie bestimmt sich daher nicht primär in Abgrenzung zum Marktgeschehen, denn auch wirtschaftliches Handeln gilt ihm als „privat", sofern es von staatlichen Eingriffen nicht behelligt wird. Institutionelles Konstituens des Privaten ist, historisch betrachtet, die Entstehung moderner Staatlichkeit; „privat" meinte ursprünglich, so Habermas, den Ausschluss von der Sphäre des Staatsapparates (Habermas 1996: 66). Die „bürgerliche Öffentlichkeit" im 18. Jahrhundert bildete einen Teil des privaten Bereichs, insofern sie sich im Warenverkehr und in Salons bzw. Kaffeehäusern als autonome Gegenwelt gegenüber den Staatsorganen formierte und sich dort eine kritische Meinung bilden konnte. Privatheit umfasst sowohl das familiäre Intime, die häusliche Sphäre als auch das wirtschaftliche Handeln der bürgerlichen Kaufleute. Mit dem politischen Funktionswandel bzw. dem Niedergang von Öffentlichkeit im Verlauf der industriellen Revolution wird diese Privatsphäre „ausgehöhlt"; so verliert u.a. auch die familiäre Intimsphäre den Charakter „individueller Privatautonomie" (Habermas 1996: 239), da sie zunehmend staatlich reglementiert wird. Der Privatbereich ist in der modernen, kapitalistischen Gesellschaft laut Habermas nun nur noch „scheinautonom", er schrumpft zusammen zur „Konsumentengemeinschaft" (Habermas 1996: 243)" und „entprivatisiert" (ebd.) sich, da er sich nicht mehr gegenüber sozialstaatlichen Eingriffen abgrenzen kann und in ihm keine informelle, spontane und deliberative Meinungsbildung mehr stattfindet. Darüber hinaus verliert die Familie neben ihren ökonomischen auch weitgehend ihre schützenden, sozialisatorischen Funktionen (Habermas 1996: 242ff.). Das Privatleben veröffentlicht sich und das Öffentliche wird zunehmend privatisiert, so lautet Habermas' zeitkritische Diagnose, denn die Kommunikation in beiden Sphären gleicht sich an, sie wird „massenmedial ausgehöhlt" – „Räsonnement wandelt sich in Konsum" (Habermas 1996: 244ff.). Ausgehend vom idealisierten bürgerlich-liberalen Staatsmodell diagnostiziert Habermas also einen „Verlust der Privatsphäre" (Habermas 1996: 245), insofern diese einem fortschreitendem Prozess der staatlichen Reglementierung und Kommerzialisierung ausgesetzt sei. Auch in der von ihm später ausgearbeiteten kommunikationstheoretischen Fundierung dieser Thesen vertritt Habermas eine normativen Bestimmung von Privatheit, da er sie im Sinne verständigungsorientierter Kommunikation nur dann verwirklicht sieht, wenn sie selbstbestimmte Entscheidungsspielräume ermöglicht (Habermas 1982). Öffentliche und private Sphäre werden von ihm im Gefüge der Beziehungen zwischen Privathaushalt, Wirtschaftssystem, staatlicher Verwaltung und Orten der Willens- und Meinungsbildung situiert. Sowohl im „System" als auch in der „Lebenswelt" finden sich Anteile struktureller und interpretativer Dimensionen (zweckorientierte und verständigungsorientierte Kommunikation). System und Lebenswelt sind also beide jeweils von öffentlicher und privater Sphäre durchdrungen, jedoch vollzieht sich durch einseitige Verdinglichung oder Rationalisierung der kommunikativen Alltagspraxis bzw. durch „das Eindringen von Formen ökonomischer und administrativer Rationalität in Handlungsbereiche, die sich der Umstellung auf die Medien Geld und Macht widersetzen" (Habermas 1982, II: 488) eine Kolonialisierung der Lebenswelt: „Wie die Privatsphäre vom Wirtschaftssystem, so wird die Öffentlichkeit vom Verwaltungssystem unterlaufen und ausgehöhlt" (Habermas 1982, II: 480). Das bedeutet, in sozialen Beziehungen gewinnt das Medium des Geldes mehr Bedeutung als die Verständigung, durch Verrechtlichung und Bürokratisierung werden systemische Eingriffe in kommunikativ strukturierte Bereiche vorgenommen und Massenmedien prägen die öffentliche Meinungsbildung. Habermas' Bestimmung von Privatheit auf diesem Hintergrund läuft darauf hinaus, dass sie, in der Tradition des Liberalismus, primär als spezifischer Handlungs- oder Kommunikationstypus gilt: Privat ist eine Handlung oder Kommunikation, die nur den Handelnden betrifft und öffentlich ist eine solche, von der auch andere betroffen sind (Geuss 2002: 101). Wie Habermas hebt die liberale Denktradition insgesamt die Bedeutung einer Begrenzung des Privaten als Bedingung individueller Freiheit hervor (Rössler 2001). Privatheit wird also im liberal-politisch-philosophischen Rahmen als autonomer Schutzraum gegenüber staatlichen Eingriffen gefasst. Auch dieses Moment von Privatheit, ihre normative Konnotation, soll im empirischen Untersuchungsteil aufgegriffen werden.

Richard Sennet, als ein weiterer prominenter Theoretiker des Öffentlichen, betrachtet Privatheit aus sozialpsychologischer Perspektive und entwickelt eine „Theorie des Ausdrucks" (Sennet 1998: 19). Öffentlichkeit wird von ihm als

2.1 Privatheit

ehemaliger Darstellungsraum bzw. als Bereich sozialer Anteilnahme und Begegnung definiert, der sich seit der Mitte des 18. Jahrhunderts in einem Prozess der „inneren Aushöhlung" befindet. Demgegenüber gilt das Private ursprünglich als Bereich, der mit Intimität, Scham und Peinlichkeit assoziiert wird (Gräf 1993: 75ff.). Das von Sennet diagnostizierte „Ende der öffentlichen Kultur" resultiert aus einem Verlust dieser Schamgefühle und aus einer Verdrängung der res publica, „durch die Annahme, der gesellschaftliche Sinn erwachse aus dem Gefühlsleben der Individuen" (Sennet 1998: 426) bzw. aus einer grassierenden „Tyrannei der Intimität", in welcher das öffentliche Leben zu einer „Sache des Beobachtens, der passiven Teilnahme, zu einer Art des Voyeurismus" geworden sei und Erfahrung nicht „länger Produkt von gesellschaftlichem Austausch" (Sennet 1998: 46). Privatheit wiederum, ursprünglich „das Alleinsein mit uns, mit der Familie, mit Freunden" (Sennet 1998: 16), vormals ein Refugium und eine Schutzzone, ist zum narzisstischen Spiegelbild, zum Selbstzweck und zur beredten, zwanghaften Zurschaustellung sowie Überwachung vormals intimer Verhaltensweisen geworden. Sennet bestimmt also Privatheit sozialpsychologisch im Sinne von Zurückhaltung, Schutz und Diskretion, und er diagnostiziert eine Entwicklung hin zur „Hypertrophie des Privaten" (Jurczyk/Oechsle 2008: 31). Insofern intime und vormals private Verhaltensweisen in seinen Augen heute auch das öffentliche Leben bestimmen, widerspricht die zeitdiagnostische Deutung Sennets diametral derjenigen von Habermas, der umgekehrt eine „Besetzung" des Privaten kritisiert. Im empirischen Untersuchungsteil wird zu fragen sein, ob sich Hinweise oder Indizien zu diesen Thesen entweder einer Allgegenwärtigkeit, Grenzenlosigkeit oder der Erosion des Privaten in den haushaltsbezogenen Aussagen und Deutungen wiederfinden lassen.

Festzuhalten bleibt: Grenzen des Privaten bestimmen sich, folgt man den Ansichten dieser Autoren, über institutionalisierte alltägliche Einstellungen und Verhaltensweisen, die sich entweder normativ der liberalen philosophischen Tradition zuordnen lassen, indem sie den Privatbereich als Schutzraum gegenüber staatlichen Interventionen oder als Bereich individueller Autonomie und Freiheit konstituieren. Oder aber sie artikulieren Zurückhaltung, Scham und Peinlichkeit angesichts intimer Verhaltensweisen außerhalb von als privat definierten Zusammenhängen oder Räumen. Tun sie dies, negieren sie die These einer „Hypertrophie" des Privaten. In diesem Zusammenhang sind auch weitere Konnotationen von Privatheit denkbar, die das Private strukturell als spezifischen Normbereich auszeichnen (Gräf 1993: 77ff.). Privatheit kann als Entspannung von den Anforderungen der sozialen Existenz definiert werden, in dem Sinne, dass der Zwang zu Rollenspielen entfällt und von normativen Erwartungen entlastet wird. Weiterhin ist es möglich, Privatheit im Sinne der Aufrechterhaltung oder Vergrößerung des Handlungsspielraums von Individuen zu interpretieren, der durch Anonymität und Zurückhaltung die Freiheit des Verbergens oder Offenbarens ermöglicht. Souveränität, Individualiät und Identitätsbildung („Präsentation des Selbst"), dies betont auch Goffman, wird durch Privatheit als Rückzug in das Alleinsein oder in eine vertraute Umgebung überhaupt erst ermöglicht (Goffman 1974: 56ff.; vgl. auch Rössler 2001: 260ff.). Auch solche Thesen werden häufig im Kontext einer eher essayistischen und „diffusen Kulturkritik" (Rössler 2001: 307) hinterfragt, die beklagt, dass es zum Verfall, zum Verlust oder zur öffentlichen Inszenierung des Privaten gekommen sei (beispielsweise gelten dann Handys als Paradigma einer Privatisierung des öffentlichen Raums; vgl. Kumar/Makarova 2008).

Zeitdiagnostisch geprägte Thesen einer Erosion bzw. eines Verlustes des Privaten (im Sinne eines institutionalisierten Handlungsbereiches) einerseits oder einer Bedeutungsaufladung des Privaten andererseits, lassen sich in ähnlicher Form auch in anderen Kontexten, mal mehr, mal weniger abgeschwächt, wiederfinden (z.b. für die Familiensoziologie Hochschild 2006 oder für die Politikwissenschaften Probst 1998). Diagnosen von Überschneidungen und Entgrenzungen des Öffentlichen und Privaten werden hierbei nicht nur öffentlichkeitstheoretisch[34] begründet, sondern sie rekurrieren auch auf sozialstrukturelle oder kulturelle Ursachen (z.B. Individualisierung oder Umbrüche im Geschlechterverhältnis, Thiessen 2004: 228). Arlie Hochschild beispielsweise konstatiert ein Ende des privaten Zuhauses auf Grund einer kulturellen Dominanz der Erwerbssphäre. Das Private, in ihren Augen gleichzusetzen mit der familiären Intimsphäre, werde kommerzialisiert und umgekehrt gewinne der Beruf immer mehr emotionale Anziehungskraft für die im familiären Privatbereich überforderten Angestellten (Hochschild 2003; 2006). Andere Autoren verweisen auf Individualisierungstendenzen oder die steigende Erwerbstätigkeit von Frauen, um einen Wandel oder Grenzverschiebungen im Verhältnis zwischen Öffentlichkeit und Privatheit zu begründen (Geissler/Oechsle 1996; Jürgens 2006; Thiessen 2004).

Ungeachtet der Plausibilität oder empirischen Belegbarkeit solcher Thesen[35] wird anhand der bisher referierten Bestimmungen von Privatheit deutlich, dass im Rückblick die vergangene Beziehung von Öffentlichkeit zu Privatheit oft „als gelungene Balance im Sinne eines positiven, reziproken und komplementären Verhältnisses" (Jurczyk/Oechsle 2008: 31) idealisiert erscheint. Widersprüche oder Konflikte zwischen diesen Bereichen bleiben unerwähnt, es dominiert eine Perspektive, die, indem sie die Geschichte des Privaten als Verfallsgeschichte zeichnet, eine gelungene gesellschaftliche Integration in die Vergangenheit rückprojiziert.

---

[34] Wie erläutert, dabei im historischen Rahmen sozialpsychologisch oder normativ argumentierend (durch Intimisierung oder wirtschaftlich-technische Kolonisierung von Öffentlichkeit).
[35] Vgl. kritisch zu Hochschild: Erler 2003.

2.1 Privatheit

Demgegenüber hat unter anderem die Frauen- und Geschlechterforschung eine solche Idealisierung des Verhältnisses zwischen Öffentlichem und Privatem immer wieder hinterfragt (Jürgens 2006; Aulenbacher u.a. 2007; Jurczyk/ Oechsle 2008). Die Bereiche des Privaten und des Öffentlichen werden aus der Perspektive der feministischen Kritik unter anderem als diskriminierende kulturelle Codierungen interpretiert. Feministische Forschungen verdeutlichen die gegenseitige Angewiesenheit und wechselseitige Konstituierung von (öffentlicher) Erwerbsarbeit und privater Reproduktion, insofern sie die geschlechtlich codierten Machtverhältnisse zwischen den Feldern der Ökonomie und der Privatsphäre thematisieren. Gesellschaftsweit verbreitete männliche Hegemonie, so eine essenzielle Einsicht der Frauenforschung, setzt die Domestizierung von Frauen im privaten Haushalt voraus. Die vom Liberalismus verteidigten privaten und lebensweltlich geprägten Handlungskontexte werden daher aus feministischer Perspektive von vornherein als scheinautonom bestimmt, bzw. als vom rationalen und macht-/marktorientierten Kalkül durchzogene Sphären dekonstruiert (Thiessen 2004: 267, unter Bezugnahem auf Nancy Fraser). Des weiteren hat die Geschlechterforschung stets auf eine ungleiche Verteilung von Reproduktionsarbeit hingewiesen, indem sie strukturell Benachteiligungen von Frauen auf dem Arbeitmarkt benannte und indem sie Kritik an der Familienpolitik übte, die auch noch in den letzten Dekaden auf eine anhaltende Privatisierung von „Sorgearbeit" ausgerichtet blieb (Jürgens 2006: 116). Arbeiten und Interaktionen, die generell aus Organisationen ausgeschlossen sind (z.B. Sorge für Kinder und Alte), so lautet die Diagnose, werden überwiegend Frauen in der Privatsphäre zugewiesen. Die Entwicklung von Organisationen und funktional ausdifferenzierter Sphären sind dementsprechend konstitutiv auf die Exklusion, Ausblendung, Ausbeutung dieser als weiblich-privat definierten, diffusen, intimen, körperlichen (Sozial)Beziehungen und Handlungsmodi angewiesen (Holtgrewe 2008: 285). Für die Frauenforschung verläuft die Konfliktlinie daher nicht (wie bei Habermas) zwischen dem privatem Bereich (Lebenswelt) und dem ökonomischen System, sondern „zwischen den Formen männlicher Herrschaft, die das System mit der Lebenswelt verbinden, und der Alltagspraxis von Frauen" (Thiessen 2004: 271).

Der Bereich des Privaten erfährt auf diese Weise eine Bestimmung als Ort der Ausübung von Herrschaft und des Ausschlusses von Frauen aus Politik, Bildung und Erwerbsarbeit. Mit dem Slogan „Das Private ist politisch" oder „Das Private ist ökonomisch" (Behning 1997) sollte dieser Sachverhalt skandalisiert werden. Da aber trotz zunehmender Erwerbsbeteiligung der Frauen die Versorgungsarbeit im Privaten nach wie vor weiblich konnotiert ist und sich Frauen weiterhin „doppelt vergesellschaften" (Becker-Schmidt 2004) müssen, ist die Konzeptualisierung des Privaten als „Ort der Begrenzungen und der Gewalt im Rahmen hierarchischer Geschlechterverhältnisse" (Jurczyk/Oechsle 2008: 11) immer noch als aktuelles Strukturmoment des Privaten erkennbar. Zu fragen wird sein, ob und inwieweit auch solche Momente einer Konzeptualisierung des Privaten (als Ort geschlechtsspezifisch konnotierter Machtausübung und Konflikte) von Ökonomisierungsprozessen möglicherweise berührt werden.

Fazit

Die angedeuteten Bestimmungen von Privatheit, ihre Grenzen und ihr Wandel verdeutlichen, dass mit dem „Privaten" ein diffuses und mehrdeutiges Konzept vorliegt, dessen Bedeutung sich verschiedenen Diskursen und Problemstellungen anpasst. Das Prädikat „privat" diffundiert semantisch zwischen räumlichen Bezügen (Haushalt, Wohnung), Handlungs- und Verhaltensdimensionen (Austauschformen, Machtverhältnisse oder intime Handlungen) sowie Wissenstypen (bestimmte Informationen) (Rössler 2001: 18f.). Gegenüber privatem Wissen, privaten Räumlichkeiten oder im Gegensatz zu privatem Verhalten ist das Nicht-Private oder das Öffentliche dabei nicht nur auf den Bereich des Ökonomischen beschränkt, sondern mit ihm kann auch das Nicht-Intime, das Politische oder die technisch-rationale Sinnwelt überhaupt gemeint sein. Privat und öffentlich haben daher keine stabilen Bedeutungen, sie sind eher als symbolisch-diskursive Einteilungen und Begrenzungen von sozialen Praktiken einzuschätzen.

Mit Demirovic erscheint es daher sinnvoll, privat und öffentlich nicht nur als soziologische Begriffe anzusehen, die deutlich abgrenzbare institutionelle Sphären bezeichnen, sondern auch als „symbolisches Dispositiv", als eine symbolische Ordnung, die eine spezifische Repräsentation des soziales Raums organisiert (Demirovic 2004). Zwar hat man es bei einer solchen Perspektive dann nicht mit „harten" soziologischen oder ökonomischen Strukturdaten oder mit theoretisch elaborierten Konzepten zu tun, sondern vielmehr mit Begriffen wie Sphären, Räumen, Logiken, Diskursen oder „Ordnungsprogrammen" (Thiessen 2004: 218). Der Vorteil einer solchen Perspektive im Hinblick auf die zu untersuchenden Umbrüche im Bereich des privaten Haushalts liegt dann aber in der möglichen Thematisierung des Haushalts als Symbolsystem, „das eine ‚reale', das heißt räumliche und personale Ausdehnung hat [...], das einen emotionalen Gehalt hat [...] und das – bewusst oder unbewusst – als Reproduktionsinstanz geteilter Normen und Werte fungiert" (Geissler 2002: 41).

Anschlussfähig in diesem Sinne erscheint auch ein „Stufenmodell" der Privatheit, wie es von Günther Burkart vorgeschlagen wird (Burkart 2002: 400f.). Er unterscheidet fünf Stufen des Privaten, die sich im Grad ihrer Entprivatisierung differenzieren lassen und die sich nicht nur auf räumliche Gesichtspunkte beschränken, sondern die auch kommunikationsspezifische Komponenten einbeziehen: Die psychische, die persönliche, die intime, die häusliche und die berufliche Privatsphäre. Während die häusliche Privatsphäre die psychischen (Subjektivität), persönlichen (Handlungsautonomie) und intimen (mit anderer Person geteilte Intimsphäre) Aspekte des Privaten umfasst, lässt sich der berufliche Privatbereich nur außerhalb des Hauses oder der Wohnung lokalisieren und impliziert ökonomisch oder rechtlich codierte Kommunikationen. Die in dieser Untersuchung verfolgte Fragestellung soll sich auf den Bereich der häuslichen Privatheit beschränken. Mit Burkart ist dieser bestimmbar als „gesellschaftlich geduldeter Raum, der sich der Rationalisierung und Verrechtlichung, aber auch gesellschaftlichen Werten wie Gleichheit oder Gerechtigkeit ein Stück weit entziehen kann" (Burkart 2002: 403). Aus welchen Gründen und in welcher Form der Haushalt dies strukturell ermöglicht, sind Gesichtspunkte, die im nächsten Untersuchungsschritt näher bestimmt werden sollen. Warum gilt der private Haushalt als derjenige Ort, an dem sich das Private in Form von individueller Autonomie, Intimität, Reziprozität und Solidarität strukturell begünstigt lokalisieren lässt?

2.2 Strukturmerkmale des Privathaushaltes

Da die Privatsphäre, wie angedeutet, begrifflich ein relativ unübersichtliches Terrain darstellt, wird aus arbeitsökonomischen Gründen die Analyse des Privaten im Folgenden auf den Privathaushalt beschränkt. Das Private in dieser, seiner „klassischen Bedeutung" (Rössler 2001: 12) des häuslichen Lebens oder der Familie, bietet zudem noch am ehesten Anknüpfungspunkte an hier interessierende sozialwissenschaftlich orientierte Diskurse. Mit einer soziologisch orientierten Bestimmung des privaten Haushaltes ist im Hinblick sowohl auf haushaltsspezifische subjektive Verhaltensdispositionen und Deutungsmuster als auch in Bezug auf systemische Strukturen die Möglichkeit eine Kenntlichmachung von Grenzen und Interferenzen zu ökonomischen Prozessen zu erwarten (vgl. exemplarisch Brose/Diewald 2004; Meier 1995; Glatzer 1994). Worin bestehen also die Binnenstrukturen, die Abgrenzungen, die Leistungen und Funktionen des Privathaushaltes und gibt es Schranken einer Rationalisierung der tendenziell Subsistenz-orientierten „wertrationalen Haushaltsökonomie" (Max Weber) in Richtung ökonomischer Zweckrationalität? Zur Beantwortung dieser Fragen soll nun kurz auf verschiedene Konzeptualisierungen und Spezifika des Privathaushaltes eingegangen werden.

Der Privathaushalt kommt in der soziologischen Literatur selten vor. Als Forschungsgegenstand vor allem gesellschaftstheoretisch ausgerichteter Untersuchungen hat er nahezu keine Bedeutung. Er wird, wenn überhaupt, primär empirisch untersucht und ist dann in der Regel ein Derivat der Familiensoziologie (Reichwein 1993: 86ff.; Methfessel/Glatzer 1994: 426ff.). Seine Definition im Soziologie-Lexikon lautet schlicht „deskriptive Bezeichnung für die produktiv-reproduktiven Tätigkeiten einer Hausgemeinschaft von Personen, die nicht notwendig familiär miteinander verbunden sein müssen" (Wienold et al. 1995: 286). Der Privathaushalt gilt als Zurechnungseinheit in sozialstatistischen Erhebungen und er wird vor allem in der Demografie verwendet. Dort wird er bestimmt als „jede zusammenwohnende und eine wirtschaftliche Einheit bildende Personengemeinschaft sowie Personen, die alleine wohnen und wirtschaften (z.B. Einzeluntermieter)" (Statistisches Bundesamt 2006: 12; Kutsch u.a. 1997: 230). Erkennbar bezieht sich ein solcher Haushaltsbegriff auf die wirtschaftliche und organisatorische Seite des alltäglichen Zusammenlebens und er eignet sich gut zur statistischen Dokumentation des Wandels – unter anderem von verschiedenen Lebensformen, von Zusammensetzungen der Haushalte, ihrer Größe, von Konsum- oder Freizeitgewohnheiten, von Arten der Zeitverwendung, Arbeitsteilung im Haushalt oder der haushaltsbezogenen Einkommenssituation[36]. Ein Vergleich der Zahlen aus den letzten Jahrzehnten deutet auf einen Strukturwandel des Privathaushaltes hin. Zu beobachten ist in diesem Zeitraum eine sinkende Durchschnittsgröße der Haushalte in Deutschland bei einer absoluten Zunahme aller Haushalte insgesamt[37]. Die Bedeutung von Mehrpersonenhaushalten hat abgenommen. Gestiegen ist dagegen die Anzahl kinderloser Haushalte sowie die Anzahl von Haushalten mit nicht-familialen Lebensformen (Einpersonenhaushalte, Alleinerziehende und Patchwork-Familien). Weitere demografische Tendenzen dokumentieren einen Trend zur „Auslagerung" der Kindererziehung, einen zunehmenden Rückgang der „Haushaltsproduktion", das heißt eine Rückläufigkeit der in Eigenarbeit verrichteten Tätigkeiten sowie generell ein Trend zum verminderten Zeitaufwand für Arbeiten im Haushalt – wobei Frauen hierbei aber nach wie vor deutlich die Hauptlast tragen (Fuchs 2005: 416f.; Statistisches Bundesamt 2007; Haberkern 2007). In der Summe lassen sich diese Veränderungen zurückführen auf eine zunehmende Technisierung des Privathaushaltes, auf veränderte Erwerbsstrukturen bzw. die gestiegene Erwerbsintegration von Frau-

---

[36] Vgl. Statistisches Bundesamt 2006; 2007 (Mikrozensus).
[37] Gegenüber 1991 stieg die Zahl der Haushalte im Jahr 2005 in Deutschland um 11% auf 39,2 Millionen. 2005 lebten durchschnittlich 2,1 Menschen in einem Haushalt, während die durchschnittliche Haushaltsgröße 1991 noch bei 2,3 Personen gelegen hatte (Statistisches Bundesamt 2006: 12). Der Anteil von Haushalten mit drei oder mehr Personen ist von 1961 bis 2005 von etwa 26% auf 14% gesunken; der Anteil an Einpersonenhaushalten lag 2005 bei 38% aller Haushalte und bildete die häufigste Haushaltsform (Statistisches Bundesamt 2006: 14).

2.2 Strukturmerkmale des Privathaushaltes

en, auf veränderte Lebensstile sowie auf einem Wandel der Geschlechtsrollen und diesbezüglich alltagsrelevanter (Familien)Leitbilder und Deutungen (Geissler/Oechsle 1994). Möglicherweise stehen diese haushaltsspezifischen Veränderungen auch im Zusammenhang mit Verschiebungen bei den Konstruktionen von Privatheit oder mit einer zunehmenden Kopplung des Haushaltes an ökonomische Prozesse. Es gibt Vermutungen dahingehend, dass sich der Privathaushalt in Deutschland in einem Prozess der Öffnung hin zum Markt oder der Entprivatisierung befindet (Geissler 2008b; Thiessen 2004; Richarz 2001; Meier 1997; Thiele-Wittig 1993). Solche Vermutungen jedoch können nicht allein anhand soziodemografischer Merkmale näher erforscht werden; die sozialstatistische Konzeptualisierung des Privathaushaltes bedarf hierzu einer Erweiterung um strukturtheoretische Momente sowie einer Hinzuziehung der Analyse von haushaltsrelevanten Wahrnehmungs- oder Deutungsangeboten sowie deren Rezeption. Weiterführende gesellschaftstheoretische Bestimmungen des Privathaushaltes (bspw. im Hinblick auf seine Funktionen, Leistungen oder kommunikativen Spezifika im Vergleich zu anderen gesellschaftlichen Bereichen) oder subjektive, kulturspezifische Aspekte bleiben aus einer rein demografischen Perspektive zunächst ausgeblendet.

Auch in den Haushaltswissenschaften, die den Privathaushalt bisher am deutlichsten als eigenständiges Erkenntnisobjekt etabliert haben und die ihm eine zentrale gesellschaftliche Bedeutung zumessen, dominiert eine eher deskriptive, technisch-instrumentelle Konzeption des Privathaushaltes. Auf Grund der wirtschaftswissenschaftlichen Wurzeln dieser Disziplin ist er hier stark ökonomisch konnotiert. Privathaushalte gelten in den Haushaltswissenschaften vornehmlich als „Wirtschaftseinheiten" (Kutsch u.a. 1997: 192) oder als sozioökonomische Systeme zur „Selbstorganisation des Daseins" (Richarz 1998: 12; vgl. auch Kettschau 2000) und sie interessieren als Produktionseinheiten, als Orte der arbeitsteiligen Verrichtung von Hausarbeit oder als Stätten des Konsums (vgl. u.a. Gräbe 1993). Erich Egner, Wiederbegründer der Hauswirtschaftslehre in der Bundesrepublik nach dem Zweiten Weltkrieg, definiert den Haushalt wirtschaftlich im Sinne Max Webers als „Einheit der auf Sicherung der gemeinsamen Bedarfsdeckung einer Menschengruppe im Rahmen eines sozialen Gebildes gerichteten Verfügung" (zit. nach Reichwein 1993: 137). Zentrale Themen der Haushaltswissenschaften sind dementsprechend Haushalte als „Produktionsstätten" (u.a. von Gütern, Dienstleistungen und kulturellem Kapital; Meier 1995), die Analyse der Strukturen der Einkommensverwendung bzw. der Güternachfrage in Haushalten, Techniken und Standards der Haushaltsführung und vor allem mikro- und makroökonomische Analysen der Wechselwirkungen des Haushaltes mit seiner Umwelt (Gräbe 1993; Rapin 1990). Diese Art der Haushaltsforschung, die sich in Deutschland erst Ende der 1960er Jahre von ihrer traditionellen Bindung an die hauswirtschaftliche Berufsbildung löste (Reichwein 1993: 87), bestimmt Spezifika des Privathaushaltes nicht primär in Abgrenzung zum ökonomischen System, sondern sie überträgt wirtschaftswissenschaftliche Theoreme auf den Privathaushalt, um diesen als „Produktionsstätte" aufzuwerten. Nicht zuletzt, um das (patriarchalische) Bild des Haushaltes als ökonomisch unbedeutenden Ort des Konsums abzulösen, gehen die Haushaltswissenschaften davon aus, dass Arbeiten im Privathaushalt gesamtgesellschaftlich produktiv und wertschöpfend sind und dass sie auch gegen Bezahlung erfolgen könnten (Garhammer 1990).

Der Privathaushalt erfährt auf diese Weise eine Definition als eine Art „Privatfabrik", deren Leistungen mit (größtenteils fiktiven) ökonomischen Werten gemessen wird. Auch wenn eine solche Perspektive auf den Privathaushalt für eine an Ökonomisierungstendenzen interessierte Untersuchung auf den ersten Blick als sehr nützliche Bestimmung erscheinen mag, erweist sie sich auf den zweiten Blick doch als zu abstrakt, da sie sich nicht an realen Bewertungs- oder Austauschsprozessen orientieren kann. So sehr die wertschöpfende und produktive Dimension der Haushaltsproduktion auch zutreffen mag, ihre unmittelbar messbare ökonomische Verwertung bzw. Bewertung oder Marktgängigkeit bleibt bislang zumindest eine Ausnahme. Dass Haus- und Familienarbeit ökonomische Anerkennung verdient, bleibt bislang de facto lediglich ein normativer Grundsatz (Krebs 2002: 34ff.). Zwar gibt es im Haushalt durchaus Güter und Dienstleistungen, die prinzipiell marktgängig sind und in vergleichbarer Weise von Dritten hergestellt werden können, doch die meiste Haushaltsarbeit ist nur schwer messbar, da sie in Form von situations- und personengebundenen Gütern und Diensten erfolgt, mit uneinheitlichem Zeitaufwand und meist in Form mehrerer Parallel-Aktivitäten (Ostner 1986: 279). Insofern wirken beispielsweise Versuche einer mikroökonomischen Formalisierung von Haushaltsprozessen (Seel 1993) ein wenig forciert. Auch eine Bestimmung der wirtschaftlichen Entwicklung der partnerschaftlichen Haushaltsführung aus „modelltheoretischer Sicht" (Ott 1997) kann zwar zu mathematisch plausiblen Prognosen hinsichtlich individuellen Entscheidungsverhaltens führen, sie beruht aber auf Unterstellungen rationaler ökonomischer Handlungen im Privathaushalt, die sich dort nicht immer unbedingt wiederfinden lassen dürften (zur Kritik der Rational Choice-Thoerie vgl. Friedrichs/Stolle/Engelbrecht 1993).

Im Hinblick auf einen Struktur- oder Funktionswandel des Haushalts tauchen in den Haushaltswissenschaften im Wesentlichen drei zum Teil widersprüchliche Ansichten auf: Zu finden sind, neben Thesen zu einer (personellen) „Entleerung" der Privathaushalte, auch solche zu einem „Funktionsverlust" (gemeint sind u.a. Verlust von Selbstversorgung und Erziehung bzw. Fürsorge; Kutsch u.a. 1997: 255f.) und solche zu einer „Renaissance" des Privathaushaltes als Komplement zur Erwerbssphäre (Galler/Ott 1993: 19, 21f.; Glatzer 1986:

2.2 Strukturmerkmale des Privathaushaltes 75

41ff.; Richarz 1998). Solche zeitdiagnostischen Thesen beruhen jedoch zumeist auf einer längerfristigen historischen Entwicklungsperspektive, die zurück reicht bis in die Zeit vor der Industrialisierung oder es sind spekulative Tendenz-Aussagen, die sich auf Entwicklungen in der Zukunft richten. Für eine Einordnung in den für Ökonomisierungsprozesse relevanten zeitlichen Rahmen sind sie nur bedingt tauglich. Wie auch immer die „Neubewertung des Haushalts in der Postmoderne" (Richarz 1998: 11) in den Haushaltswissenschaften ausfällt: Die hier dominierende, extrem formalisierte, ökonomisch- technische Perspektive auf den Haushalt erfolgt zumeist auf Kosten einer Thematisierung von Wahrnehmungsmustern, subjektiven Deutungen oder soziokulturellen Determinanten der „privaten Daseinsvorsorge" im Haushalt. Auch wenn sich einige Autoren dieser Spezialdisziplin für eine verstärkte Einbeziehung der gesellschaftlichen Umwelt des Haushaltes einsetzen, für die Analyse seiner kulturellen Aspekte oder wenn sie mehr Interdisziplinarität fordern (Meier 1995; Galler/Ott 1993; von Schweitzer 1988 oder Richarz 2001), sucht man in den Haushaltswissenschaften bisher vergeblich nach einer Auseinandersetzung mit soziologischen Konzepten.

Gerade diese jedoch sind gefragt, um auch außerökonomische Strukturmomente des privaten Haushalts auf ökonomisierungsbedingte gesellschaftliche Veränderungen beziehen zu können. Aus Sicht der in dieser Arbeit verfolgten Fragestellung interessieren auch diejenigen haushaltsspezifischen Sozialbeziehungen, die über den marktbezogenen, geldvermittelten Tauschmechanismus hinaus gehen. Wie aber bestimmen soziologische Untersuchungen außerökonomische Aspekten des häuslichen Privaten?

Auf den ersten Blick ergibt sich hierzu ein ernüchterndes Bild: Die Soziologie hat sich zwar intensiv mit einigen haushaltsbezogenen Sachverhalten auscinandergesetzt, unter anderem mit dem Struktur- und Funktionswandel der Familie, mit neuen Lebensformen in der Lebensstilforschung, mit der geschlechtsspezifischen Verteilung der Hausarbeit in der Frauenforschung, mit der Freizeit, mit Intimität oder generell mit den Abläufen in der „alltäglichen Lebenswelt", es ist aber keine gesellschaftstheoretisch angeleitete oder systematische Zusammenführung dieser Forschungsrichtungen mit Hilfe des Begriffs des Privathaushaltes zu entdecken. Der Privathaushalt taucht in all diesen Forschungszweigen nur am Rande auf, fast kann von seiner „Missachtung" als Forschungsobjekt die Rede sein (Methfessel/Glatzer 1994: 427). In seiner allgemeinsten und abstraktesten Konzeptualisierung kann der Privathaushalt soziologisch als „zusammen wohnende und lebende Gruppe" bestimmt werden, als „relativ stabile, dauerhafte Handlungs- und Interaktionsstruktur" (Reichwein 1993: 90). Was zeichnet diese aus?

Sofern als Gegenstand überhaupt thematisiert, wird diese „Handlungs- und Interaktionsstruktur" im allgemeinen sozialwissenschaftlichen Verständnis der

Sphäre des Konsums und der Nicht-(Erwerbs)Arbeit zugerechnet. Im Verhältnis zum gewinnorientierten Betrieb gilt das wirtschaftliche Handeln im Haushalt nicht nur bereits bei Max Weber in entwickelten kapitalistischen Marktwirtschaften ökonomisch als vergleichsweise weniger bedeutsam. „Haushalten" bezieht sich im klassischen soziologischen Verständnis eher auf soziale Integration und subjektives Wohlempfinden – auf (reproduktive) „immaterielle Bedürfnisbefriedigung" – als auf die materielle Lebenslage oder die Güterproduktion (Bohler/Glatzer 1998: 112). Die Arbeit, die im Haushalt geleistet wird, bleibt Frauen vorbehalten und ist weitgehend unbezahlt. Zwar ist der Privathaushalt auch Teil des Wirtschaftssystems, aus der geldvermittelten Verwertungsperspektive betrachtet, wird in ihm aber „nur" konsumiert, nicht direkt wertschöpfend produziert.

„Die Trennung von Haushalt und Unternehmen ist die grundlegende gesellschaftliche Differenzierung am Beginn der Moderne. Während in der Vormoderne Leben und Wirtschaften in der (bäuerlichen, handwerklichen etc.) Hausgemeinschaft integriert waren, wird nun der Haushalt vorrangig als Stätte des Konsums und der Lebensführung im Familienzusammenhang definiert" (Geissler 2008b: 3).

Folgt man dem sozialwissenschaftlichem Mainstream, beschränkt sich die gesellschaftliche Funktion des Haushalts hauptsächlich auf die Befriedigung kultureller und sozialer Bedürfnisse mittels „Erzeugung von immateriellen Wohlfahrtserträgen" (Glatzer/Berger-Schmidt 1986: 16). Die theoretische Relevanz des Haushalts bestimmt sich daher wesentlich in Abgrenzung zum Wirtschaftssystem. Für Talcott Parsons etwa tragen „verwandtschaftliche Haushaltseinheiten" im gesellschaftlichen Subsystem der „gesellschaftlichen Gemeinschaft" zur „kulturellen Legitimation" der normativen Gesellschaftsordnung bei (Parsons 2003: 22f.). Sie haben daher primär integrative Funktionen. Die Politik und die Wirtschaft als weitere Subsysteme unterscheiden sich hiervon fundamental, da sie andere Funktionen erfüllen (Zielverwirklichung und Anpassung). Zum Bereich der Familie und des privaten Haushaltes heißt es bei Parsons:

„The household unit is, with all its variations, perhaps the primordial unit of solidarity in social systems" (zitiert nach Methfessel/Glatzer 1994: 426).

Ausgerichtet auf diese solidarische „daseinsnotwendige Lebenserhaltung", orientiert sich die „haushaltärische Vernunft" daher nicht primär an ökonomischer Rationalität oder am Erwerb, sondern sie tendiert zur Unterhalts- oder Subsistenzwirtschaft. Eine solche Bestimmung des Haushalts steht paradigmatisch für die gesellschaftstheoretische Einordnung des privaten Haushaltes in der Soziologie (mit Ausnahme der Frauenforschung). Definiert man die Funktion von

2.2 Strukturmerkmale des Privathaushaltes

Wirtschaft und Erwerbssystem als Produktion von Gütern und Leistungen, kommt dem Privathaushalt also, so könnte man zusammenfassend für die Soziologie sagen, die Komplementärfunktion zum Erwerbssystem zu. Er ist bestimmbar als Reproduktionsbereich (Jürgens 2006; Galler/Ott 1993: 24f.). Es sind genau diese reproduktiven oder wirtschafts-komplementären Eigenschaften des Haushalts, die mit den Thesen einer Ökonomisierung auch des Privaten zur Disposition gestellt werden. Im Zuge der Ökonomisierung des Privathaushaltes werden, so die These, auch diese außerökonomischen, reproduktiven Prozesse im Haushalt zunehmend ökonomisch vereinnahmt. Was aber macht die Spezifik reproduktiver Handlungen, Deutungen oder Kommunikationen aus, was sind ihre gesellschaftlichen Funktionen?

Definiert man *Reproduktion* als „Leistungen der Person zur allgemeinen Existenzsicherung, sozialer Integration und zur Wiederherstellung von eigener und fremder Arbeitskraft" bzw. als „Leistungen der Person, die zum Erhalt physischer und psychischer Stabilität und sozialer Bindungen beitragen" (Jürgens 2006: 8), dann liegt zunächst eine Überschneidung der gesellschaftlichen Funktionen des Privathaushaltes mit derjenigen der Familie auf der Hand. Es sind nämlich genau diese gesellschaftlichen Funktionen der biologischen und sozialen Reproduktion, der Sozialisation, des Spannungsausgleichs und der Statuszuweisung, die der Familie in der Familiensoziologie als gängige Leistungen für die Gesamtgesellschaft zugeschrieben werden (Burkart 2006: 184; Nave-Herz 2006: 77ff.). „In neueren Untersuchungen wurde als zentrale Leistung von Familie die Herstellung von Humanvermögen als Entwicklung umfassender menschlicher Fähigkeiten herausgestellt" (Jurczyk/Oechsle 2008: 20). Die unbestrittene gesellschaftliche Bedeutung der Familie spiegelt sich auch in der Demografie wieder. Familienhaushalte (Alleinerziehende und Paarhaushalte mit Kindern unter 18) bilden noch immer die am weitesten verbreitete Lebensform in Privathaushalten (53% aller Haushalte; Statistisches Bundesamt 2006: 27). Die Familienforschung ist in der Soziologie daher nach wie vor fest etabliert. Im Hinblick auf eine soziologische Thematisierung des Haushalts überhaupt, spielt die Lebensform der Familie in der Soziologie sozusagen als „Prototyp" des Privathaushaltes noch die bedeutendste Rolle. Zwar besteht natürlich hinsichtlich der Gegenstandsbereiche „Haushalt" und „Familie" keine vollständige Überschneidung (familiäre Verwandtschaftsbeziehungen können über mehrere Haushalte verteilt sein und in knapp 50% aller Haushalte sind andere Lebensformen zu verzeichnen); es wird jedoch an dieser Stelle davon ausgegangen, dass eine kurze Betrachtung soziologischer Aspekte der Familie legitime Rückschlüsse auf haushaltsspezifische Sozialverhältnisse ermöglicht[38].

---

[38] Auch der Ein-Personen-Haushalt ist prinzipiell Familie, weil möglicherweise in Verwandtschaft vernetzt (Ostner 1986: 235).

Die Familie, dies kann als Konsens in den Sozialwissenschaften gelten, erbringt durch ihre spezifische Art der sozialen Bindungsformen, durch die in ihr institutionalisierten Rollenmuster sowie durch die Kindererziehung Leistungen, auf die die anderen Gesellschaftssysteme angewiesen sind. „Zusammen mit dem Bildungs- und dem Gesundheitssystem erfüllt das ‚Familiensystem' die gesamtgesellschaftliche Funktion der Bildung und Erhaltung von ‚Humanvermögen'" (Kaufmann 2007: 382). Auch in der soziologischen Differenzierungstheorie hat man sich darauf geeinigt, die gesellschaftlichen Funktionen der Familie sowie ihre relative Autonomie anzuerkennen, da in ihr für die primäre Sozialisation, für psychische Stabilisierung und elementare emotionale Bindungen gesorgt wird (Burkart 2005: 101f.). Selbst in Zeiten, in denen vom Bedeutungsverlust der Familie die Rede ist, von ihrem Funktionswandel oder von ihrer Deinstitutionalisierung (Nave-Herz 2003, Busch/Nave-Herz 2005, Meyer 1992, Reichwein 1993, Tyrell 1988), stellt sie nach vorherrschender Meinung in den Sozialwissenschaften noch immer die „Basis für verschiedene gesellschaftliche Bereiche und Makrostrukturen" dar (Burkart 2006: 186). Familienhaushalte können daher als Ressource oder Fundament für formalisierte ökonomische Tauschbeziehungen angesehen werden. Die strukturelle Differenz zwischen Familienhaushalt und Ökonomie ist durch diese These postuliert. Wodurch zeichnet sie sich aus?

Mit Paarbildung, Familiengründung (oder auch Haushaltsgründung) entsteht, soziologisch betrachtet, eine neue „Realität sui generis", ein innergesellschaftlich abgrenzbares Gebilde mit (möglicherweise) Systemcharakter, mit eigener Semantik oder „Kultur". „Die Gemeinsamkeit des Paares und der Familienmitglieder schafft eine neue Sinnebene" (Burkart 206: 192). Diese Sinnebene oder „strukturelle Exklusivität" (Tyrell 1976: 404) der Kernfamilie (bzw. des familialen Privathaushaltes) beruht auf der relativ konkurrenzlosen, exklusiven Loyalität der Familien- oder Haushaltsmitglieder zueinander. Durch ihre besondere Geschichte, ihre Beziehungsdynamik und subkulturähnliche spezifische Individualität konstituieren sich Familien(haushalte) als „Gruppen" (Tyrell 1983). Diese Gruppen stabilisieren sich dauerhaft (jenseits ökonomischer Leistungs- oder Versorgungsansprüche und auch jenseits interaktiver Situationen) durch personengebundene Zusammengehörigkeitsgefühle, das heißt durch eine Individualisierung sozialer Wahrnehmung und durch Gefühle als Kommunikationsmedien (Tyrell 1983: 368f.). Auch die Haushaltsarbeit zählt in diesem Sinne zum gruppenkonstituierenden Handlungsspektrum (J.C. Kaufmann 1999). Insofern solche (Haushalts)Gruppen intern nicht auf spezialisierte Rollentrennungen rekurrieren, sondern auf ihre personale Sonderumwelt, gibt es in Familiensystemen im Unterschied zu fast allen anderen Funktionssystemen (noch) keinerlei Professionalisierung. Selbstreferenzielle Grenzziehungen erfolgen daher nicht über sach- oder leistungsbezogene Kommunikationen, sondern über

2.2 Strukturmerkmale des Privathaushaltes 79

familienspezifische Themen, über Verhaltenstraditionen oder über kulturelle Codierungen der Familienbeziehungen im Sinne von Liebe, Intimität oder Glück (Tyrell 1983: 377ff.). Durch ihre stabile personelle Besetzung, durch die eigenständige Abgrenzung und durch die institutionelle Unterstützung aus der gesellschaftlichen Umwelt wird die familiale Gruppenbildung zusätzlich stabilisiert.

> „Es handelt sich bei der Familie um eine Gruppe von ganz exklusiver Zusammengehörigkeit und mit institutionell gedeckten Systemgrenzen, um eine Gruppe, die [...] in gänzlich stabiler Besetzung über lange Jahre zusammenbleibt" (Tyrell 1983: 379).

Für die Systemtheorie (die ja Systemgrenzen kommunikationsspezifisch bestimmt) bildet die Familie ein autonomes, geschlossenes System, insofern die in ihr stattfindende Kommunikation alles, was eine Person betrifft, der Möglichkeit nach zugänglich macht. Familiensysteme ziehen ihre Grenzen nicht in der Sachdimension, das heißt sie sind nicht über bestimmte unpersönliche codespezifische Festlegungen der Kommunikation erkennbar; sie sind also nicht überpersonal konstituiert (Fuhse 2005). Mit anderen Worten: familienspezifische Kommunikation beruht thematisch schwerpunktmäßig auf der Identität von Personen, denen jedes Verhalten, auch das familienexterne, kausal zugerechnet wird und über das zu reden immer legitim ist oder sein sollte (Luhmann 2005: 192f.; Kieserling 1994: 21). In anderen Funktionssystemen dagegen ist die Kommunikation thematisch limitierter, nicht auf diese Weise „enthemmt" und auch nicht auf die ganze Person, sondern auf den Einzelnen als Rollenträger bezogen. Dem ökonomischen Funktionssystemen der Gesellschaft bspw. ist es nicht möglich, seine Einheit durch Orientierung an Personen zu artikulieren, es orientiert sich an Preisen bzw. der Unterscheidung „Zahlen/Nicht-Zahlen":

> „Das Ausdifferenzieren eines besonderen Funktionssystems für wirtschaftliche Kommunikation wird jedoch erst durch das Kommunikationsmedium Geld in Gang gebracht, und zwar dadurch, dass sich mit Hilfe von Geld eine bestimmte Art kommunikativer Handlungen systematisieren lässt, nämlich Zahlungen" (Luhmann 1994: 14).

Der familiale Haushalt grenzt sich also selber durch sein hohes Maß an Personenorientierung gegenüber seiner Umwelt ab, das heißt, er verwendet die kommunikative Unterscheidung „höchstpersönlich/unpersönlich" oder „familial/nicht familial" (Burkart 2005: 112). Gleichzeitig gibt es hier im Vergleich zu anderen gesellschaftlichen Funktionssystemen kaum thematische Spezifikationen der Kommunikationen. So gut wie alle Themen müssen anschlussfähig gehalten werden, denn man orientiert sich an der Privatperson mit all seinen Eigenheiten und möglicherweise wechselnden Interessen, bzw. „am ganzen Menschen", nicht am Rollenträger. Die Familie ist ein „System enthemmter Kommunikation, unspezifisch, ungerichtet, total" (Burkart 2005: 113; Luhmann 2005: 194). Hierdurch und durch die in der Familie gepflegten Intimbeziehungen ermöglicht sich die Reproduktion von „privaten" Personen und die Befriedigung persönlicher und geselliger Interaktionsbedürfnisse (Runkel 2005: 129). Im Familienhaushalt entsteht typischerweise ein bestimmtes, als privat empfundenes emotionales Klima. Wie Umfragen belegen, ist die Familie zudem heutzutage nach wie vor mit Liebe, Solidarität und Glückserwartung belegt (Burkart 2005: 109). Die Inklusion von Personen in die Familie ist also stärker als in anderen gesellschaftlichen Funktionsbereichen an solidarischen Werten orientiert. Es sind unter anderem auch diese Erwartungen, Normierungen und kulturellen Deutungen, die dem familialen oder haushaltsspezifischen Handlungen tendenziell Grenzen im Hinblick auf ökonomisch rationales oder zweckrationales, leistungsorientiertes Handeln auferlegen (Reichwein 1993: 142).

All diese Komponenten der Sozialform „Familienhaushalt" fügen sich zu einem Bild innerfamilialer Intimität, die auch als „Intimsystem" bezeichnet werden könnte, da in ihr das Kommunikationsmedium „Liebe" eine große Rolle spielt:

„In ihr [der Liebe, J.B.] findet man, wie oft bemerkt, eine unbedingte Bestätigung des eigenen Selbst, der personalen Identität. Hier, und vielleicht nur hier, fühlt man sich als der akzeptiert, der man ist – ohne Vorbehalte und ohne Befristung, ohne Rücksicht auf Status und ohne Rücksicht auf Leistung" (Luhmann 2008: 21).

In Form von Intimsystemen (die natürlich auch in kinderlosen Paarhaushalten möglich sind) können familiäre Privathaushalte als emotionale Rückzugsfelder und soziale Orte gelten, in denen „subjektive Bedürfnisse nach intimer Zusammengehörigkeit, nach kleingruppenhaft-persönlicher Nähe und 'Geborgenheit' exklusiv Befriedigungschancen finden können, ja in der der einzelne biographisch ‚sein Glück' finden soll" (Tyrell 1979: 37). In Privathaushalten dominieren in der Regel, um dies in etwas abgeschwächterer Form auszudrücken, persönliche Beziehungen, die von Unersetzbarkeit der beteiligten Personen sowie durch „Fortdauer-Idealisierung" (Lenz 2005: 23) geprägt sind, das heißt, emotional fundierten Bindungen wird unterstellt, dass sie sich auf unbestimmte Dauer fortsetzen. Ein Personalwechsel oder rein sachliche Interdependenzen sind nicht vorgesehen. Man ist, um es anders zu formulieren, im Privathaushalt von ökonomischen und sonstigen Anforderungen typischerweise weitgehend entlastet. Ein Beispiel für die Art und Weise, wie diese Entlastung in familialen oder Mehrpersonenhaushalten alltagspraktisch umgesetzt wird, liefert das Kommunikationsritual des Tischgespräches, durch das identitäre Gemeinschaftsbildung, Konsensbildung und persönliche Privatheit konstituiert wird (Keppler 1997). In

2.2 Strukturmerkmale des Privathaushaltes 81

einem solchen Tischgespräch werden sowohl persönliche, individuelle Rollen der Haushaltsmitglieder als auch die Kompetenz zur thematisch unspezifischen, offenen Verbindung vielfältiger unterschiedlicher Kommunikationsformen praktiziert und eingeübt (Keppler 1997: 155).

Solche emotional verbindenden und gemeinschaftsfördernden Praktiken, zu denen auch die Haushaltsarbeit zu zählen ist, entziehen sich normalerweise einer distanzierten und monetarisierten Handlungslogik (Geissler 2002: 39), wie sie für bezahlte Erwerbsarbeit oder ökonomisches Handeln notwendig ist. Sie sind geprägt von Empathie, Fürsorge, geteilten Normen und engen emotionalen Bindungen (die im Gegensatz stehen zu Distanz, personaler Autonomie und vertraglicher Regelung). Es ist anzunehmen, dass sie in dieser Form nicht nur in Familienhaushalten üblich sind, sondern dass sie generell auch in Mehrpersonen-Haushalten (Paarbeziehungen) oder generell in Haushalten mit Kindern vorkommen.

Weitere objektive Grenzen für eine alltagspraktische Dominanz ökonomischer Rationalitätsmuster im Privathaushalt liegen darin, dass die Haushaltsmitglieder nicht ohne Weiteres ausgewechselt werden können, was einfache, flexible bzw. rationale Handlungslösungen erschwert. Bedürfnisse der Haushaltsmitglieder müssen im Normalfall aufeinander abgestimmt und solidarisch koordiniert werden, was ein komplexer und schwer vorhersehbarer Prozess sein kann, dessen Resultat selten die rationalste Nutzenoptimierung sein dürfte (Reichwein 1993: 141)[39]. Darüber hinaus sind Rationalisierungsgrenzen denkbar, die sich aus vorgegebenen Deutungen und überlieferten soziokulturellen Wertorientierungen ergeben. Wie schon bei Max Weber beschrieben, zählen hierzu die patriarchalische Hierarchie oder ungeschriebene Reziprozitätsnormen, die ökonomisch „irrationale" Arbeitsteilungen, Zuständigkeiten oder Rollen festlegen können und die eine flexible Handhabung von Situationen erschweren. Denkbar sind auch Privatheitsvorstellungen, die den Haushalt als schützenswerten Raum konstruieren, in den keine erwerbsförmigen Prinzipen „eindringen" sollen. Im Rahmen des Privathaushaltes ist zudem eine relativ ausgeprägte Rollendiffusion der beteiligten Personen zu erwarten (im Rahmen von Erziehung, Freundschaft, Partnerschaft/Intimität oder Verwandtschaft), was „rationale" Spezialisierungen oder Festlegungen erschwert.

Ähnliche Beispiele von haushaltsspezifischen Grenzen für ökonomische Zweckrationalität ließen sich noch weiter anführen, ohne dass damit bereits etwas über ihre tatsächliche empirische Verbreitung, Formenvielfalt oder Varianten ausgesagt wäre. Dies in Ansätzen zu leisten, soll weiter unten versucht werden. Mit den kursorischen Ausführungen zu Spezifika von Familienhaushalten

---

[39] Vgl. dazu Hollstein 2005, S.188: „Um die Zukunft der Familie ist es nicht so schlecht bestellt".

sollte allerdings deutlich geworden sein, dass Privathaushalte (nicht nur Familienhaushalte) mehrdimensionale, komplexe Binnenstrukturen besitzen, die zweckrationale ökonomische Einstellungen, Problemlösungen und Entscheidungen eigentlich zum unwahrscheinlichen Grenzfall machen. Privathaushalte sind, zumindest theoretisch, letztlich nicht vollständig ökonomisierbar, da ihre Strukturen entscheidende „Rationaliätsnachteile" mit sich führen. Dass dies auch tendenziell für die Arbeit zutrifft, die im Privathaushalt geleistet wird, soll hier nun noch einmal abschließend aufgezeigt werden, denn es ist vornehmlich auch die private Arbeit im Haushalt, die im vierten Untersuchungsteil als empirischer „Probierstein" für Ökonomisierungsgrenzen im Haushalt herangezogen werden soll.

2.3 Private Räumlichkeiten als Arbeitsort

Wie bereits angedeutet, kann auch die Haushaltsarbeit (neben Ritualen wie Tischgesprächen) zum gruppenkonstituierenden Handlungsspektrum in Privathaushalten gezählt werden. Auf diese Weise wird sie bspw. in den Arbeiten von J.C. Kaufmann interpretiert, der sie aus mikrosoziologischer Perspektive als routinisierte, inkorporierte (Re)Produktions-praxis von Familien oder Paargemeinschaften beschreibt, die das Konstrukt einer harmonischen häuslichen Welt mitbegründet (Kaufmann 1999: 109ff.; 2005). Aus dieser Perspektive bilden Ordnungschaffen sowie Fürsorge im Haushalt spezifische Prinzipien der Vergesellschaftung, denn die Haushaltsarbeit kann in Form von Diskursstrategien, Gesten und Ritualen Identität stiften. Sie sorgt dann für persönlich bedeutungsvolle Anordnungen von Gegenständen und mit ihr werden gruppenspezifische Rituale sowie Wissensbestände tradiert. Lebensphasenspezifisch kann diese Art der Tätigkeiten im Haushalt sogar dermaßen bedeutungsvoll werden, dass von ihrer Organisation das Glück und die Stabilität der Beziehungen abhängt (Kaufmann 1999: 110ff.). In hausarbeitsbezogenen Abläufen bildet und bestätigt sich, so die Beschreibung von Kaufmann, eine Gewöhnung an und eine Vertrautheit mit der als privat empfundenen Umgebung. Im Sinne Goffmans kann die Haushaltsarbeit dann die Einrichtung bedeutungsvoller „Territorien des Selbst" (Goffman 1974: 54ff.) bewirken, da sie im Zuge ritualisierter Handlungen, intimer Gesten und emotional aufgeladener Versorgungspraktiken potenziell eine Art Haushalts-Gedächtnis konstituiert, das dem Handeln Orientierungspunkte bietet und das für Abgrenzung und Stabilisierung gegenüber den chaotischen Abläufen der Außenwelt sorgt.

2.3 Private Räumlichkeiten als Arbeitsort

„Wenn sich unser Körper in den Reinheitstanz hineinbegibt und wir die uns vertrauten Gegenstände an ihren Ort zurückstellen, dann sind das die Grundfesten der symbolischen Struktur einer Gesellschaft, die Millionen von Individuen, ohne es zu wissen, Tag für Tag neu errichten" (Kaufmann 1999: 24).

Insofern dieser „Reinheitstanz" der Haushaltsarbeit als habitualisiertes Alltagshandeln gebunden ist an konkrete Situationen und Personen, ist er in einem besonderen Maße bedeutungsgeladen, was ihn schwer beschreibbar oder kalkulierbar (bzw. in ökonomische Kategorien übersetzbar) macht. Haushaltsarbeit oder Arbeit im privaten Rahmen ist aus diesem Grund auch als „interaktive Arbeit" bestimmbar (Dunkel/Weihrich 2006: 67f.), das heißt als Tätigkeit, die über ihren instrumentellen, dinghaften Bezug hinaus soziale Abstimmungsprozesse erfordert. Haushalten ist zwar auch Arbeit als material-dingbezogene, repetitive Tätigkeit, sie umfasst aber ebenso tägliche Versorgungs-, Pflege- und Erziehungsleistungen, das heißt sie geschieht zum Großteil auch aus Liebe und Verpflichtung (Krebs 2002: 34ff.; von Schweitzer 1988: 137). So hat eine psychologische Analyse von Haushaltstätigkeiten ergeben, dass im privaten Haushalt von einer überwiegenden Gleichzeitigkeit materieller und personengebundener Tätigkeiten ausgegangen werden muss. Die strukturelle Spezifik der Arbeit im Haushalt wird durch eben diese „dialogisch-erzeugende Tätigkeiten", mit denen Subjekte an oder in einem Menschen etwas verändern, geprägt (Resch 1999: 95).

Ganz wesentlich reproduzieren sich durch die Arbeit im Haushalt auch die Geschlechtsidentitäten. Geschlechtliche Arbeitsteilung in diesem Bereich bzw. die Hauptzuständigkeit der Frauen für diese Arbeit ist tief in Normen, Gewohnheiten sowie in haushaltsbezogenen Rollenmustern verankert (Koppetsch/Burkart 1999; Gildemeister 2004). Diese Konstellation kann als „ein strukturierendes Element der gesellschaftlichen Reproduktion" überhaupt gelten (Geissler 2008b: 10) oder als ökonomische und kulturelle Grundlage des Kapitalismus (Jürgens 2006: 111f.). Die Sphäre der Erwerbsarbeit, so lautet eine in der Frauenforschung verbreitete These, sei angewiesen auf die weitgehend unentgeldlich erfolgende weibliche Reproduktion der Arbeitskraft. Kompetenzen, die sich (meist weibliche) Individuen im Zuge der Ausübung von privater Reproduktionsarbeit aneignen (müssen), liegen, wie bereits erwähnt, dabei nicht nur im organisatorischen und technischen Bereich. Die Eigenlogik, bspw. der Arbeit mit Kindern, erfordert soziale, kommunikative Kompetenzen wie Empathie oder Konfliktmanagement. Nicht nur aus diesem Grund hat die sozialwissenschaftliche Frauenforschung für Haushaltsarbeit auch den Begriff der „Beziehungsarbeit" geprägt (Ostner 1986: 251). Mit diesem Konzept (alternativ: Fürsorge oder „Care") sollen die mit Haushaltsarbeit verbundenen „wechselseitigen Unterhalts und Sorgeansprüche und -verpflichtungen" (Geissler 2008b: 7) zusammen lebender Personen betont werden sowie die psychische Dimension der Haushaltsarbeit als „Gefühlsarbeit" (Glatzer 1986:). Solche Formen kommunikativer Haushaltsarbeit vermischen sich oft mit eher technisch-reproduktiven (Ordnung wiederherstellenden) Tätigkeiten, daher sind ständige Verfügbarkeit, häufige Unterbrechung und eine gleichzeitige Ausführung mehrerer Hausarbeiten (z.B. Kochen und Kinderbetreuung) weitere Merkmale von Haushaltsarbeit, die ihrer direkten ökonomischen Verwertbarkeit oder Delegation widersprechen. Haushaltsarbeit kann man nicht so sehr als eine Abfolge von Aufgaben, denn als „eine Abfolge von Prozessen betrachten, von Aufgaben, die untrennbar miteinander verbunden sind und häufig zum selben Zeitpunkt ausgeführt werden" (Anderson 2006: 31). Die häusliche Welt funktioniert aus all diesen Gründen nur begrenzt mit Hilfe von Planung und Strategien (Kaufmann 1999: 14). Arbeiten im privaten Haushalt stellt also (theoretisch) alles andere als eine „entfremdete", gleichförmige und unpersönliche Form der Verausgabung von Zeit, Energie und „Lebenskraft" (Jürgens 2006) dar – Eigenschaften, die gemeinhin der Erwerbsarbeit zugeschrieben werden. Ob die im privaten Rahmen erforderlichen „Soft Skills" sich deswegen grundsätzlich und absolut einem ökonomischen Bewertungszusammenhang entziehen, inwieweit sie zentrale Faktoren sozialer Integration darstellen, oder ob ihnen „emanzipatorisches Potenzial gegenüber Marktbeziehungen" innewohnen (Jürgens 2006: 194ff.), sei dahingestellt; auf jeden Fall kann die Arbeit im Privathaushalt wie angedeutet mehr und Anderes bedeuten als dies im betriebsförmig-erwerbsarbeitsbezogenen Rahmen möglich ist. Inwieweit sich dieses „Mehr" im Kontext von Ökonomisierung noch artikulieren oder behaupten kann, soll an dieser Stelle untersucht werden.

Bei aller außerökonomischer Spezifik der privaten Haushaltsarbeit ist dennoch mit dem Begriff der „Arbeit" ausgesagt, dass es sich bei Haushaltsarbeit auch um eine Tätigkeit handelt, die (mehr oder weniger direkt) in den Rahmen des gesellschaftlichen Leistungsaustausches eingebunden ist (Resch 1991: 33). Gemeint ist damit, dass sie von Anforderungen der Erwerbsarbeit abhängig und mit Marktstrukturen vermittelt ist. Das ökonomische System bildet die gesellschaftliche Umwelt des Privathaushaltes und beide Gebilde (ob auch im Fall des Privathaushaltes von einem „System" gesprochen werden kann, soll hier offen bleiben) stehen in einem Wechselverhältnis. Durch Haushaltsarbeit erfolgt zudem eine Reproduktion des sozialen und kulturellen Umfeldes eines Haushalts (Anderson 2006: 34f.). Organisationsfähigkeit im Haushalt sichert und strukturiert die Freizeit (Kaufmann 1999: 100f.). Zwar gilt die Haushaltsarbeit als weitgehend selbstbestimmt und man schreibt ihr Freiräume zu hinsichtlich Planung und Gestaltung. Doch auch auf Grund von Ökonomisierung, so ist zu vermuten, wird sie zunehmend von wirtschaftlichen Sachzwängen dominiert. In Folge des insgesamt steigenden Aufwandes für Erwerbsarbeit, so lautet bspw. eine These, werde die Wechselbeziehung zwischen Erwerbsarbeitszeit und Zeit für die

2.3 Private Räumlichkeiten als Arbeitsort 85

Haushaltsführung „immer enger" (Geissler 2008b: 5). Die Abstimmung und Planung der zeitlichen Ressourcen in Privathaushalten erfordere zunehmende „Managementkompetenzen" bzw. rationale Zweck-Mittel-Orientierung, da institutionalisierte Strukturen der Zeitverwendung oder feste Vorgaben immer mehr entfallen (Jurczyk/Voß 2000). Es ist unter anderem diese These, die als Indikator für eine Ökonomisierung des privaten Haushaltes gelten kann. Für den Realitätsgehalt dieser Ansicht sprechen Beobachtungen einer zunehmenden Doppelbelastung erwerbstätiger Frauen sowie von Zeitnöten bei der Haushaltsorganisation (Jurczyk/Rerrich 1993). Generell kann auch davon ausgegangen werden, dass dem tradierten sozialstaatlich gestützten Modell des „Familieneinkommens", in dem ein vollzeiterwerbstätiger Familienernährerehemann für den Unterhalt einer Familie sorgen kann, die ökonomischen Grundlagen entzogen sind (Behning 1997: 12f.). Globalisierung und die Krise der Erwerbsarbeitsgesellschaft sorgen dafür, dass unbezahlte Haus(frauen)arbeit „in Vollzeit" für viele Haushalte nicht mehr finanzierbar ist. Auch die seit kurzem erfolgte Entdeckung des Privathaushaltes als marktförmiger Arbeitsmarkt und als Arbeitsort (von überwiegend illegal beschäftigten Migrantinnen) spricht dafür, dass Arbeit im Rahmen des Privaten möglicherweise einem Ökonomisierungsprozess unterliegt (Gather/Geissler/Rerrich 2002; Lutz 2007, Anderson 2006, Rerrich 2006).

Gestützt und reflektiert werden solche Befunde von Veränderungen im kulturellen Bereich. Deutungsmuster zur Haushaltsarbeit oder zur Rolle der Hausfrau scheinen sich in Richtung Abwertung oder Ablehnung zu entwickeln; dies vor allem unter Angehörigen der jüngeren Generation. Haushaltsarbeit gilt in jungen Single- und Paarhaushalten oft als lästig, anstrengend, sowie als wert- und voraussetzungslos (Bergmann/Geissler/Pohlheim 2008). So ergab eine Studie zu diesbezüglichen Einstellungsmustern, dass für viele Berufstätige solche Personen, die sich mit Haushaltsarbeit beschäftigen, Tradition, Rückständigkeit und mangelnden beruflichen Ehrgeiz signalisieren (Koppetsch/Burkart 1999: 118). Die Rolle der Hausfrau wird von Frauen überwiegend abgelehnt, Selbstverwirklichung wird eher im Beruf gesucht als im Haushalt. Ein Leben als „Hausfrau und Mutter" hat seine Attraktivität verloren und gilt nicht mehr als erstrebenswert (Geissler/Oechsle 1996). „Bei Frauen der jüngeren Generation ist der Wunsch nach dauerhafter Aufgabe der Erwerbsarbeit kaum noch anzutreffen" (Geissler 2008b: 4). Auch das Familienmodell, in dem die Frau in Teilzeit erwerbstätig ist, um sich mehr der Familie zu widmen als der Mann („modernisierte Versorgerehe"; Pfau-Effinger/Geissler 1992), wird weder von der Mehrzahl der Frauen gewünscht, noch länger von Seiten der Sozialpolitik gefördert (Ostner 2008). Die Vermutung bei all dem liegt nahe, dass Haushaltsarbeit einem Bedeutungswandel unterliegt und dass sie auch kulturell eine neue Rolle zu spielen beginnt, was sich auch in veränderten Einstellungsmustern zur Vergabe bezahlter Dienstleistungen im Haushalt reflektiert (Bergmann/Geissler/Pohlheim 2008). Ob dies zutrifft, ist noch nicht umfassend erforscht worden. Der Privathaushalt als Arbeitsort bzw. private Reproduktionsarbeit, Haushaltsarbeit und bezahlte Dienstleistungen im Haushalt werden in den meisten einschlägigen Forschungen, vor allem aber in der Industrie- und Arbeitssoziologie nicht als eigenständige bzw. eigenlogische Forschungsgegenstände aufgegriffen (Jürgens 2006: 64). Sie interessieren vielmehr nur im Hinblick auf bezahlte Erwerbsarbeit bzw. auf Beschränkungen des außerhäuslich verwertbaren Arbeitskrafteinsatzes.

„Haushaltsarbeit ist als private Arbeit außerhalb der wertschöpfenden Erwerbsarbeit bisher kein Gegenstand der Arbeitssoziologie; auch als bezahlte Dienstleistungsarbeit wird sie nicht systematisch wissenschaftlich beobachtet" (Geissler 2008b: 1).

Diese Forschungslücke soll im Folgenden empirisch-explorativ angegangen werden. Es stellt sich die Frage, ob und inwieweit sich Thesen eines „Eindringens" instrumenteller oder ökonomischer Handlungslogiken in den privaten Haushaltsbereich auf dem Hintergrund von Ökonomisierung in den Einstellungen und Praktiken unter anderem gegenüber Haushaltsarbeit manifestieren. Kann angesichts des sozialen Wandels (überhaupt noch) von einer spezifischen Interaktionskultur im Haushalt die Rede sein? Diese und weitere Strukturmomente des privaten Haushaltes sollen im Folgenden an Hand einer Analyse von Transkriptionen leitfadengestützter Interviews in Privathaushalten untersucht werden.

2.4 Fazit und Forschungsfragen

Zur Konkretisierung der empirisch zu verfolgenden Forschungsfragen soll nun kurz zusammengefasst werden, welche Spezifika in Bezug auf Privatheit, den Privathaushalt und die Haushaltsarbeit gegenüber ökonomischen Strukturmerkmalen theoretisch auszumachen sind. Im Anschluss daran werden die wesentlichen empirischen Forschungsfragen formuliert.

Privatheit

Der Bereich des Privaten ist, das wurde bereits durch eine kursorische Betrachtung einiger weniger Begriffsbestimmungen deutlich, ein mehrdeutiges Konstrukt, das sich kaleidoskopartig verschiedenen Problemstellungen anpasst. Es ist daher nicht so sehr über institutionalisierte, klar abgrenzbare Handlungsfelder

2.4 Fazit und Forschungsfragen 87

oder räumliche Bezüge zu bestimmen, sondern eher als relationale symbolisch-diskursive Konstruktion zu begreifen bzw. als eine Art und Weise der Einteilung und Begrenzung von sozialen (Kommunikations)Praktiken, die einen starken symbolischen Gehalt haben. In diesem Sinne verweisen als privat zu begreifende Praktiken (in Abgrenzung zu solchen, die öffentlich oder ökonomisch konnotiert sind) im Rahmen des privaten Haushaltes unter anderem auf Handlungsziele wie Bedarfsdeckung anstatt Gewinnorientiertheit. Sie zeichnen sich zudem tendenziell durch eine reduzierte formale Rechenhaftigkeit, durch Gemeinschaftlichkeit und Solidarität aus sowie durch relativ traditionsbestimmte Rollenmuster. Private Orientierungen und Austauschbeziehungen sind gegenüber ökonomischen Beziehungen eher geprägt von Vertrauen, Reziprozität sowie durch ein relatives Übergewicht emotionaler Bindungen gegenüber sachlichen, leistungsbezogenen Interessen. Personenbezogene Merkmale und geschlechtsspezifische Zuweisungen kennzeichnen Normen im privaten Bereich deutlicher als im Vollzug von professionellem Rollenverhalten. Erwartungen im Privaten dürften auch generell durch einen relativ gering ausgeprägten Grad der Allgemeingültigkeit geprägt sein sowie durch weitgehende soziale Folgenlosigkeit der Kommunikationen. Private Konstellationen sind gegenüber öffentlichen oder erwerbsbezogenen Settings als „Time-off-Situationen" beschreibbar. Ein weiteres Charakteristikum des Privaten gegenüber ökonomischen Konstellationen dürfte im limitierten Zugang zu ihnen liegen, sowohl im räumlichen als auch im informationellen Sinn. Demgegenüber sind ökonomisch relevante Informationen oder Orte leichter zugänglich. Liberale Bestimmungen von Privatheit weisen diese schließlich als Bereiche von Autonomie und persönlicher Freiheit bzw. als Schutzraum gegenüber staatlichen Eingriffen aus. Privatheit gilt generell auch als Bereich von Intimität, Scham, Peinlichkeit oder Schmutz.

Privathaushalt

Mit dem Privathaushalt als Untersuchungsgegenstand soll der Bereich des Privaten auf einen relativ klar abgrenzbaren und soziologisch relativ gut erschlossenen Forschungsgegenstand eingegrenzt werden. Binnenstrukturen, Abgrenzungen, Leistungen und Funktionen des Privathaushaltes werden unter anderem in den Haushaltswissenschaften (dort eher unter ökonomischen Aspekten) untersucht und in der Soziologie überwiegend in Form der Familie thematisiert. Zwar ist die Familie als Institution nicht deckungsgleich mit dem Privathaushalt, denn sie ist nicht räumlich begrenzt (Familienbeziehungen können mehrere Privathaushalte umfassen), sie umfasst nur verwandtschaftlich verbundene Personengruppen und sie besitzt mehr Stabilität und Dauerhaftigkeit als dieser. Insofern aber allen

Familien Privathaushalte zuzuordnen sind und die Familie als Lebensform die weiteste Verbreitung in Privathaushalten aufweist, kann von weitgehenden Überschneidungen bei Strukturmustern beider Sozialgebilde ausgegangen werden. Die Familie befindet sich zudem genauso wie der Privathaushalt in einem (noch relativ unbestimmten) Prozess des Strukturwandels und beide sind geprägt von einem personengebundenen Integrationsmodus sowie von einer Innenorientierung der Kommunikation. Der Haushalt sorgt tendenziell, wie auch für die Familie, für eine „Inklusion der Vollperson" (Luhmann 2005: 199). Die Leistungen des privaten Haushalts und seine gesellschaftlichen Funktionen sind sowohl in den Haushaltswissenschaften als auch in der Familiensoziologie überwiegend komplementär zum ökonomischen System bestimmt. Sie bestehen unter anderem in der Versorgung, der psychischen und physischen Reproduktion der Haushaltsmitglieder, in der Erziehung und Sozialisation der Kinder sowie generell in der Bereitstellung von Personal für andere Gesellschaftssysteme. Neben einem psychischen Spannungsausgleich sorgen Sozialverhältnisse im Privathaushalt u.a. für eine Stabilisierung der Persönlichkeit, sie dienen der Pflege von Freizeitaktivitäten und sie sorgen für ein spezifisches emotionales Klima der Vertrautheit, der Intimität oder der Solidarität.

Im Privathaushalt (in Form von Familie) dominiert eine gruppenspezifisch entwickelte Bindung an Personen, es werden Rituale gepflegt, die eine eigenständige Kultur mit speziellen Normen und Verhaltensstandards erwarten lassen. Solidarische Werte, Empathie, Fürsorge und verwandtschaftliche Bindungen bilden weitere mögliche Abgrenzungsmerkmale gegenüber dem ökonomischen System. Besonderheiten des Haushalts bestehen weiter darin, dass sich in seinem Rahmen mehrere Formen von persönlichen gefärbten Beziehungsstrukturen überlagern können (Familie, Netzwerke, Intimsysteme, Interaktionssysteme). Haushalte verfügen auch nicht über generalisierte Medien wie Geld oder Macht, daher gelten sie gegenüber anderen Funktionssystemsystemen als „gegenstrukturelle" Rückzugsgebiete oder als „Schutzraum" gegenüber ökonomischen Rationalitätsmustern. Einerseits gibt es im Haushalt eine relativ ausgeprägte Rollendiffusion der beteiligten Personen, andererseits entsteht mit einer Haushaltsgründung eine eigenständige Realität sui generis, ein neues Gebilde mit eigenen Sinnebenen, spezifischen Traditionen, Grenzen, Inklusions- und Exklusionsformen. Es stellt sich daher die Frage, inwieweit Deutungen, Praktiken oder Kommunikationen im Privathaushalt mittels all dieser Bestimmungen im Zuge von Ökonomisierung noch als Grenzen wirksam oder bewusst sind bzw. sein können.

2.4 Fazit und Forschungsfragen

Haushaltsarbeit

Auch die im privaten Rahmen geleistete Arbeit, also Haushaltsarbeit, ist gegenüber ökonomisch geprägten Sozialbeziehungen von spezifischen Eigenheiten geprägt. Für private, unentgeldliche Eigenarbeit im Haushalt gilt, dass sie meistens auf die Gestaltung oder Stabilisierung von privaten Beziehungen gerichtet ist (und nicht auf den Erwerb). Sie ist wesentlich „Interaktionsarbeit" (im Unterschied zu konsum- oder personenbezogenen Dienstleistungen). Das heißt, in ihrem Kontext geht es immer auch um die Artikulation/Kommunikation von normativen Haltungen oder emotionalen Bindungen oder persönlicher Unterstützung. Sie ist weiblich konnotiert und wird gegenüber Erwerbsarbeit abgewertet. Da sie zudem überwiegend gewohnheitsmäßig erfolgt (nicht geplant, kalkuliert oder kurzfristig ergebnis- oder zielorientiert), sperrt sie sich theoretisch weitgehend der formalen Rechenhaftigkeit bzw. der instrumentellen Rationalität. Haushaltsarbeit tangiert zudem Intimität, Schmutz, Scham und Dinge, die die persönliche, private Identitätsbildung ausmachen, das heißt sie ist mit persönlichem Sinn aufgeladen. Sie folgt eher einer „Logik der Gabe" (Marcel Mauss; zum Gabentausch vgl. Hillerbrandt 2007: 268f) und der Reziprozität (anstatt einer Logik des Tausches und der beruflichen Distanz). Für *bezahlte* Arbeit im Privathaushalt oder Haushaltsdienstleistungen gilt daher, dass sie über ein vergleichsweise geringes gesellschaftliches Ansehen und Entlohnung verfügt. Haushaltsnahe Reproduktionsberufe oder Reinigungstätigkeiten im Haushalt werden meistens durch Frauen und illegal („schwarz") erledigt. Der private Arbeitsrahmen führt in der Regel zu einem Verlust an Interaktionssicherheit, denn im Privaten ist ein Beschäftigungsverhältnis nicht vorgesehen. Berufs-Rollen von Arbeitgeber(in)/Arbeitnehmer(in) werden im Haushalt nicht oder nur teilweise angenommen. Die häufig zu beobachtende Abwehr der Beteiligten, sich mit rechtlichen Fragen zu beschäftigen, kann dabei als Schutz des Privaten interpretiert werden. Außerdem hat das Dilemma, in einem Raum tätig zu sein, der nicht für Arbeitsverhältnisse vorgesehen ist, zur Folge, dass es keine adäquate Berufsrolle für die Beschäftigten dort gibt. Reinigungstätigkeit scheint keine oder kaum Qualifizierung zu erfordern. Tätigkeiten im Haushalt gelten meist nicht als „Arbeit", sondern als „Putzen". Aus all diesen Charakteristika der Arbeit im privaten Haushaltsrahmen resultiert eine Marginalisierung und Trivialisierung von Haus- und Versorgungsarbeit; und auf Grund mangelnder kultureller Vorbilder oder Berufskonzepte sind Schwierigkeiten bei der Antizipation einer Professionalisierungsperspektive zu erwarten.

Wenn man nun all dies Merkmale und Besonderheiten von Privatheit, des Privathaushaltes sowie der Arbeit im Privathaushalt auf die im ersten Kapitel referierten Indikatoren für Ökonomisierung bezieht, ergeben sich für die weitere Untersuchung folgende forschungsleitende Annahmen.

1. Geht man von einer Ökonomisierung der Gesellschaft und folglich auch des Privaten aus, von einer Intensivierung der Marktbeziehungen des Privathaushaltes oder von einem „Eindringen" ökonomischer Effizienzkalküle bzw. von einer dort erfolgenden Ausbreitung „neoliberaler", ökonomischer Deutungen, dann ist zu erwarten, dass sich die soziologischen Merkmale von Privatheit im Privathaushalt tendenziell verändert haben oder nur noch in relativ abgeschwächter Form wiederfinden lassen.

2. Auswirkungen einer Ökonomisierung der Gesellschaft müssten sich im Privathaushalt unter anderem in einer Entemotionalisierung/Rationalisierung der Tätigkeiten im privaten Rahmen der Lebensführung niederschlagen. Die Grenzen zwischen Erwerbs- und Privatarbeit müssten sich verschieben; diesbezügliche traditionelle Unterscheidungskategorien müssten ungültig werden. Außerdem ist davon auszugehen, dass sich Auffassungen oder Deutungen von „Privatheit" verändert haben.

Anhand folgender empirischer Forschungsfragen soll diesen Annahmen nachgegangen werden:

- Welchen Stellenwert hat der Privathaushalt als Privatsphäre?
- Wie ausgeprägt ist die Akzeptanz von ökonomischen Handlungsorientierungen im privaten Bereich?
- In welchem Deutungshorizont reflektiert sich der zeitliche und organisatorische Aufwand für Haushaltsorganisation?
- Welche Bedeutung besitzt Haushaltsarbeit und (wie) wird sie von Erwerbsarbeit unterschieden?
- Kann der private Haushalt auf dem Hintergrund gesellschaftlicher Veränderungsprozesse wie „Ökonomisierung" überhaupt (noch) als Gegenwelt zu Konkurrenz und Öffentlichkeit betrachtet werden? (Bzw. Können Privathaushalt und Markt (noch) als getrennte kulturelle Sphären oder Bereiche betrachtet werden?) Sperrt sich der Arbeitsort Privathaushalt der Rationalität kapitalistischer Rationalisierung?

Es ist geplant, diese Forschungsfragen mit Hilfe einer theoretisch angeleiteten Analyse von teilstandardisierten Interviews in Privathaushalten zu beantworten. Die methodische Vorgehensweise bei diesem empirischen Untersuchungsteil wird nun im folgenden Kapitel erläutert.

3. Untersuchungsdesign und methodisches Vorgehen

Mit vorliegender Untersuchung sollen, wie bereits erwähnt, mögliche Effekte ökonomisierungsbedingter Wandlungsprozesse auf der Ebene des Privathaushaltes empirisch erschlossen werden. Da bisher noch keine ausreichenden empirischen Anhaltspunkte bekannt sind, die den Grad an Ökonomisierung im häuslichen Privatbereich widerspiegeln, ist kein Abgleich mit anderen Daten möglich. Eine Einschätzung der Art und Weise haushaltsspezifischer Konstruktionen von Privatheit sowie des Ausmaßes der Ökonomisierung kann aus diesem Grund nur relational innerhalb des untersuchten empirischen Feldes erfolgen, und zwar auf der Grundlage einer Gegenüberstellung extremer Einstellungen, Verhaltensweisen oder Praktiken. Das folgende Vorgehen versteht sich methodisch daher als *theorieorientierte Exploration* ohne Anspruch einer Hypothesentestung oder Verifizierung bzw. Falsifikation von Theorie.

Geplant ist im Folgenden eine haushaltsbezogene Rekonstruktion aktueller Aneignungsweisen, alltagsrelevanter Praktiken, Deutungen oder „Rahmungen" der in den ersten beiden Kapiteln angesprochenen Themen. Diese Analyse von Aneignungen ökonomischer Semantiken auf individueller Haushaltsebene einerseits, sowie von Konstruktionsweisen des Privaten andererseits, soll sich kategorial an den bisher erstellten Indikatoren orientieren. Zu fragen wird sein, ob und inwieweit sich dieselben operationalisieren lassen bzw. in welchen Formen oder Modifizierungen diese in Privathaushalten artikuliert werden. Bei diesem Vorgehen wird auf vorliegende empirische Daten aus einer Befragung zum Thema „Haushaltsdienstleistungen" zurückgegriffen. Es handelt sich hierbei um Transkriptionen von insgesamt 55 leitfadengestützten Interviews in Privathaushalten. Das Forschungsprojekt[40], in dessen Rahmen diese Daten erhoben wurden, untersuchte im Zeitraum von April 2006 bis März 2008 die ökonomischen und kulturellen Entscheidungsgrundlagen der Dienstleistungsnachfrage von Haushalten sowie den Stand der Inanspruchnahme von Haushaltsdienstleistungen (Bergmann/Geissler/Pohlheim 2008). Im Hinblick auf die Nachfrage von Haushaltsdienstleistungen spielen Themen wie Privatheit und Ökonomisierung insofern eine Rolle, als mit der (möglichen) Präsenz von DienstleisterInnen im Haushalt sowie mit der Übernahme von vorher in Eigenarbeit verrichteten Tätigkeiten private „Territorien des Selbst" (Goffman 1974: 54ff.) tangiert werden könnten.

---

[40] Die Forschungen erfolgten unter dem Titel „Haushaltsdienstleistungen – der potenzielle Bedarf" unter der Leitung von Prof. Dr. Birgit Geissler an der Universität Bielefeld.

Formen der Ausübung, Organisation, Bedeutung und Wertschätzung der Haushaltsarbeit als „Reproduktionsarbeit" (Jürgens 2006: 137), die im Zusammenhang mit dem privaten Dienstleistungsbedarf erfragt wurden, lassen zudem Rückschlüsse, so die Annahme, auf Ökonomisierungstendenzen zu. Die Interpretation der Haushaltsinterviews erfolgt methodisch in Anlehnung an das Vorgehen im Forschungsprojekt. Die nun folgenden Erläuterungen zur Erhebung und zur Auswertung der Haushaltsinterviews sind daher teilweise dem Projekt-Abschlussbericht entnommen.

3.1 Auswahl und Rekrutierung der Haushalte

Das primäre Forschungsziel des Forschungsprojekts „Haushaltsdienstleistungen – Der potenzielle Bedarf" bestand in einer Bestimmung des Bedarfs an Haushaltsdienstleistungen in Privathaushalten sowie seiner soziokulturellen Bedingungen. Da zu diesem Thema bis dato kaum wissenschaftliche Erkenntnisse vorlagen, wurde im Forschungsverlauf zunächst auf qualitative, relativ flexible und offene Erhebungsinstrumente (thematisch strukturierte Interview-Leitfäden) zurückgegriffen, um erst einmal relevante Analysekategorien erschließen zu können. Die vorgegebenen Themen wurden entsprechend mit relativ offenen Frageformen angesprochen, um den interviewten Personen Raum zur Artikulation eigener Relevanzkriterien zu bieten. Ein solches Vorgehen kommt den Forschungsinteressen auch in dieser Untersuchung entgegen, denn auch hier soll es zunächst darum gehen, die für Themen wie Ökonomisierung und Privatheit überhaupt relevanten Kategorien zu bestimmen. Neben der thematischen Überschneidung im Hinblick auf die Forschungsfragestellung bestehen auch methodisch gute Anschlussmöglichkeiten an das Vorgehen im Forschungsprojekt. Es folgen daher zunächst einige Bemerkungen zur Rekrutierung der befragten Haushalte, zu ihrer Zusammensetzung und zur Durchführung der Interviews, um den Zugang zum Forschungsfeld zu verdeutlichen.

Das Sampling für die qualitative Erhebung war nicht auf statistische Repräsentativität bzw. Generalisierung von Daten ausgerichtet. Vielmehr kam eine Strategie zur Stichprobengewinnung zur Anwendung, die die sukzessive Erhebung von für den Gegenstandsbereich theoretisch repräsentativen Untersuchungseinheiten anstrebt. (Zur Methode des „Open Sampling" vgl. Strauss/Corbin 1996.) Auswahlkriterien für die Interviewpartner waren nicht individuenbezogene Merkmale, sondern bestimmte Haushaltstypen. Zur Auswahl des Haushalts-Samples wurde die vielversprechendste Merkmalskombination im Sinne der Fragestellung zu Grunde gelegt. Gleichzeitig sollte der zu erschließende Merkmalsraum möglichst offen gehalten werden, um die potenziellen Bedingungsfaktoren des Bedarfs an Haushaltsdienstleistungen in möglichst vielen

3.1 Auswahl und Rekrutierung der Haushalte 93

Facetten erfassen, und um die Differenziertheit der Praktiken der Lebensführung und der Deutungsmuster bestimmen zu können:
Die Zusammensetzung des Samples ging von drei wesentlichen Annahmen aus:

1. Die gesellschaftlichen Veränderungsprozesse, die einen Bedarf nach haushaltsbezogenen Dienstleistungen nach sich ziehen, finden eher in städtischen Haushalten statt. Räumliche Lebensbezüge, Generationen- und partnerschaftliche Beziehungen sowie Teilhabe an Erwerbsstrukturen stellen sich in dichter besiedelten Gebieten anders als in ländlichen Regionen dar. In stadtsoziologischen Untersuchungen werden in den Lebensbedingungen der größeren Städte wesentliche Ursachen für die Auf- und Ablösung von industriegesellschaftlich geprägten Lebensformen vermutet (Friedrichs 1988; Scherger u.a. 2004). In dichter besiedelten Gebieten, so die Annahme, finden sich häufiger neuere Lebensformen und moderne Einstellungsmuster als in ländlichen Regionen. Dies auch deshalb, weil hier der Anteil an flexibilisierten Arbeitsverhältnissen sowie die Erwerbsquote der Frauen höher ist (Statistisches Bundesamt 2006: 16f.).

2. Zweitens wurde vermutet, dass ein Bedarf an Dienstleistungen in denjenigen Haushalten am wahrscheinlichsten ist, in denen Erwerbstätige leben[41]. Erwerbstätigkeit, so die Annahme, erhöht die Wahrscheinlichkeit von Zeitmangel und von Schwierigkeiten bei der Vereinbarkeit von Beruf und Familie. Dieses Problem betrifft insbesondere junge Frauen (vgl. u.a. Jurczyk/Rerrich 1993; Solga/Wimbauer 2005).

3. Drittens wurde davon ausgegangen, dass auch das Alter der Haushaltsmitglieder eine große Rolle dabei spielt, wie man sich zum Thema Dienstleistungsbedarf verhält. Milieustudien, Untersuchungen zu Lebenslagen oder Biografie- und Lebensverlaufsforschungen belegen, dass Leitbilder, Lebensstilmuster, Einkommensverwendungen sowie Deutungen zu Geschlechtsrollen mit dem Alter und der Lebensphase stark variieren (Kaufmann 1999; Klocke/Spellerberg/Lück 2002; Wahl 2003; Geissler/Oechsle 1996). Es sind demzufolge eher Angehörige der jüngeren Generation, die ergiebige Einstellungen oder Deutungsmuster erwarten lassen.

In der qualitativen Studie des Forschungsprojekts zum Bedarf an Haushaltsdienstleistungen wurden also städtische Haushalte von Erwerbstätigen im Alter von 30 bis 50 Jahren befragt. Zur Kontrolle wurden jedoch auch Haushalte mit

---

[41] Das SOEP zeigt, dass in Haushalten von Älteren Dienstleistungen öfter in Anspruch genommen werden; dieser Haushaltstyp war jedoch für die Projektfragestellungen unergiebig; vgl. Schupp 2001.

Personen im Alter von über 50 Jahren hinzugezogen. Im Hinblick auf die an dieser Stelle interessierenden Ökonomisierungstendenzen und Privatheitskonzepte kann davon ausgegangen werden, dass diese Haushaltstypen ebenfalls ergiebige Aussagen erwarten lassen. Denn sowohl in sozialer, als auch in sachlicher und zeitlicher Hinsicht (Erwerbsintegration, Kapitalausstattung) lassen sich funktions- und leistungsbezogene Interferenzen zum ökonomischen System eher hier vermuten, als in Haushalten, bei denen eine Leistungsbeziehung zum Wirtschaftsbereich weniger ausgeprägt ist.

Der Zugang zu den Privathaushalten erfolgte über eine telefonische oder schriftliche Kontaktaufnahme zu öffentlichen Bildungs-, Weiterbildungs-, Betreuungs-, und Verwaltungseinrichtungen in zwei deutschen Großstädten. Des Weiteren wurden private Selbsthilfe-, Bildungs- oder Unterstützungsvereine, Gruppen sowie Netzwerke mit der Bitte kontaktiert, Flyer oder Aushänge mit Interviewanfragen zu verteilen oder weiter zu leiten. Insgesamt wurden 55 verwertbare Interviews durchgeführt.

Die meisten dieser Interviews fanden in Privathaushalten der Befragten statt. Die durchschnittliche Dauer der Befragungen lag bei 72 Minuten. Insgesamt wurden zwölf Paar-Interviews durchgeführt, der Rest mit Einzelpersonen.

3.2 Beschreibung des Haushalts-Samples

Im Folgenden wird ein kurzer Überblick über die Zusammensetzung derjenigen befragten Haushalte gegeben, die in die Gesamtauswertung eingegangen sind. Zunächst eine tabellarische Übersicht über die Verteilung verschiedener Lebensformen auf die befragten Haushalte.

Tabelle 1: Häufigkeiten der Haushaltstypen nach Lebensformen

Haushaltstyp	Gesamt
Familie	22
Single	12
Paarhaushalt	9
Alleinerziehend	7
WG/Andere	5
Gesamt	55

3.2 Beschreibung des Haushalts-Samples

Wie zu erkennen ist, bilden Familien die größte Gruppe der befragten Haushalte. Die Lebensform Familie wurde definiert als „verheiratete Erwachsene, die mit Kindern zusammen leben". In der Statistik fallen zwar auch alleinstehende und unverheiratete Eltern unter den Familienbegriff (vgl. Statistisches Bundesamt 2006: 27). Dieser wurde aber nicht übernommen, um einerseits der besonderen Lebenssituation Alleinerziehender Rechnung zu tragen und um andererseits Verbindungen zwischen der Wahl einer eher traditionellen Lebensform und Einstellungs- und Deutungsmustern herstellen zu können.

Die Singles machen mit zwölf Haushalten den zweitgrößten Anteil des Samples aus, Paarhaushalte sind mit zehn Haushalten die drittgrößte und Alleinerziehende mit sieben Haushalten die viertgrößte Gruppe. Im Vergleich zur Bevölkerungsstruktur sind die Einpersonenhaushalte geringfügig unterrepräsentiert und die Mehrpersonenhaushalte insgesamt etwas überrepräsentiert. Diese Werte spielen jedoch eine untergeordnete Rolle, da es wie erwähnt, bei der Auswahl der einbezogenen Haushalte nicht auf statistische Repräsentativität ankam.

Haushalte mit drei und vier Personen machen fast die Hälfte des Untersuchungsfeldes aus, wobei es sich mehrheitlich um Lebensformen wie Familien und Alleinerziehende handelt. Die insgesamt 18 befragten Zweipersonenhaushalte setzen sich aus Paarhaushalten ohne Kinder, Alleinerziehenden und WGs/Sonstigen zusammen. Die durchschnittliche Haushaltsgröße des Samples beträgt 2,5 Personen (im Bundesdurchschnitt 2,1 Personen). Der hohe Anteil an Mehrpersonenhaushalten und Familien wurde bewusst gewählt, da hier ein vergleichsweise höherer Dienstleistungsbedarf angenommen wurde.

Ein weiteres Selektionskriterium bei der Auswahl der Interviewpartner war das Alter. Maßgeblich für die Einstufung des Haushalts war das Alter der ältesten Haushaltsmitglieder. Die Altersstruktur der befragten Haushalte ist auf Grund der Auswahlkriterien sehr viel niedriger als im Bundesdurchschnitt (dort befinden sich 30% der Haushalte im Seniorenalter). Die meisten der Haushaltsmitglieder aus der Stichprobe befinden sich im Alter zwischen 30 und 45 Jahren. Aus Vergleichsgründen wurden neun Haushalte mit Bewohnern im Alter über 50 Jahren hinzugezogen.

Die Verteilung der Haushalte nach der Anwesenheit von Kindern zeigt ein relativ ausgewogenes Verhältnis und somit gute Vergleichsmöglichkeiten zwischen Haushalten mit und Haushalten ohne Kinder. Es wurden 26 kinderlose Haushalte befragt und 29 Haushalten mit Kindern. Unter letzeren befinden sich zwölf mit einem Kind und 17 mit zwei Kindern. In 25 Fällen sind die Kinder unter zwölf Jahre alt (davon zehn mal im Alter von 1-4) und in sechs Fällen im Alter von 12 bis 18. Haushalte mit Kindern haben in der Stichprobe gegenüber kinderlosen Haushalten ein leichtes Übergewicht, was ebenfalls erwünscht war, denn in solchen Haushalten wurde ein erhöhter Dienstleistungsbedarf vermutet.

Unter den befragten Haushalten befinden sich überdies zehn, die aktuell und dauerhaft als Arbeitgeber für Haushaltsdienstleistungen auftreten und vier weitere, die dies in der Vergangenheit getan haben. Diesen Haushalten wird besondere Aufmerksamkeit im Hinblick auf Ökonomisierungstendenzen zu widmen sein.

Erwähnenswert in Bezug auf die soziodemografischen Merkmale des Haushaltssamples ist schließlich noch die vergleichsweise hohe Einkommensverteilung. Diese ist darauf zurückzuführen, dass nur Haushalte mit mindestens einem Erwerbstätigen befragt wurden. Bei den meisten der Mehrpersonenhaushalte handelt es sich zudem um Dual Career – Haushalte (25 von 37). In nur zwölf der insgesamt 36 Mehrpersonenhaushalte ist ein erwachsenes Haushaltsmitglied nicht erwerbstätig oder arbeitet in Teilzeit. Insgesamt 27 der 55 interviewten Haushalte verfügen über ein monatliches Netto-Einkommen von über 2.500€ und nur 13 liegen unter 1.500€ (hierunter fallen fünf der acht interviewten Alleinerziehenden).

Zur Auswertung der Interviews kann also festgehalten werden, dass bereits durch die Vorauswahl der Haushalte versucht wurde, den zwingenden Charakter eventuell genannter ökonomischer Ablehnungsgründe gegenüber einer Inanspruchnahme haushaltsbezogener Dienstleistungen zu relativieren. Wenn in Haushalten ohne Inanspruchnahme einer Dienstleistung davon ausgegangen werden kann, dass die Delegation von haushaltsbezogenen Arbeitstätigkeiten nicht am Geldmangel scheitert, müssten andere Ablehnungsgründe als ökonomische eine große Rolle spielen. Gerade dieses Vorgehen unterstützt möglicherweise auch die Rekonstruktion privatheitsbezogener Deutungsmuster. Vermutet wurde, dass die ausgesuchten Haushaltstypen relativ eindeutige Vorstellungen zu ihrem Privatbereich, zur Pflege persönlicher Beziehungsmuster sowie zum Umgang mit haushaltrelevanten Tätigkeiten äußern.

3.3 Entwicklung und Struktur des Interview-Leitfadens

In den leitfadengestützten Interviews, die an dieser Stelle zur weiteren Auswertung herangezogen werden, wurden Fragen zu Alltagsorganisation, Haushaltsarbeit, privaten Unterstützung sowie zu Ansprüchen und Vorbehalten gegenüber marktvermittelter Hilfe im Haushalt gestellt. Mit dem Ziel einer Rekonstruktion von Deutungsmustern wurden die Befragten darüber hinaus darum gebeten, zu vorgegebenen Meinungen Stellung zu nehmen und ihr Verhalten zu begründen. Die abgefragten Themenfelder lassen sich gut auf die in dieser Arbeit in den ersten beiden Kapiteln untersuchten Thematiken beziehen.

Mit den teilstrukturierten Interviews sollten Interpretationsmuster für haushaltsbezogene (Alltags-)Praktiken sowie die Geltung sozialer Deutungsmuster zu verschiedenen Aspekten der Lebensführung erhoben werden, soweit sie die Inan-

3.3 Entwicklung und Struktur des Interview-Leitfadens

spruchnahme von Dienstleistungen beeinflussen. Motive und Anreize für und Restriktionen gegen eine Inanspruchnahme sowie die qualitativen Anforderungen an Dienstleistungen sollten in Beziehung gesetzt werden zu sozialen und kulturellen Sinnbezügen alltäglicher Lebensführung. Solche Sinnbezüge, so die Annahme, lassen sich anhand der Selbstdarstellungen der Akteure in bestimmten thematischen Kontexten rekonstruieren. Sie finden sich in subjektiven Einstellungen und Handlungsorientierungen wieder. Solche Einstellungen und Orientierungen bilden sich auf dem Hintergrund von Leitbildern, öffentlichen Diskursen und sozialen Deutungsmustern. Um die Rekonstruktion solcher Sinnbezüge zu ermöglichen, sind Erhebungstechniken erforderlich, mit denen Handlungsbegründungen oder Situationsdefinitionen ermöglicht werden können.

Soziale Deutungsmuster sind definiert als

> „... mehr oder weniger zeitstabile und in gewisser Weise stereotype Sichtweisen oder Interpretationen von Mitgliedern einer sozialen Gruppe, [...] die diese zu ihren alltäglichen Handlungs- und Interaktionsbereichen lebensgeschichtlich entwickelt haben. Im einzelnen bilden diese Deutungsmuster ein Orientierungs- und Rechtfertigungspotential von Alltagswissensbeständen in der Form grundlegender, eher latenter Situations-, Beziehungs- und Selbstdefinitionen, in denen das Individuum seine Identität präsentiert." (Arnold 1983; zitiert nach Ullrich 1999: 429)

In Deutungsmustern dokumentiert sich der soziale Sinn, das heißt weder der subjektiv gemeinte Sinn oder individuelle Einstellungen, noch der objektive Sinn. Deutungsmuster sind relativ latent, dem einzelnen nur begrenzt verfügbar, weswegen sie aus den Selbstdarstellungen der Interviewten nachträglich zu rekonstruieren sind. In Bezug zu einem vorab definierten Bezugsproblem werden diese Deutungsmuster erst im Nachhinein, durch den Vergleich der Interviewprotokolle bzw. durch Kontrastierung von Extremen sichtbar und können zu Typen gebündelt werden (Fallkontrastive Interpretationsweise des theoretical sampling; vgl. Ullrich 1999: 443).

Neben einer Rekonstruktion solcher Deutungsmuster lag das Forschungsziel außerdem in einer Beschreibung von praktischen Alltagsroutinen in Bezug auf Haushaltsarbeit, Lebensführung und Dienstleistungsnutzung. Daneben sollte die objektive Ressourcenverwendung rekonstruiert werden. Einerseits waren also sich wiederholende Tätigkeiten zu messen bzw. in einer Art nachzufragen, dass sie in Form verallgemeinerbarer Informationen vorliegen. Andererseits sollten auch Fragen gestellt werden, die Raum für Selbstdarstellungen, Begründungen oder spontane Äußerungen bieten und die eine Rekonstruktion lebensweltlich verankerter Deutungsmuster ermöglichen.

Diese Fragestellung machte eine Kombination aus Text- und problemorientiertem Sinnverstehen erforderlich (Helfferich 2005: 26ff.). Aus dem in der qualitativen Sozialforschung gängigen Arsenal an Interviewtechniken konnten daher die primär erzählgenerierenden oder narrativen Interviewformen ausgeschlossen werden. Bei diesen besteht die Gefahr, dass entweder zu viele für die Fragestellung nebensächliche Aspekte in Erfahrung gebracht werden oder dass im Fall von desinteressierten oder inkompetenten Befragten zu wenig erzählt wird, um ausgewertet werden zu können. Die Entscheidung für thematisch strukturierte Leitfaden-Interviews war daher nahe liegend. Denn durch vorformulierte Themen oder Fragen konnte die Thematik eingegrenzt und die als relevant ermittelten Themenkomplexe gezielt erfragt werden, zudem wurde eine weitgehende Standardisierung und Vergleichbarkeit der Ergebnisse der einzelnen Interviews ermöglicht.

Zusätzlich zu dem vorgegebenen Fragenkatalog wurden zur Auflockerung Struktur-Lege-Techniken eingesetzt (Stichworte auf Karten, die den Befragten zur Bewertung und Kommentierung vorgelegt werden; vgl. Friebertshäuser 1997: 382ff.). Generell hat der Leitfaden auf diese Weise auch Ähnlichkeit mit demjenigen des Konstrukt-Interviews, der aus mehreren offen formulierten Leitfragen besteht, denen nochmals Nachfragekategorien zum Abklären wichtiger Bereiche zugeordnet sind (Helfferich 2005: 26ff). Insgesamt wurden unterschiedliche Fragetechniken wie z.B. Freies Assoziieren, Vergleichsverfahren, Lautes Denken, Nachfragen, Widerspiegeln und zugleich auch Erzählaufforderungen verwendet, was einen ausgeprägten Variationsreichtum und somit Abwechslung, Offenheit und vielfache Vergleichsmöglichkeiten versprach.

Im Verlauf der Leitfadenkonstruktion wurden zunächst für den Forschungsgegenstand interessante Fragen gesammelt und den forschungsleitenden Annahmen in Form von Clustern zugeordnet. Parallel hierzu wurde die wissenschaftliche Literatur erneut gesichtet sowie Texte und Material zu öffentlichen Diskursen (u.a. zu Themen wie Demografie, Familie, Lebensführung junger Frauen, Lebensstile, Kindheit/Kinderbetreuung sowie Schwarzarbeit) ausgewertet. Aus diesem Auswertungsprozess resultierten vier thematische Schwerpunkte für das Leitfadeninterview, denen jeweils mehrere Fragen in verschiedenen Varianten zugeordnet wurden. Neben Fragen zum Alltag und zur *Lebensführung* wurden Fragen zum Thema *Haushaltsarbeit* gestellt; es folgten Fragen zu *Haushaltsdienstleistungen* und schließlich Fragen zum Thema Leben mit Kindern bzw. *Kinderbetreuung*. Die Feinstruktur des Leitfadens bzw. die Reihenfolge der Fragenblöcke und der zugeordneten Fragen orientierte sich an der Vorgabe, Wissensfragen und Fragen zu alltäglichen Praktiken eher zu Beginn zu stellen, um sukzessive zu erzählgenerierenden und Meinungsfragen überzugehen.

Der Leitfaden insgesamt stellte keinen starren Abfragekanon dar, sondern er sollte und konnte flexibel gehandhabt werden.

3.4 Zur Auswertung der Interviews

Das Auswertungsverfahren leitet sich vom Forschungsziel ab, Einstellungen, Rahmungen und Deutungsmuster zu ökonomisierungsrelevanten und privatheitsbezogenen Themen zu rekonstruieren Die vorliegenden Interviewtranskriptionen wurden computerunterstützt codiert und anschließend, orientiert an der Methode des „Thematischen Codierens", ausgewertet. Möchte man mit Hilfe umfangreicher qualitativer Daten theoretische Annahmen überprüfen, empfiehlt sich dieses Vorgehen, da es sowohl vertiefende Interpretationen von Einzelfällen als auch quantitativ orientierte Fallübersichten vorsieht (Kuckartz 2005: 88f.). Grundlage für die Datenauswertung bilden also die größtenteils wörtlich transkribierten Interviews. Die Auswertung erfolgte computerunterstützt, hauptsächlich mit dem Programm Atlas/ti und ergänzend auch mit SPSS. Atlas/ti ist ein Programm zur Textinterpretation. Es bietet sich bei der Analyse von umfangreichem Textmaterial an, um Beziehungen zwischen Textpassagen, Anmerkungen und Konzepten übersichtlich dokumentieren zu können. Die Aufbereitung und Analyse der Texte wurde in mehreren Stufen durchgeführt die sich an Flick (1996) orientieren, der für die Auswertung von (episodischen) Interviews ein mehrstufiges Verfahren, das sog. „Thematische Kodieren" (Hopf/Schmidt 1993; Schmidt 1997), vorschlägt.

Generell stellt dieses Verfahren eine eher theorieorientierte Auswertungstechnik dar, die sich auf die fallbezogene Überprüfung theoretischer Vorannahmen konzentriert. Mit „Überprüfung" soll an dieser Stelle allerdings keineswegs ein Test der Allgemeingültigkeit von theorieorientierten Thesen (hierzu wären nach wie vor repräsentative Stichproben erforderlich) gemeint sein, sondern – etwas bescheidener – lediglich das Ausprobieren von deren Anwendbarkeit auf bestimmte Problemstellungen. Thematisches Codieren bedeutet hier also einerseits eher traditionell, wie in der quantitativen Forschung, die Zuordnung des Materials zu Auswertungskategorien (Kuckartz 2005: 93). Dem explorativen Charakter der Interviewinterpretation wurde andererseits insofern Rechnung getragen, als diese Auswertungskategorien keinen fixen, unveränderlichen Interpretationsrahmen bildeten, sondern als Entwürfe betrachtet wurden, die einer Artikulation von subjektiven Besonderheiten, Abwandlungen oder Widersprüchlichkeiten genügend Spielraum lassen.

Die einzelnen Auswertungsschritte des mehrstufigen Interpretationsverfahrens stellen sich wie folgt dar:

1. Codierung

Eine erste Strukturierung von Interviewpassagen erfolgte anhand der bereits skizzierten Leitfadenfragen, die wiederum thematischen Blöcken (Alltag/Lebensführung, Haushaltsarbeit, Haushaltsdienstleistungen, Kinderbetreuung) zugeordnet waren. Sodann wurde eine Code-Liste erarbeitet, die an den in den ersten beiden Kapiteln gebildeten Indikatoren orientiert war. Diese Liste umfasste schließlich mehr als 30 einzelne Codes, mit denen die transkribierten Interviews mit Hilfe des Programms durchsucht und exzerpiert wurden. Die Liste fungierte also zunächst im Sinne eines Suchrasters oder Auswertungs-Schemas, mit dessen Hilfe das Rohmaterial reduziert wurde bzw. Textpassagen gebündelt wurden. Im Anschluss daran erfolgte eine Zusammenstellung der Zitate zu einzelnen Kategorien.

2. Dimensionalisierung/Feincodierung

Nachdem auf diese Art das Interviewmaterial sortiert und reduziert worden war, ließen sich auf der zweiten Auswertungsstufe sämtliche Zitate zu einer Kategorie bündeln und vergleichen. Auf dieser Basis konnten Ausprägungsdimensionen zu den Codes gebildet werden. Mit Hilfe dieses Auswertungsschrittes einer Dimensionalisierung und Feincodierung der Kategorien aus der Codeliste, konnten trennscharfe Ausprägungsdimensionen isoliert werden. Diese Ausprägungen wiederum wurden am Gesamtmaterial überprüft und allen Interviews zugeordnet. Zur Unterstützung dieser Aufbereitung erfolgte eine Erstellung quantifizierender Materialübersichten durch tabellarische Zusammenstellung der Ergebnisse der Codierung (mit Hilfe des Programms SPSS). Ziel dieser Tabellen war die Gewinnung eines Überblicks über die Verteilung des Datenmaterials im Kategoriensystem. Welche Codes und Ausprägungen verteilten sich auf welche Haushalte? Unergiebige, nicht trennscharfe Kategorien konnten auf dieser Basis gestrichen werden und der Bedarf an weiteren Differenzierungen wurde ersichtlich.

Parallel zu diesem Schritt wurden zusammenfassende Fallübersichten der einzelnen Interviews erstellt. Weiterhin wurde nach charakteristischen Kombinationen von Merkmalen, Verhaltensweisen und Einstellungen bzw. nach haushaltsbezogenen Antwortmustern gesucht. Auf diese Weise konnten die interviewten Haushalte sukzessive nach mehreren Kriterien bzw. Ausprägungen (wie z.B. einer ausgeprägten Orientierung an ökonomischen Werten und Zeitnot) sortiert und im Rahmen von Fallzusammenstellungen verglichen werden. Forschungsfragestellungen wie zum Beispiel der Zusammenhang zwischen bestimmten Mustern der Privatheitskonstruktion und artikulierten Einstellungen zu ökonomisch dominierten Verhaltensweisen wurden anhand dieser Übersichten umgesetzt.

3. Typisierung

Ein dritter Auswertungsschritt verfolgte schließlich das Ziel einer Typenbildung durch fallkontrastiven Vergleich extremer Ausprägungen. Die Fragen hierbei

3.4 Zur Auswertung der Interviews

lauteten: Was sind charakteristische Unterschiede zwischen den Haushalten und gibt es Besonderheiten einzelner Fälle? Gibt es auffällige Zusammenhänge zwischen einzelnen Kategorien und deren Ausprägungen, die sich bestimmten Privatheitstypen zuordnen lassen? Mit Hilfe einer solchen vergleichenden Fallanalyse bzw. durch den Vergleich haushaltsspezifischer Merkmalsausprägungen erfolgte eine Gruppierung der Haushalte nach extremen Ausprägungen in den Alltagspraktiken, Einstellungen und Deutungsmustern (Kluge 1999: 80). Leitend hierbei waren Codes zu drei Themenbereichen, nämlich Lebensführung, Haushaltsarbeit und Dienstleistungen. Sämtliche befragten Haushalte wurden diesen Typen zugeordnet. Zwecks Validierung und Veranschaulichung der gebildeten Typen war abschließend eine vertiefende Einzelfallanalyse einzelner Haushalte anhand von Fallstudien geplant. Die Grundlage für die Typisierung bilden die gefundenen Kernkategorien mit unterschiedlichen Dimensionen und Merkmalsausprägungen. Im Rahmen dieser Arbeit können aufgrund des Zeitmangels keine Einzelfälle ausführlicher dargestellt werden. Der Schwerpunkt liegt hier auf der Schilderung von fallübergreifenden Gemeinsamkeiten bzw. Differenzen und auf der Typisierung von Privatheitsvorstellungen.

Ausgangspunkt der Analyse war ein Codierleitfaden, auf dessen Grundlage das Interviewmaterial zunächst interpretiert, die relevanten Merkmalskombinationen erstellt und das dann in mehreren Schritten zu Typen verdichtet wurde.

Dieser Codierleitfaden orientiert sich an den Forschungsfragen und den Indikatoren, die auf Grundlage der ersten beiden Kapitel gebildet wurden Bei seiner Erstellung wurde zunächst unterschieden zwischen Handlungsmustern und alltagsrelevanten Praktiken einerseits sowie Handlungsorientierungen andererseits. Die Auswertung differenziert dementsprechend zwischen Sachaussagen, Einstellungen, Begründungen von Handlungen oder Meinungen bzw. Sinn-Rekonstruktionen. Im Folgenden wird ein Überblick über die zu Beginn der Analyse verwendeten Auswertungscodes gegeben. Die Codierleitfäden sind thematisch nach Ökonomisierung und Privatheit aufgeteilt.

Tabelle 2: Codierleitfaden zum Thema Ökonomisierung

Kategorisierung der haushaltsbezogenen Praktiken und Deutungen zu Ökonomisierung		
Analyseebenen	Codes *(Abstufung der Ausprägung: hoch, mittel, gering)*	Erläuterungen
Ökonomisch geprägte Handlungsmuster oder Praktiken der Lebensführung	Rationalisierung des Alltags	Planung, Effizienz-orientierte, reflexive Organisation außerbetrieblicher Handlungen insgesamt.
	Privatheit als Arbeitsbereich	Erwerbsarbeitsbezogene Praktiken/Zeitverwendungen in der Freizeit oder im Privathaushalt.
	Rationalisierung bei Finanzplanung und/oder Einkaufsgewohnheiten	Relativ strikt kalkulierte Muster bei Budgetierung, Organisation und Abwicklung des Haushaltskonsums.
	Rationalisierung/Effizienz bei Erledigung der Haushaltsarbeit	Effizienzorientierte Organisation, Kalkulation, Rationalisierung von Haushaltsarbeits- und Betreuungstätigkeiten.
	Flexibilität	Mobilität, kurzer zeitlicher Planungshorizont in der Lebensführung.
	Bindungslosigkeit	Relativ geringe zeitliche Investitionen in familiale, intime oder freundschaftliche Beziehungen
	Delegation von Haushaltsarbeit	Abgabe von Eigenarbeit an Dienstleisterinnen oder der Wunsch danach.
	Belastung durch Rationalisierungsanforderungen	Betonung von Stress oder Belastung durch haushaltsexterne Anforderungen an Zeit- oder Ressourcenmanagement.
Ökonomisch geprägte Handlungsorientierungen	Erfolgsorientierung in der privaten Lebensführung	Zustimmung zu Anforderungen an die Lebensführung, die sich aus ökonomisch begründeten Ansprüchen ergeben (z.B. Planung, Effizienz, Distanz, Flexibilität oder Leistungsorientiertheit, Konkurrenz, Selbstdisziplin).

3.4 Zur Auswertung der Interviews

Fortsetzung von Tabelle 2

Kategorisierung der haushaltsbezogenen Praktiken und Deutungen zu Ökonomisierung		
Analyseebenen	Codes *(Abstufung der Ausprägung: hoch, mittel, gering)*	Erläuterungen
	Orientierung an wirtschaftlichen Fragestellungen im Haushalt	Kostenbewusstsein, Marktbeobachtungen/Preisvergleich, Rentabilität, Flexibilität.
	Elemente aus Deutungsmustern wie „Neoliberalismus" und „Unternehmerisches Selbst"	Z.B. Selbstdisziplin, Konkurrenzdenken, Zurückweisung von Staatsintervenismus, Marktradikalismus, beruflicher Ehrgeiz.
	Haushaltsarbeit als Erwerbsarbeit	Gleichsetzung von Haushaltsarbeit mit Erwerbstätigkeit (auch im Sinne von Monetarisierungsmöglichkeiten und Anerkennung).
	Hausarbeit als „Dreck wegmachen"	Interpretationen von Haushaltsarbeit als lästige, minderwertige Tätigkeit, die kaum Vorwissen oder Qualifikationen bedarf – fehlende Anerkennung für diese Tätigkeiten.
	Professionelles Rollenverständnis im Haushalt	Konstruktion von Haushaltsdienstleistungen als „normale" Erwerbsarbeit; distanziertes Verhalten als Arbeitgeber im Haushalt.
	Ablehnung traditionellen (geschlechtlichen) Rollenverhaltens	Egalitäre Arbeitsteilung zwischen Partnern; Ablehnung des Hausfrauendaseins (aus Gründen der Erwerbsorientierung).

3.4 Zur Auswertung der Interviews

Tabelle 3: Codierleitfaden zum Thema Privatheit

Kategorisierung der haushaltsbezogenen Praktiken und Deutungen zu Privatheit		
Analyseebenen	Codes (Abstufung der Ausprägung: hoch, mittel, gering)	Erläuterungen
Privatheitsbezogene Handlungsmuster o. Praktiken der Lebensführung	Emotional, bedürfnisorientierte Handlungsmuster	Erziehung, Pflege, Liebe und Fürsorge, Arbeiten für die Familie oder generell Tätigkeiten, die Effizienzkriterien widersprechen, die nachlässig, nebenbei erfolgen oder die der Erholung, Regeneration dienen.
	Reziprozität	Auf Vertrauen, unentgeltliche Hilfe und Gegenseitigkeit beruhende soziale Beziehungen oder Leistungen; zusammen Wirtschaften, Teilen.
	Gemeinschaftliche, gruppenbezogene Praktiken (Privatheit als gemeinschaftlicher Raum)	Gemeinsame Mahlzeiten, Rituale, Feiern, regelmäßige Besuche.
	Trennung von Arbeit und Freizeit	Unterscheidung und (bewusste) Grenzziehung zwischen Praktiken der Regeneration bzw. der Erholung und Erwerbs- bzw. Arbeitspraktiken
	Privatheit als Rückzugsraum oder als Gegenwelt zu Konkurrenz und Öffentlichkeit	Gestaltung von Haus/Wohnung, Freizeit oder privaten Beziehungen als Bereich von Rückzug, Ruhe oder Erholung.
	Privatheit als Schutzraum	Tätigkeiten im Privatbereich, die nicht vergeben werden sollen bzw. Zimmer als Bereiche mit eingeschränkten Zugangsrechten. Privatheit als Raum, der vor Fremden geschützt werden muss; Misstrauen gegenüber Haushaltsfremden.
	Haushaltsarbeit als Fürsorgearbeit	Konstruktion von Haushaltsarbeit als Fürsorge oder Identitätsanker, als emotional positiv besetzte Tätigkeit; Artikulation von Sorge- und Unterhaltsverpflichtungen in der Haushaltsarbeit.
	Haushaltsarbeit als Entspannungs- und Wohlfühl-Beschäftigung	Beschreibung/Definition von Haushaltsarbeit als Entspannung und Artikulation von Zufriedenheit bei und nach der Durchführung.

3.4 Zur Auswertung der Interviews

Fortsetzung von Tabelle 3

Kategorisierung der haushaltsbezogenen Praktiken und Deutungen zu Privatheit		
Analyseebenen	*Codes (Abstufung der Ausprägung: hoch, mittel, gering)*	*Erläuterungen*
Privatheitsbezogene Handlungsorientierungen	Personenbezogene Werte und Ziele	Handlungsorientierungen oder Erwartungen im Haushalt, die sich an persönlichen Bedürfnissen, Emotionen und Zielen orientieren (z.B. Liebe, Fürsorge, Reziprozität, unentgeldliche Unterstützung).
	Bedarfsdeckung	Orientierung an Bedarfsdeckung bei Konsum und Budgetplanung anstatt an formaler Rechenhaftigkeit, Rentabilität oder Rationalität.
	Intimität	Artikulation von Scham, Emotionalität, Authentizität im Haushalt.
	Ablehnung von Rationalisierung/Flexibilisierung	Ablehnung von Anforderungen an die Lebensführung, die sich aus ökonomisch begründeten Ansprüchen ergeben (Planung, Flexibilität, Effektivität oder Leistungsorientiertheit).
	Haushaltsarbeit als anspruchsvolle Arbeit	Betonung der Notwendigkeit von Vorwissen oder Qualifikation zur Erledigung der Haushaltsarbeit.
	Haushaltsarbeit als Privat-Arbeit	Definition von Hausarbeit in Abgrenzung zu Arbeit in der Wirtschaft, als autonome, selbstbestimmte Arbeit und als Bereich, der andere oder den Staat „nichts angeht"; macht man wie selbstverständlich selbst, meistens gerne.
	Privatheit als Rrepräsentationsbereich, Ansprüche an Sauberkeit und Ordnung im Haushalt	Privater Raum mit Repräsentativ-Funktion (soll Lebensstil verdeutlichen, sozialen Status oder Ordnungssinn); Betonung von besonderen Ansprüchen an die Qualität von Haushaltsarbeit.
	Traditionale Zuschreibungen oder Wertorientierungen	Orientierung an patriarchalischen Vorstellungen im Haushalt.

Anhand dieser Codierleitfäden wurden die vorliegenden Interviewtranskriptionen zusammengefasst und thematisch strukturiert. Auf Basis des auf diese Weise bearbeiteten Materials konnte dann die Feincodierung erfolgen, das bedeutet, einzelne Text-Segmente wurden einer tiefergehenden Interpretation und Kontextanalyse unterzogen. Es folgt eine Darstellung der wesentlichen Ergebnisse dieser Analyse.

4. Ergebnisse der Auswertung der Haushaltsinterviews

Bei den Daten aus der Befragung zum Thema „Haushaltsdienstleistungen", auf die im Folgenden zurückgegriffen wird, handelt sich um Transkriptionen von leitfadengestützten (thematisch strukturierten) Interviews in Privathaushalten. Ziel dieser Interviews war es ursprünglich, Muster für haushaltsbezogene Alltagspraktiken aufzufinden sowie soziale Deutungsmuster zu verschiedenen Aspekten der Lebensführung zu rekonstruieren, die die Nutzung von Haushaltsdienstleistungen beeinflussen. Bei Nicht-Inanspruchnahme solcher bezahlter Hilfen sollten die bewussten und unbewussten Gründe dafür erfragt bzw. gedeutet werden. Der folgende Versuch einer Rekonstruktion von ökonomisierungsbezogenen Praktiken und Deutungen in Privathaushalten sowie von Privatheitsauffassungen erfolgt auf Grund dieser speziellen Fragestellung größtenteils am Beispiel dieser Thematik. Teilergebnisse aus der Studie fließen in die nachstehende Auswertung mit ein (Bergmann/Geissler/Pohlheim 2008: 70ff.).

Die Interviews gliedern sich in die Themenkomplexe Alltag und Lebensführung, Haushaltsarbeit, Haushaltsdienstleistungen und Leben mit Kindern. Entlang dieser vier Themen soll nun versucht werden, Komponenten, Aneignungen, Reflexe oder Spuren der in ersten beiden Untersuchungsschritten gebildeten Indikatoren wiederzufinden. Die meisten der in den Interviews gestellten Fragen lassen sich nicht unmittelbar auf diese Indikatoren beziehen. Die gegebenen Antworten sind daher nicht hauptsächlich als Träger formaler Indizien (Kriterien) für Codes zu verstehen, nach denen Interviewteile herausgefiltert wurden. Vielmehr sollen die theoretisch erschlossenen Begriffe als grobe Projektionsfläche dienen, vor deren Hintergrund erfragte Deutungen und Praktiken interpretativ Kontur gewinnen können. Wie deutlich sich eine solche Kontur abzeichnet, wird hauptsächlich auf Grund einer Einordnung vorfindbarer Kombinationsmuster und Ausprägungen verschiedener Codes in ein zweidimensionales Merkmalsfeld bestimmbar sein, welches von extremen Ausprägungen außerökonomischer, privat-häuslicher Merkmale auf der einen Seite und ökonomischer Merkmale auf der anderen Seite begrenzt ist.

Die ersten beiden Themenbereiche Alltag und Lebensführung sowie Haushaltsarbeit lassen sich grob dimensionieren über den Grad der Organisiertheit der alltäglichen Verrichtungen, der impliziten und expliziten Zielsetzung dieses organisatorischen Aufwandes, sowie über das Belastungsempfinden der Haushaltsmitglieder. Ökonomisierungsprozesse, dies wurde aus den Ausführungen des ersten Kapitels deutlich, müssten sich tendenziell in verstärkter Marktorientierung und Rationalisierung auch der privaten Lebensführung niederschlagen. Vermutet werden kann daher bspw. in solchen Haushalten, die eher einer Ökonomisierung unterliegen als andere, dass hier der Grad an Problematisierung, Rationalisierung und Organisation alltäglicher Verrichtungen vergleichsweise höher ausfällt. Viele der in den Leitfadeninterviews gestellten Fragen zielten direkt auf solche Themen.

Entlang der Unterscheidung zwischen Handlungsmustern oder Praktiken der Lebensführung einerseits, sowie Deutungen und Handlungsorientierungen andererseits, erfolgt zunächst ein Gesamtüberblick über das Feld der interviewten Haushalte. Anhand der gebildeten Codes (vgl. Kapitel 3.4) und ihrer Ausprägungsdimensionen (hoch, mittel, niedrig) werden die Häufigkeitsverteilungen der vorgefundenen Antwortmuster dargestellt. Im Einzelnen folgt nach einer Beschreibung der vorgefundenen Elemente ökonomisch geprägter Lebensführung (4.1) die Darlegung der Akzeptanz von ökonomisch geprägten Deutungen und Handlungsorientierungen im privaten Bereich (4.2). Nach einer Einschätzung des Stellenwertes des Privathaushaltes als Privatsphäre und der Charakterisierung verschiedener Typen von Privatheitskonstruktion (4.3) soll dann die Bedeutung der Haushaltsarbeit hierbei genauer gefasst werden (4.4). Zuletzt schließlich werden die vorgefundenen Zusammenhänge zwischen Ökonomisierung und Privatheit umrissen – sowohl rein quantitativ im Überblick über das Untersuchungsfeld als auch qualitativ an zwei Fallbeispielen.

4.1 Elemente ökonomisch geprägter Lebensführung

Um einen ersten Eindruck darüber gewinnen zu können, wie sich die im Untersuchungsfeld erhobenen Informationen verteilen, folgen zunächst quantifizierende Übersichten über die interpretativ gewonnene Beurteilung der Ausprägungen der einzelnen Variablen. Diese Einschätzung der Merkmalsausprägungen eines codierten Interview-Segmentes[42] erfolgte jeweils auf Basis eines Abgleichs mit allen anderen erhobenen Zitaten zu diesem Thema (in Teilen auch durch das besondere theoretische Interesse dieses Beispiels). Die Fallübersichten ermöglichen einen Überblick über vorherrschende Muster der Deutung und Orientierung in Privathaushalten und sie sollen die Auswahl besonders typischer oder theore-

---

[42] Besonders extreme Ausprägungen einer Variable wurde in SPSS der Wert „3" (hohe Ausprägung) zugewiesen; mittleren Ausprägungen der Wert „2", geringen Ausprägungen der Wert „1" und bei fehlendem Vorkommen wurde der Wert „0" zugeordnet.

tisch relevanter Einzelfälle für eine später geplante vertiefende Einzelfallanalyse erleichtern. Sie dienen aber auch der kontrollierten zusammenfassenden Interpretation der Befragungsergebnisse, denn insofern singuläre Tatbestände bzw. Aussagen immer im Kontext eines verhältnismäßig großen Feldes an Vergleichsfällen interpretiert werden, soll einer voreiligen „opportunistischen" Bestätigung von (Ökonomisierungs-)Theorien vorgebeugt werden (Bohnsack 1991: 31f.).

Ein solches Vorgehen besitzt Ähnlichkeit mit dem Verfahren der „skalierenden Strukturierung", welches im Kontext der qualitativen Inhaltsanalyse dazu dient, Interpretationsmaterial auf einer Skala einzuschätzen (Mayring 2003: 92ff.). Der damit verfolgte Zweck der Reduktion einer großen Materialmenge auf ein überschaubares Maß, um die wesentlichen Inhalte zu erhalten, wird auch an dieser Stelle verfolgt. Jedoch soll im weiteren Fortgang der Analyse keine strenge Orientierung am Verfahren der qualitativen Inhaltsanalyse beibehalten werden, da dieses zu sehr auf vorgegebene Ablaufmodelle festgelegt ist. Hiermit trägt diese Methode der eher offenen, explorativen Intention dieser Untersuchung zu wenig Rechnung. Entgegen der strengen und deduktiven Systematik, mit der die qualitative Inhaltsanalyse die Extraktion von Interviewmaterial vorsieht, soll im weiteren Verlauf bei der Auswertung auch der Eigenständigkeit und der individuellen Spezifik der jeweiligen Lebenssituation eines Haushaltes Rechnung getragen werden.

Ökonomisch geprägte Handlungsmuster

Ein erster Überblick über die Verbreitung ökonomisch geprägter Handlungsmuster in den befragten Haushalten erfolgt nun über die Zusammenstellung der Werte zu acht Variablen, die jeweils auf Antworten auf bestimmte der in den Interviews gestellten Fragen verweisen. Die Ausprägungen der Variablen pro Interview wurden, wie bereits erwähnt, auf Basis eines Vergleiches der entsprechenden Aussagen mit denjenigen des gesamten Untersuchungsfeldes eingeschätzt. Folgende Variablen waren für die Beurteilung maßgeblich:

1. Rationalisierung des Alltags insgesamt (Planung, reflexive Organisation außerbetrieblicher Handlungen)
2. Privatheit als Arbeitsbereich (erwerbsarbeitsbezogene Praktiken in der Freizeit oder in der Privatwohnung)
3. Rationalisierung bei Finanzplanung und/oder Einkaufsgewohnheiten
4. Flexibilität der Lebensführung (Mobilität)
5. Bindungslosigkeit (relativ gering ausgeprägte zeitliche Investition in familiale, freundschaftliche oder intime Beziehungen)

6. Rationalisierung bei Erledigung der Haushaltsarbeit (effizienzorientierte, zeit- und kostensparende Erledigung der Haushaltsarbeit)
7. Delegation von Haushaltsarbeit (oder der Wunsch nach Delegation)
8. Belastung durch Rationalisierungsanforderungen (Ressourcenknappheit auf Grund von ökonomisierungsbedingten Zwängen) [43]

Diese Variablen spiegeln Antwortmuster auf Fragen aus den Fragebogenteilen zu den Themen „Alltag" und „Lebensführung" sowie „Haushaltsarbeit" und „Haushaltsdienstleistungen" wider. Sie bilden die Variablengruppe der „ökonomisch geprägten Handlungsmuster"[44]. Hiermit wird zunächst lediglich versucht, die von Haushalten selbst beschriebenen typischen *Handlungsmuster* deskriptiv zu kategorisieren (im Gegensatz zur Interpretation von Deutungen und Handlungsorientierungen). Im Einzelnen wurden die Haushalte hierfür unter anderem nach dem üblichen Tagesablauf gefragt, nach dem Grad der Organisation und Planung alltäglicher Abläufe, nach Routinen, nach der Art der Einkaufs- und Budgetplanung, nach Stressfaktoren und nach der Rolle, die die Erwerbsarbeit im privaten Alltag, im Haushalt und in der Freizeit spielt (vgl. den Fragebogen im Anhang)[45].

Ergiebige Ökonomisierungs-Indikatoren könnten, wie im ersten Kapitel ausgeführt, zunächst in einer tendenziell leistungsorientierten, reflexiven Alltagsorganisation, in einem hohen Maß an Planung und ggf. Delegation (bzw. hoch ausgeprägtem Wunsch nach Delegation) von haushaltsbezogenen Tätigkeiten oder in einem effizienzorientierten Umgang mit Zeit und sozialen Beziehungen vermutet werden. Solche Indikatoren sollten über die Suche nach entsprechenden Organisationsprinzipien im außerbetrieblichen Alltag operationalisierbar gemacht werden. Eine erste Bestimmung des relativen Grades an Entemotionalisierung/Rationalisierung bzw. Ökonomisierung der Tätigkeiten im privaten Rahmen der Lebensführung erfolgt daher auf Grundlage der oben genannten Variablen. Ihre quantiative Verteilung im Untersuchungsfeld verdeutlicht die folgende Tabelle.

---

[43] Erläuterungen zu Details der Variablenbildung (gestellte Fragen und Ankerbeispiele für extreme Antworten) folgen im weiteren Verlauf der Analyse.
[44] Die letzte, achte dieser Variablen fällt hierbei ein wenig aus dem Rahmen, da sie das Belastungsempfinden und keine Handlungen thematisiert.
[45] Dem Thema „Haushaltsarbeit" wurde bei der Erhebung in einem Extra-Fragebogenteil nachgegangen. Die Delegation von Haushaltsarbeit stellt das zentrale Thema der Projekt-Befragung dar. Diesen Fragen bzw. den darauf gegebenen Antworten wird noch einmal vertiefende Aufmerksamkeit zu widmen sein (Kapitel 4.4), da ihnen theoretisch im Hinblick auf Privatheit und Ökonomisierung möglicherweise besondere Bedeutung zukommt.

4.1 Elemente ökonomisch geprägter Lebensführung

Tabelle 4: Variablengruppe „Ökonomisch geprägte Handlungsmuster". Verteilung der Merkmalsausprägungen für alle Haushalte insgesamt

Verteilung der Variablenwerte für ökonomisch geprägte Handlungsmuster auf alle Haushalte insgesamt				
Variable	Ohne Wert	Geringe Ausprägung	Mittlere Ausprägung	Hohe Ausprägung
Rationalisierung des Alltags	4	28	9	14
Erwerbsarbeit im Privaten	18	21	9	7
Kalkulation bei Budget und Konsum	11	31	7	6
Rationalisierung bei Erledigung der Haushaltsarbeit	10	21	10	14
Flexibilität/Mobilität	3	27	14	11
Bindungslosigkeit	5	33	13	4
Abgabe (Wunsch) von Haushaltsarbeit	8	19	10	18
Belastung durch Rationalisierungsanforderungen	11	19	12	13
Durchschnittswerte für ökonomisch geprägte Handlungsmuster	9	24	11	11

Wie aus dieser Tabelle ersichtlich wird, weisen durchschnittlich etwa elf oder ein Fünftel der befragten Haushalte extreme Werte im Bereich der ökonomisch geprägten Handlungsmuster auf. Haushalte mit extremen Werten in dieser Variablen-Gruppe sind für den Fortgang der Analyse von besonderem Interesse, da zu fragen sein wird, ob und wie sich die geschilderten Praktiken auch in den Handlungsorientierungen bzw. Deutungen oder in den Konzeptionen von Privatheit reflektieren.

Diese Ausprägungen sind, wie erwähnt nur in Relation zu den Vergleichsaushalten als „extrem" bewertet worden. Bei etwa der Hälfte der Haushalte finden sich dagegen alltägliche Handlungsmuster, die – relativ betrachtet – nicht (extrem) oder nur gering ökonomisch geprägt sind.

Extreme Antwortmuster

Um das Zustandekommen dieser Einstufungen der Interviewaussagen nachvollziehbar zu machen, werden im Folgenden typische und extrem ausgeprägte Antwortmuster zu den einzelnen Variablen beschrieben.

A) Rationalisierung des Alltags insgesamt und Erwerbsarbeit im Privaten

Die ersten Fragen der Erhebung richteten sich auf typische tägliche Aktivitäten und Handlungsroutinen außerhalb der Erwerbsarbeitszeit. Neben Angaben zu privaten Kontakten, zu sozialen Verpflichtungen und Freizeitverhalten wurden die Interviewpartner darum gebeten, Aussagen zur Bedeutung von Ordnung im Alltag, dem Verhältnis von Arbeit und Freizeit sowie dem haushaltsbezogenen Aufwand an Planung und Organisation zu machen. Ziel dieser Fragen war es, verschiedene Formen der Alltagsgestaltung identifizieren zu können und den jeweiligen Grad an Zeitknappheit und Belastung einzuschätzen. Eine Bestimmung des Rationalisierungsgrades des Alltags insgesamt konnte vor allem anhand der Antworten auf die Fragen nach dem Organisationsgrad im Alltag, nach Stressfaktoren sowie nach Planungsbemühungen und der Rolle der Erwerbsarbeit im Privaten erfolgen. Nennungen von Erwerbsarbeitstätigkeiten in der Privatwohnung oder unmittelbar berufsbezogene Handlungen in der Freizeit (Fortbildungen o. ä.) wurden dem Code „Erwerbsarbeit im Privaten" zugerechnet.

Für 14 der insgesamt 55 befragten Haushalte wurde eine hohe Ausprägung der Rationalisierung im Alltag festgestellt. Die meisten dieser Haushalte (acht) sind Familien mit Kindern, auch vier Haushalte mit Alleinerziehenden fallen unter diese Gruppe. „Ordnung" bzw. regelmäßige Handlungsabläufe werden von Interviewpartnern aus diesen Haushalten explizit als wichtiges außerberufliches Alltagselement bezeichnet. Außerdem machen die gegebenen Antworten aus dieser Gruppe deutlich, dass erwerbsarbeitsbezogene Verpflichtungen bzw. Anforderungen den außerbetrieblichen Alltag mit dominieren, am häufigsten artiku-

4.1 Elemente ökonomisch geprägter Lebensführung

liert in Form von zeitlichen Engpässen. Typische Aussagen hierzu lassen den relativ hohen organisatorischen Aufwand erkennen, den die Alltagsbewältigung, hieraus resultierend, mit sich bringt. Zielsetzungen, Ressourcenverwendungen oder Absprachen sind hier zwar nicht immer direkt „ökonomisch" bzw. marktoder erwerbsbezogen (denn auch Regenerations- oder Familienzeit will organisiert werden) konnotiert. Sie verweisen „in letzter Instanz" aber so gut wie immer auf den wirtschaftlichen Kontext des Privaten, insofern die genannten Effizienz-Zwänge aus der Berufstätigkeit resultieren.

In Abgrenzung zum Thema „Hausarbeit", dem der nächste Fragebogenteil gewidmet war, umfassen die Angaben zur Alltagsorganisation den gesamten Tagesablauf, also auch die Organisation/Koordination von Freizeitaktivitäten, Betreuung und Erwerbsarbeit. Als „extrem" ausgeprägte Rationalisierungsbemühungen wurden solche Ordnungspraktiken eingestuft, die sich bewusst eine Struktur im Alltag setzen und die dabei „rational" vorgehen, da sie den Nutzen abwägen und die auch die Freizeit in diese Kalkulation mit einbeziehen.

So beschreibt ein selbständiges Ehepaar, das sich über einen Mangel an Erholung beklagt, dass die Kinder über Weihnachten bei den Eltern abgegeben werden, um die gewonnene Zeit für Arbeit zu nutzen:

> Sie: Am zweiten Weihnachtstag sind wir bei den Eltern, da bleiben die Kinder da, dann haben wir noch mal einen Tag frei, dann können wir arbeiten, also es [das Alltagsleben, JB] ist verhältnismäßig stark geplant (11: 72:72)[46].

Das Motto dieser Interviewpartner lautet „Nach der Arbeit ist vor der Arbeit" (11, 36: 36) und neben der Klage über einen Mangel an Erholung in der Freizeit (11, 108: 108) finden sich auch Aussagen die bedauern, dass das Bestreben nach Strukturierung durch die Bedürfnisse der eigenen beiden Kinder eingeschränkt wird:

> Er: Aber das Regulieren ist nicht das Selbstständige, sondern stärker auch die Kinder. Also das ist der limitierende Faktor sozusagen der Alltagsorganisation. Wäre das nicht, könnten wir unser Leben ziemlich gut einteilen, also auch mit den Kunden über E-Mail kann man ja kommunizieren und auch kommunizieren zu Zeiten, abends (11, 94: 94).

> Sie: Also ich würde zum Beispiel gerne morgens ohne Frühstückt direkt an den Schreibtisch gehen ohne mich fertig zu machen, zack anfangen zu arbeiten, und dann würde ich gerne irgendwann um 10 Frühstücken, so Pause haben, das geht ir-

---

[46] Bei den Klammern hinter den Zitaten handelt es sich um folgende Angaben: Interviewnummer, Absatznummer (Beginn des Zitates): (Absatznummer Ende des Zitates). Fragen des Interviewers sind kursiv gesetzt. Die soziodemografischen Angaben zu den Interviews sind im Anhang zu finden.

gendwie nicht, ne. (…) Das ist einfach der hohe Arbeitsanfall so, ne. Also manchmal wünsche ich mir schon, (…) dass irgendwann die Arbeit dann zu Ende ist oder so, aber so richtig funktioniert das einfach nicht, dafür ist es einfach irgendwie zu viel und man kriegt das nur organisiert, wenn man flexibel ist, habe ich das Gefühl (11, 63:64).

Diesem Ehepaar selbst erscheint ihr Alltag insgesamt nicht ausreichend genug organisiert bzw. strukturiert, obwohl der (relativ gesehen) beträchtliche Aufwand an Planung und Organisation evident ist. Denn neben der Kinderbetreuung, den Kundenterminen im eigenen Haushalt und den Einsätzen der Haushaltshilfen müssen auch die spärlichen Freizeitaktivitäten geplant und koordiniert werden.

Sie: Also ich glaube, das ist so: Es gibt Rahmenbedingungen, die wichtig sind, die wir langfristig planen, auch zum Teil vier bis sechs Wochen im Vorhinein, und dazwischen gibt es ganz viele flexiblen Sachen, wo das von der Hand in den Mund so zutrifft. Also ich glaube so ist das. Es gibt so ein paar Pflöcke, die man einschlägt, und dazwischen ist ganz viel, muss ganz viel Spielraum sein (11, 72:74).

Eine solche Einstellung mag aus der Spezifik der Selbständigkeit sowie aus der in diesem Haushalt bestehenden Vermischung von privaten und erwerbsmäßig genutzten Räumen resultieren. Dagegen betont eine andere Interviewpartnerin, alleinerziehende Mutter zweier Kinder, dass sie „einfach alles" planen muss, um im Alltag zurecht zu kommen.

Wie wichtig ist es Ihnen, einen geordneten Alltag zu haben?
Sehr wichtig. Sonst schaffe ich es nicht. Alles ist geplant. Ich muss genau wissen, was ich wann wie mache.
Also planen Sie viel im Voraus?
Ja, klar.
Und was muss da so geplant werden?
Ja, morgens aufstehen ist erst einmal klar. Das muss immer gleich sein, sonst verpassen wir (bricht ab). Ich muss spätestens um 9:00 Uhr bei der Arbeit sein. Da muss alles laufen. Und sonst - was plane ich? Ich überlege immer, wann ich koche. Ich koche nicht jeden Tag, vielleicht zweimal pro Woche. Es ist auch wichtig, weil ich einkaufe. Zum Beispiel hat mein Sohn mittwochs und donnerstags schwimmen und noch eine Aktivität. Dann bleibt wenig Zeit. (Deshalb) muss ich immer im Voraus schauen, wann was fehlt, wann ich einkaufen gehe (25, 32:37).

Freizeit ist für diese Interviewpartnerin eigentlich keine Freizeit, weil das Wochenende mit Fortbildungen, Haushaltsarbeit oder der Planung des Haushaltsbudgets („Rechnungen bezahlen") verbracht werden muss (25, 74:79). Weitere Zitate, die aus Haushalten mit Kindern stammen, bringen ebenfalls extreme

4.1 Elemente ökonomisch geprägter Lebensführung 115

Ausprägungen von Planungsbestrebungen und Opferungen der Freizeit zum Ausdruck:

> Na, ich muss das sehr organisiert haben, also ich habe so jeden Tag so meine Aufgaben, und dann muss das auch nach der Reihe gehen. Es ist immer ein bisschen Puffer drin, dass es auch mal an einem anderen Tag geht, aber eigentlich muss es sehr organisiert sein. *Warum?* Weil ich nach dem ersten Kind ins totale Chaos gestrudelt bin, ging gar nichts mehr, und dann habe ich mir das irgendwann in Portionen eingeteilt, so dass ich meinen Alltag organisiert habe. (17, 28:31)

> Es ist schon, man muss sich einen Zeitplan machen, das wirklich, naja, man muss im Kopf haben, was muss ich heute alles machen. Und wir haben draußen einen Kalender hängen, wo so was eingeschrieben wird, was so für Wochentermine sind, ja, ist nicht anders machbar (33, 40:42).

> An meinen freien Tagen fühle ich mich verpflichtet aufzuräumen oder Dinge zu erledigen, die ich sonst gar nicht schaffe (49, 88:88).

Wie diese Äußerungen verdeutlichen, sind die Wochentage in dieser Gruppe von dem Bemühen geprägt, festgelegten Abläufen zu folgen und eine möglichst gleichförmige Tagesstruktur aufrecht zu erhalten. Man betont die Notwendigkeit rationaler, effizienter Zeitplanung, um nicht in ein „Chaos" zu geraten, um Termine einhalten zu können oder um die Freizeit der Kinder gestalten zu können.

> Ich finde es wichtig, dass es total geregelt ist. Ich habe zum Beispiel feste Waschtage, damit ich einfach koordinieren kann, dass das in den Tagesablauf hinein passt. Es ist ja nicht mit Waschen getan: Das muss aufgehängt werden, das muss gebügelt werden und es muss in die Schränke einsortiert werden. Das ist zum Beispiel hier ganz straff organisiert. Und mit der Putzerei eigentlich auch. Da habe ich meine festen Tage, sonst herrscht Chaos (16, 43:44).

> Also für mich ist es [Ordnung] sehr wichtig. Wenn ich keinen geordneten Alltag habe, dann gerate ich aus den Fugen. Ich brauche eine ziemlich klare Strukturierung; das heißt, ich habe von der Arbeit her ein bisschen Unruhe drin, weil man mehrere Dienstzeiten hat: Früh-, Mittel- und Spätdienst. Das reicht schon. Das ist sozusagen genug Unruhe. Aber trotzdem hat das auch eine Struktur. Man fängt halt an dem Tag etwas später an, kommt später nach Hause und muss sich dann alles auch später einrichten. Aber eine Struktur muss irgendwo ganz klar da sein. Das ist für mich sehr wichtig, damit ich die Freizeitgestaltung meines Kindes da auch ein bisschen einplanen kann. Und ich muss wissen, dass ich noch ein paar Minuten frei habe, dass es irgendwann am Tag aufhört (35, 36:37).

Der Tagesablauf in den Haushalten mit positiver Bezugnahme auf „Ordnung" wird also in der Regel aktiv planerisch strukturiert und lässt weitgehend übereinstimmende Muster erkennen. Neben den beruflich bedingten Aktivitäten sind es auch Freizeitaktivitäten, das Einkaufen, das Sauberhalten der Wohnung, die täglichen Versorgungs-, Betreuungsleistungen, die eine vorausschauende Koordination bzw. eine Abstimmung der zeitlichen Ressourcen der einzelnen Haushaltsmitglieder erfordern. Die Zeitnot in der Gruppe mit Extremwerten ist chronisch und im Vergleich zu anderen Haushalten höher ausgeprägt. Vor allem in Familienhaushalten mit Erwerbstätigkeit beider Eltern macht sich die Notwendigkeit zur permanenten Anpassung an die Erwerbsarbeit als Zwang zur Planung und als Belastung bemerkbar. Zwei berufstätige Mütter berichten:

> Der meiste Stress ist eigentlich schon, das unter einen Hut bringen: Kind und Haushalt oder Freizeit, dass also auch für uns was übrig bleibt, das verursacht den meisten Stress (29, 90:91).

> Man hat viele Pläne, aber der Tag hat ja leider nur 24 Stunden und nicht 48, man könnte ihn nach hinten und vorne schieben, es würde trotzdem nicht reichen. Und dann ist der Montag wieder dran und es geht wieder von vorne los, also das nervt, wenn so ein kurzes Wochenende ist (46, 48:48).

Einkaufen findet hier notgedrungen meistens am Wochenende statt und gemeinsame Mahlzeiten, das vermutlich häufigste innerfamiliäre gemeinschaftsstiftende Moment, bilden in vielen Fällen eine Ausnahme. Jedoch nicht nur Familienhaushalte weisen Handlungsmuster auf, die tendenziell „extrem" rational anmuten. Ein weiteres kurzes Beispiel soll verdeutlichen, dass ausgeprägte Rationalisierungsbemühungen in der Alltagsgestaltung auch in Single-Haushalten vorfindbar sind. Eine junge Bankangestellte, die neben ihrem Vollzeit-Beruf noch ein Fernstudium absolviert und eine Wochenend-Fernbeziehung führt verdeutlicht, dass sie sehr strukturiert im Alltag vorgeht, um möglichst viel Zeit zu sparen:

> Ein geordneter Alltag ist sehr wichtig. (...) ich plane viel im Voraus, die Wochenenden und die Freizeitgestaltung. (Es) ist mir wichtig, dass ich regelmäßig in`s Fitnessstudio gehe, also muss ich auch meine Woche vorher planen, was ich machen möchte, ob ich mich dann mit Freunden treffen, wie ich meine Freizeit, und die Wochenenden hauptsächlich dann.
> *Gibt es etwas, was Ihnen jeden Tag besonders auf die Nerven geht?*
> Naja, Hausarbeiten macht keiner gerne. Grundsätzlich die Hausarbeit.
> *Was verursacht den meisten Stress?*
> Die Organisation des Alltags verursacht den meisten Stress. (...) Das muss schon alles gut durchstrukturiert sein, dass ich alles unter der Woche alles erledige (6,23:31).

4.1 Elemente ökonomisch geprägter Lebensführung

Von einer relativ extrem ausgeprägten Rationalisierung kann hier insofern gesprochen werden, als in den meisten Vergleichshaushalten vergleichsweise wenig oder kaum Organisations- bzw. Planungsaufwand im Alltag betrieben wird (oder werden muss). Man folgt in ca. 60% aller insgesamt befragten Haushalte überwiegend entweder eingelebten Routinen oder entscheidet die Gestaltung des Alltags eher spontan. Die private Freizeit erscheint hier zudem vorwiegend noch als eigenständiger Sinnbereich und nicht als Residualkategorie, die von Erwerbszwängen (oder Karrierebestrebungen) dominiert wird. Single- und Paarhaushalte ohne Kinder bilden gegenüber Familien und Alleinerziehenden in dieser Gruppe einen höheren Anteil.

Es folgen zur Illustration kurze Ankerbeispiele für mittlere oder niedrig codierte Ausprägungen der Alltags-Rationalisierung. So betont bspw. eine alleinerziehende Frau, deren Alltag überwiegend aus Routinen besteht und die außer ihrem Einkauf und privaten Verabredungen nichts plant, dass sie bewusst zwischen Freizeit und erwerbsarbeitsbezogener Zeit unterscheidet:

> Also, dass ich montags schon weiß, was ich jeden Tag mache, kann ich jetzt auch nicht unbedingt sagen. Also, es gibt bestimmte Sachen, die sind festgelegt. (...) Sonst ist es so, dass ich in letzter Zeit schon versuche, das wirklich einfach als meinen Freizeitbereich zu nehmen. Also ein bisschen zu sagen "OK, jetzt ist Freizeit, und das andere ist Job"(16, 34.34; 74:74).

Zur weiteren Verdeutlichung dieser Einstufung mögen Aussagen aus einem Single- und einem Paar-Haushalt genügen, in dem auf Planung oder Struktur in der erwerbsarbeitsfreien Zeit kaum Wert gelegt wird:

> *Also planen Sie viel im Voraus?*
> Das hat sich im Laufe der Zeit einfach so eingespielt. Ist Routine. Ist für mich so wichtig, weil ich dann meine ganzen anderen Aktivitäten aus dem Ärmel entscheiden kann. Deswegen bin ich auch alleine, weil hier einfach sagen kann, okay, ich mache jetzt das, ich gehe jetzt links, drei Meter, wieder rechts und dann wieder geradeaus. Ohne dass ich mich rechtfertigen muss, ich kann einfach das tun, was ich möchte, ist für mich äußerst wichtig (25, 31:32).

> *Wie wichtig ist es Ihnen, einen geordneten Alltag zu haben?*
> Sie: Ich hätte gerne einen geordneten Alltag, aber ich habe keinen, es geht eher turbulent zu und mir wäre es allerdings lieber, es gäbe so eine Kontinuität, irgendwas.
> Er: Ich habe einen sehr geordneten Alltag, weil ich halt täglich arbeiten muss, und finde das deswegen auch besonders wichtig, weil es einfach so ist, ich muss morgens zwischen sechs und sieben aus dem Haus und komme abends zwischen fünf und sechs wieder, und das jeden Tag und diktiert ja einfach schon alles andere. Des-

wegen habe ich da keine Einfluss drauf, die Frage der Wichtigkeit stellt sich dann nicht so wirklich (19, 27:39).

Fazit: Das Untersuchungsfeld vermittelt insgesamt den Eindruck, dass von einer „betriebsförmigen", ökonomisch bedingten rationalen Lebensführung nur in verhältnismäßig wenigen Privathaushalten die Rede sein kann. Ein hohes Maß an Rationalisierung der Alltagsorganisation sowie erwerbsarbeitsbezogenen Tätigkeiten im Haushalt wurde in 14 bzw. sieben von 55 Fällen festgestellt. Es handelt sich hierbei überwiegend um Mehrpersonenhaushalte mit Kindern, in denen beide Eltern arbeiten oder um Haushalte von Alleinerziehenden, in denen dann allerdings die rationale Organisation des Alltags häufig dazu dient, sich und der Familie bzw. den Kindern gegenüber dem ökonomischen Sachzwang regenerative Freiräume zu schaffen. In der Mehrzahl der befragten Haushalte gelingt dies auch ohne den permanenten Einsatz von Planung, Organisation und effizienzorientiertem Ressourceneinsatz. Hierzu passt, dass sich mehr als die Hälft der befragten Haushalte zufrieden zeigt mit der Erwerbssituation (32 von 55 Haushalten arbeiten gerne in der aktuellen Form und finden ihre Erwerbs-Arbeitszeiten in Ordnung), wohingegen in nur 13 Haushalten explizit Belastungen durch zu lange Arbeitszeiten geäußert werden. Dies kann als Hinweis dafür interpretiert werden, dass es überwiegend gelingt, das Verhältnis zwischen marktbezogenen und haushaltsbezogenen Aktivitäten zufriedenstellend zu gestalten.

B) Kalkulation bei Budget und Konsum sowie Rationalisierung bei Erledigung der Haushaltsarbeit

Die Angaben der Haushalte zu Konsumverhalten und Budget-Planung wurden in den Interviews anhand von vier Einzelfragen angesprochen. Gefragt wurde nach Praktiken, um im Haushalt Geld zu sparen (bspw. durch Eigenarbeit), nach Präferenzen im Einkaufsverhalten, nach Zuständigkeiten und Absprachen für den Einkauf sowie nach der Budgetierung des Einkommens. Ein weiterer bedeutsamer Aspekt der Haushaltsökonomie, die Art der Erledigung der Haushaltsarbeit, wurde in zwei Einzelfragen thematisiert: „Wie gehen Sie an die Hausarbeit heran?" und „Auf was kommt es Ihnen bei der Erledigung der Haushaltsarbeit besonders an?" Die Analyse der gegeben Antworten zielte, analog zur Auswertung der Angaben zur Alltagsorganisation, auf eine vergleichende Rekonstruktion des Rationalisierungsgrades bei der Erledigung dieser Tätigkeiten. Diese Ausprägung der Rationalisierung konnte durch den relativen Grad an effizienzorientierter, zeit- und kostensparender Herangehensweise eingeschätzt werden.

Der vergleichende Überblick über alle Haushalte in diesen Punkten (vgl. Tabelle 7) zeigt, dass extrem rationale Ausprägungen bezüglich Konsum und

4.1 Elemente ökonomisch geprägter Lebensführung 119

Budgetierung in sechs Fällen ausgemacht wurde und in Bezug auf die Erledigung der Haushaltsarbeit in 14 Fällen. Wie auch im Hinblick auf die Alltagsorganisation, zeigt die Mehrheit von etwa zwei Drittel der befragten Haushalte – relativ gesehen – ein eher gering ausgeprägtes Bemühen um Effizienz und kostenbewusste Kalkulation. Gerade beim Konsumverhalten und bei der Finanzplanung scheint sich tendenziell also die bereits von Max Weber herausgestellte Bedürfnisorientierung der Haushaltsökonomie zu bestätigen. Selbst wenn man in Rechnung stellt, dass die Einkommenssituation im untersuchten Feld insgesamt überdurchschnittlich gut ausfällt, was die Notwendigkeit „rechenhaften" Verhaltens relativiert, legen auch einkommensschwächere Haushalte hinsichtlich Budgetierung, Planung oder Kostenbewusstsein oft ein eher „unökonomisches" Verhalten an den Tag. So schildert eine Alleinerziehende Mutter zweier Kinder, deren Budget knapp über dem Sozialhilfesatz liegt:

> Ich bin absolut untrendy. Ich habe auch kein Haushaltsplan also ich kauf ein, was mir gerade so einfällt und plane zum Beispiel jetzt, es gibt ja auch Familien, die können das echt gut strukturieren, montags gibt's Spaghetti, mittwochs das, nein. Ich gehe in den Plus und dann denke ich „oh, was muss ich heute Kochen?" (...)
> *Hast Du ein festes Budget für die Alltagseinkäufe?*
> Theoretisch ja, praktisch keine Ahnung. (...) Ja, im Grunde ja, aber es passt nicht vorne und nicht hinten mehr. Also aber ich, puh, rechne das nicht auf, ich weiß, wenn ich pleite bin, dann bin ich pleite" (10, 93:93; 136:139).

In einem Doppelverdiener-Familienhaushalt mit hohem Einkommen sowie bei einer Alleinerziehenden mit mittlerem Einkommen wird ebenfalls kaum Preisbewusstsein beim alltäglichen Konsum an den Tag gelegt:

> *Haben Sie ein festes Budget für Alltagseinkäufe?*
> Nee, wir haben kein festes Budget, sondern wir kaufen so wie wir das brauchen. Und äh es wird schon teilweise drüber geredet, teilweise, aber wir sind nicht immer so einer Meinung was den Einkauf betrifft (49, 156:156).
>
> *Haben Sie ein festes Budget für die Alltagseinkäufe? Und gibt es einen Einkaufszettel?*
> Nicht mehr. Also da ich jetzt einfach genug Geld habe. Also ich hatte einmal eine Zeit, da habe ich auch richtig Buch geführt. - Äh so, dann auch gekuckt, was gebe ich aus für Essen und so Sachen? Oder für's Weggehen oder was man halt für Kosten hat - aber das mache ich eigentlich jetzt nicht. Und Einkaufszettel gibt's manchmal. Also auch nicht immer. Also meistens habe ich das im Kopf (53, 150:151).

Diesen Beispielen für niedrige Ausprägungen der Variable „Kalkulation bei Budget und Konsum" stehen extreme Ausprägungen gegenüber die verdeutlichen, dass finanzielle Budget-Kalkulation durchaus existenzielle Rationalisierungsmaßnahmen darstellen können. Zwei Alleinerziehende berichten:

Haben Sie ein festes Budget für ihre Alltagseinkäufe? Oder läuft das so nebenher?
Ich habe schon ein Budget, es ist aber eher so, dass ich das nicht so pro Woche sehe, sondern ich gucke schon: was steht an im Monat? also ich habe (es) schon, dass ich es für jeden Monat kalkuliere, dass ich weiß: der Januar ist durch Versicherungen, die anstehen, ein Monat, wo man möglichst gucken muss, dass man nicht so viel nebenbei ausgibt. Ich rechne eher pauschal: was haben wir im Monat noch, was uns zur Verfügung steht. Es passt nicht jeden Monat. Es geht manchmal drüber. Manchmal haut es hin. Aber trotzdem ist es so: manche Sachen müssen einfach dann gekauft werden; dann kaufe sie auch. Ich bin da aber auch sehr (bricht ab). Die Frau von der Sparkasse: wenn ich sage „ich würde gerne einmal bei Null sein", dann sagt sie „Ja, aber sie kommen ja gut klar". Die leben schon ein bisschen von meinen Zinsen. Ich habe mein Konto seit Jahren überzogen, aber ich achte schon darauf, dass ich einen bestimmten Punkt nicht überschreite (14, 140:141).

Machen Sie sich einen Einkaufszettel?
Wir haben hier oben einen Zettel liegen und schreiben eigentlich da die ganze Woche auf. In der Woche gehen wir gar nicht einkaufen, und damit wir es nicht vergessen, schreiben wir es auf. Wem etwas auffällt, der schreibt es auf einen Zettel. Und das funktioniert gut.
Gibt es ein festes Budget für Ihre Alltagseinkäufe?
(Zustimmend) Hm. Also ich lege für jede Woche, für jeden Wochenendeinkauf, circa 40 bis 50 € (bereit). Das ist eine feste Größe für mich. Die muss ich einplanen. Die plane ich ein, um das abzudecken (35, 144: 148).

Wie bereits erwähnt, bilden solche Praktiken des Sparens, der Umsicht bei der Ressourcenplanung oder der Kalkulation beim Konsum eher die Ausnahme unter den befragten Haushalten. Zu fragen wird daher sein, welche weiteren Merkmale oder Einstellungen gerade diese Haushalte an den Tag legen.

Die Antworten auf die Frage nach der Wahl des bevorzugten Einkaufsortes und die Schilderungen von Praktiken bei der internen Absprache von Konsumentscheidungen boten kaum ausreichende Rückschlüsse, um das Verhaltern nach (ökonomisch motivierten) Rationalisierungsbestrebungen zu differenzieren. Denn so gut wie alle Befragten bevorzugten aus Gründen der Zeitersparnis und auf Grund der Fülle des Angebots den Gang zum Supermarkt gegenüber einem Besuch in kleineren Geschäften. Absprachen oder Aushandlungen über Konsumentscheidungen erfolgen in Mehrpersonenhaushalten überwiegend (in 22 von insgesamt 33 Paar- oder Familienhaushalten) egalitär und ohne weitere Spezialisierung oder Arbeitsteilung. In den meisten Familienhaushalten gibt es allerdings feste „Einkaufstage" und gemeinschaftlich produzierte und genutzte Einkaufslis-

4.1 Elemente ökonomisch geprägter Lebensführung

ten, was einerseits auf Zeitmängel hindeutet und andererseits als pragmatische Form der Haushaltsplanung ausgelegt werden könnte.

Als ein weiterer möglicher Ökonomisierungsindikator wurde der Grad an Rationalisierung der Haushaltsarbeit bestimmt. Ausgehend von der theoretisch abgeleiteten These, dass die im privaten Rahmen geleistete Arbeit, also Haushaltsarbeit, gegenüber ökonomisch geprägten Sozialbeziehungen von spezifischen Eigenheiten geprägt ist, die eigentlich tendenziell einer rationalen, effizienten Herangehensweise widersprechen (Eigenschaften wie bspw. Personengebundenheit, Interaktionscharakter etc.; vgl. Kapitel 2.3), wurden die in den Interviews gegebenen Antworten auf solche Rationalisierungstendenzen hin untersucht.

Mit den Interviewfragen nach Praktiken und Einstellungen im Hinblick auf Haushaltsarbeit konnten zunächst Erkenntnisse darüber gewonnen werden, welche Elemente der gemeinsamen Lebensführung als Haushaltsarbeit definiert und in welcher Form sie erledigt werden. Unter Haushaltsarbeit fallen für die Befragten hauptsächlich Tätigkeiten wie Putzen, Staubsaugen, Wischen, Wäschewaschen, Bügeln, Abwaschen und Einkaufen. Kochen wird ebenfalls so gut wie immer als Bestandteil der Haushaltsarbeit genannt, allerdings häufig erst auf Nachfrage. Kochen hat außerdem gegenüber den anderen Haushaltstätigkeiten in der Regel einen weniger belastenden Charakter. Eine typische Hierarchisierung von Hausarbeitstätigkeiten lautet:

> Wichtig ist mir ein regelmäßiges Putzen beispielsweise, oder auch regelmäßig Wäsche waschen. Wirklich gerne mache ich davon vielleicht Kochen, wenn ich ein bisschen Zeit habe zum Kochen, dass ich mal ein bisschen aufwändiger das Essen koche, das schon noch (17, 80:80).

Das *Planen und Organisieren des Alltags* wird in knapp der Hälfte der Haushalte nicht zur Haushaltsarbeit gezählt. Man organisiert entweder unreflektiert „nebenbei" (30), es macht manchmal sogar auch Spaß, oder es ist einfach weniger lästig als das „ordinäre" Putzen:

> *Was ist mit Planen und Organisieren, gehört das auch zur Hausarbeit oder eher nicht?*
> Sie: Das ist was anderes. Das macht ja Spaß.
> Er: Nein das ist doch, also zum Beispiel planen, was gibt es jetzt an Weihnachten zu essen oder was passiert da, das gehört nicht dazu. Oder, das würden wir nicht unter Hausarbeit, macht man halt (11, 161:162).

Bei Herangehensweise und Erledigungsart an die Haushaltsarbeit ließen sich 14 Haushalte identifizieren, die sich in vergleichsweise hohem Maß um ein effektives, rationales und effizientes Abarbeiten der genannten Tätigkeiten bemühen. Hausarbeiten in diesen Haushalten werden zum großen Teil bereits morgens, vor dem Aufbruch zur Arbeit erledigt und man empfindet generell Stress durch den Aufwand an Haushaltsarbeit:

> *Sind solche Tätigkeiten [Haushaltsarbeit] Arbeit?*
> Ja. Weil wir sie eigentlich immer unter Stress machen, und weil wir sie einfach in unserer knappen Freizeit machen müssen (15, 72:73).

Wochentags scheitern hier oft die Versuche, Haushaltsarbeit „richtig" zu machen oder zu planen bzw. man schafft „nur das Notwendigste" (Interview Nr. 48) oder ist freitags „heilfroh, wenn die Woche rum ist" (Nr. 33). Typische Aussagen aus dieser Gruppe drücken aus, dass es schnell gehen muss, dass man sich nicht gerne damit aufhält. Man macht sich nicht viele Gedanken zum Thema Haushaltsarbeit, man möchte Zeit sparen und man arbeitet sie ab, „wie es sich ergibt". Es werden häufig mehrere Sachen zugleich oder zwischendurch erledigt. Man fühlt sich in vielen Fällen nicht sonderlich gestört, wenn auch mal etwas liegen bleibt und eine gewisse „Grundsauberkeit" reicht aus, um sich wohl zu fühlen.

> Ich gucke also schon, was notwendig ist. Ich mach wirklich nur das, was nötig ist. Und nicht weil Samstag ist, wird alles gemacht. Es wird nur das gemacht, was schmutzig ist und wirklich gemacht werden muss (31, 189:189).

Gründe für diese Art der Erledigung von Haushaltsarbeit liegen einerseits im Zeitmangel und andererseits in einer eher geringeren Wertschätzung von Haushaltsarbeit insgesamt. Vergleichsweise niedrige Sauberkeitsstandards und Zeitmangel gehen zudem oft miteinander einher, sodass die Arbeit auch mal „tagelang" aufgeschoben wird:

> *Auf was kommt es heute bei der Erledigung von Hausarbeit besonders an?*
> Dass es möglichst schnell vorbei ist. Also das Saubermachen, als ich es noch gemacht hab, ähm ist nicht planmäßig gewesen, es war insofern spontan, dass ich das auch nur gemacht habe, wenn ich Lust da drauf hatte, aber was heißt Lust, es war so eine erzwungene Lust, es musste einfach auch mal wieder gemacht werden und ich habe das zum Teil auch tagelang vor mir hergeschoben, (…) Also das geht immer so lange, bis ich mich tatsächlich genötigt fühle was zu machen, weil ich selber für mich als unangenehm sonst empfinde, ja (30, 146:149).

> Es muss recht schnell gehen. Ich habe keine Lust, das stundenlang hinzuziehen oder hier etwas anzufangen und dahinten etwas weiter zu machen. Das mache ich nicht (21,148:148).

4.1 Elemente ökonomisch geprägter Lebensführung

„Rationalisierung" bei der Haushaltsarbeit im Sinne einer schnellen und eher „sparsamen" Erledigung resultiert also nicht nur aus Zeitmangel oder einem „Ökonomisierungsdruck", sondern hat auch generell mit Präferenzen und Wertmustern zu tun, die sich – ebenso generationen- und lebensphasenspezifisch bedingt – auf Sauberkeitsstandards und allgemeine Privatheitsvorstellungen beziehen können. Diesem speziellen Zusammenhang soll weiter unten detaillierter nachgegangen werden.

Zunächst seien jedoch einige Beispiele aufgeführt für eher gering ausgeprägte Rationalisierungsbestrebungen bei der Haushaltsarbeit, wie sie in etwas mehr als der Hälfte aller untersuchten Fälle aufzufinden waren. Als eher niedrig eingestuft auf der Rationalitätsskala wurden bspw. Haushalte, in denen die Haushaltsarbeit regelmäßig und mit Routine, das heißt mit mehr Sorgsamkeit und Aufwand, erledigt wird (13 Haushalte). Zu diesen zählen überwiegend Singles, Paarhaushalte und Haushalte mit älteren Mitgliedern. Haushaltsarbeit gehört hier zu den selbstverständlichen Alltagstätigkeiten, man verrichtet sie ohne größere Planungen und empfindet oft Befriedigung dabei. Sie gilt überwiegend nicht als Arbeit und wird nicht in dem Ausmaß als Belastung empfunden wie bei den Haushalten der ersten Gruppe. Tätigkeiten wie zum Beispiel Bügeln, Abwaschen oder Staubwischen, werden durchaus auch gerne gemacht. Sie dienen dann der Entspannung, der körperlichen Betätigung oder haben „meditativen" Charakter. Haushaltsarbeit erfährt in dieser Gruppe die vergleichsweise höchste Wertschätzung, denn sie erfordert für die Befragten oft besondere Kenntnisse (d.h. sie bedarf eines spezifischen Vorwissens oder besonderer Fertigkeiten) und sie ist emotional positiv besetzt. Feste tägliche Termine oder Wochentage haben sich für die Erledigung bestimmter Tätigkeiten (Einkaufen, Wäsche, Bügeln) etabliert und sie gehören zum Alltagsrhythmus selbstverständlich dazu. Es wird mehr Wert auf Sauberkeit oder Gründlichkeit gelegt als in der ersten Gruppe.

Auf was kommt es Ihnen heute bei der Erledigung von Hausarbeit besonders an?
Also eher gründlich, dass es sauber ist oder – ja – Ordentlichkeit (3, 159:159).

Ich mache das [Haushaltsarbeit] in Ruhe, mich treibt keiner und es muss gründlich sein. Von daher lasse ich mir mitunter auch ein bisschen mehr Zeit, es steht ja keiner hinter mir (24, 92:92).

Sind diese Tätigkeiten Arbeit?
Nö, das ist für mich nicht Arbeit. Das mache ich gerne, das mache ich für mich, das ist ein Unterschied zur Arbeit, die mache ich für mich, die mache ich für jemand anders.
Sind da Sachen dabei, die Sie besonders gerne machen oder die besonders schwer fallen?

Nein, das gestatte ich mir gar nicht, dass mir da irgendwas besonders schwer fällt, ich mache das, was gemacht werden muss, und ist gut, und möglichst mit Lust (26, 86:90).

In einer weiteren Gruppe schließlich erschließt sich die subjektive Bedeutung der Haushaltsarbeit hauptsächlich über ihre Funktion für das gemeinschaftliche Zusammenleben. In diesen Haushalten – überwiegend mit Kindern – geht man weitgehend planmäßig und strukturiert an die Haushaltsarbeit heran, ohne dass man sich sonderlich um Effizienz oder rationelle, zeit- oder ressourcensparende Methoden bemüht (mittlere Einstufung). Ein hohes Maß an Strukturiertheit ist hier dennoch einerseits erforderlich, um die im Vergleich zu den ersten beiden Haushaltsgruppen häufig noch höher ausgeprägten Sauberkeitsstandards erfüllen zu können. Andererseits ist es in dieser Gruppe in der Regel meistens aus Zeitgründen notwendig, die Hausarbeit zu planen, weil ein regelmäßiger Tagesablauf zwar angestrebt wird, aber selten eingehalten werden kann. Erwerbsarbeitszeiten, Betreuung oder Transport der Kinder und andere Verpflichtungen erfordern einen relativ hohen Koordinationsaufwand sowie eine disziplinierte Herangehensweise. Haushaltsarbeit wird in diesem Kontext überwiegend als lästig empfunden, man verrichtet sie aber im Bewusstsein ihrer Notwendigkeit und daher gründlich. Ihr Arbeitscharakter steht überwiegend außer Frage, sie wird als ein notwendiges Übel betrachtet.

> Die grundsätzliche Hausarbeit machen wir regelmäßig und was nicht unbedingt notwendig ist, das machen wir dann, wenn es unbedingt sein muss. Sprich Fensterputzen finde ich nicht notwendig, wenn es nervt, dann machen wir es. Oder das Altglas häuft sich, ist aber in der Kammer, wird weg gemacht, wenn Zeit ist (…) Es muss sauber sein. Es darf nicht gesundheitsschädlich werden. Ich muss mich einfach wohl fühlen (15, 107:107).

> *Auf was kommt es bei der Erledigung von Hausarbeit besonders an?*
> Regelmäßig auf jeden Fall, eine Überschaubarkeit, dass nicht irgendwas total ausufert, dass ich das so im Blick habe, das ist ja diese Regelmäßigkeit, dass es sich wiederholt, dass die Räume ansprechend sind. Ich bin überhaupt nicht pingelig, aber es muss schon geordnet sein. Ich mache das regelmäßig. (…) Also dadurch, dass ich in Vollzeit tätig bin, muss ich eben halt immer gucken, wie die privaten Sachen da zusammen passen oder manchmal auch, dass ich meinen Sohn noch irgendwo hinfahre. Aber auch eben die ganzen Haushalts-Reinigungssachen, Putzen und so was, wann mach ich was, also das ist schon, ich finde das ist schon richtig Management (22, 37; 113).

Diese Einteilung der Erledigungsarten von Haushaltsarbeit im Hinblick auf Rationalisierung macht deutlich, dass in diesem Punkt weiter differenziert werden muss, um nicht vorschnell von einer relativ ausgeprägten „schnellen Abarbeitung" von Haushaltsarbeitstätigkeiten auf eine Rationalisierung oder Ökonomisierung des jeweiligen Haushaltes als Privatbereich insgesamt zu schließen. Erst unter Hinzuziehung bzw. Analyse des weiteren haushaltsspezifischen motivationalen und strukturellen Kontextes, ist eine Gesamtbeurteilung des Grades an Ökonomisierung sinnvoll.

C) Flexibilität/Mobilität und Bindungslosigkeit

Die in den Haushalten identifizierbaren Praktiken wurden auch im Hinblick auf die jeweilige Ausprägung der Variablen „Flexibilität/Mobilität" und „Bindungslosigkeit" interpretiert. Grundlage dieser Zuordnung sind Antworten, aus denen hervorgeht, wie weit der Planungshorizont in der jeweiligen Lebensführung reicht und inwieweit man sich bereit zeigt oder gezeigt hat, aus (ökonomischen) erwerbsbezogenen Gründen, die Pflege privater Beziehungen zu vernachlässigen. Mit der Variable „Bindungslosigkeit" sind Angaben zur zeitlichen Investition in familiale, intime oder freundschaftliche Beziehungen überhaupt bewertet. Maßgeblich hierfür sind Antworten auf die Fragen nach dem üblichen Tagesablauf und danach, mit wem man an einem normalen Tag Umgang pflegt bzw. wie man die Freizeit gestaltet. Graduierungen in Mobilität und Flexibilität ergeben sich aus Angaben zur Planung der näheren Zukunft und zur Zufriedenheit mit der Erwerbs- und Lebenssituation. Die Einschätzungen zu diesen Variablen sollen, wie im zweiten Kapitel ausgeführt, Rückschlüsse auf die Wertschätzung und den Spielraum erlauben, den private Beziehungsmuster gegenüber marktbezogenen, ökonomisch geprägten Verpflichtungen besitzen.

Im Überblick ergibt sich folgende Häufigkeitsverteilung für die Ausprägungen dieser beiden Variablen:

Tabelle 5: Verteilung der Variablenwerte für Flexibilität und Bindungslosigkeit auf alle Haushalte

Verteilung der Variablenwerte für ökonomisch geprägte Handlungsmuster auf alle Haushalte insgesamt				
Variable	*Ohne Wert*	*Geringe Ausprägung*	*Mittlere Ausprägung*	*Hohe Ausprägung*
Flexibilität/ Mobilität	3	27	14	11
Bindungslosigkeit	5	33	13	4

Wie aus dieser Tabelle ersichtlich wird, bilden extreme Werte auch hier nur einen relativ geringen Anteil am gesamten zugeordneten Interviewmaterial. Mit vier bzw. elf Fällen aller Haushalte, die ein relativ hohes Maß an Flexibilität oder sozialer Bindungslosigkeit an den Tag legen, finden sich aber insgesamt genügend Haushalte, für die zu fragen sein wird, ob sich diese Einschätzung auch in anderen ökonomisierungsrelevanten Praktiken oder Deutungen widerspiegelt.

Typische Antworten, die extremen Einstufungen zu Grunde liegen, lassen erkennen, dass marktförmiges, unternehmerisches Agieren lokal ungebunden zu sein hat. Eine hohe Ausprägung hinsichtlich Flexibilität und Mobilität weist bspw. eine Bankangestellte auf, die in ihrer Freizeit ein Fernstudium betreibt und am Wochenende in eine andere Stadt pendelt, um dort die Zeit mit ihrem Lebenspartner zu verbringen (Interview Nr. 6). Sie plant ihre Zukunft abhängig von beruflichen Angeboten und ist örtlich nicht festgelegt, was ihre Lebensplanung betrifft. Ähnlich gestaltet sich die Perspektive für einen Single, der berufsbedingt in das Ausland ziehen möchte oder für einen Familienvater, der aus beruflichen Gründen den Umzug der gesamten Familie in Erwägung zieht:

Und wie sieht es halt in Zukunft aus, also so in den nächste 1-2 Jahren?
Ja, äh weil ich werde jetzt zum, äh Ende Januar meine jetzige Arbeitstelle aufgeben und gehe dann für 2 Jahre ins Ausland als Entwicklungshelferin, für den deutschen Entwicklungsdienst (30, 80:81).

Das ist für uns noch ein schwierigeres Thema, ähm dass wir vielleicht umziehen oder teilweise umziehen werden, wir haben uns jetzt entschlossen aus, beruflichen Perspektiven hier zu bleiben und planen für B., aber weil ich in einer Berufungsverhandlung bin beziehungsweise in E. an der Fachhochschule wahrscheinlich einen Ruf kriege und das ist, zieht sich aber jetzt sehr sehr lange hin, müssen jetzt sozusagen entscheiden wie unser Leben weitergeht (11, 129:129).

Diese vergleichsweise hohen Ausprägungen von Mobilitätsbereitschaft bilden jedoch eine Ausnahme im gesamten Untersuchungsfeld. In den meisten Haushalten werden weder nennenswerte berufliche noch private Veränderungen angestrebt oder konkret in Aussicht gestellt. Es handelt sich, vor allem bei den Familienhaushalten meistens um relativ etablierte Sozialverhältnisse mit häufigen, regelmäßigen sozialen Außenkontakten, die auf relativ gut bezahlten Arbeitsplätzen beruhen. Ebenso wie im Hinblick auf die relative Dichte der persönlichen Bindungen und die Intensität der Pflege von privaten Kontakten zeigen sich die meisten Haushalte in nur geringem Ausmaß flexibel oder mobil bzw. relativ kontaktfreudig.

4.1 Elemente ökonomisch geprägter Lebensführung 127

Belege für die wenigen Fälle von relativer Kontaktarmut, die sich meist auf Grund der langen Erwerbsarbeitszeiten ergibt, präsentieren sich wie folgt. Es handelt sich um Haushalte von Alleinerziehenden und einen Paarhaushalt:

> *Mit wem haben Sie an einem normalen Tag zu tun, also Personen, die nicht zum Haushalt gehören, Freunde, Nachbarn, Bekannte, Familienmitglieder?*
> Ich habe schon ein paar Freundinnen, aber (die sehe ich) nicht regelmäßig in der Woche. Das nicht. In der Woche bleibt keine Zeit. Da bin ich nur fertig. Dann muss ich auch noch ab und zu putzen. In der Woche (treffe ich die) selten. Es gibt schon Abende, zu denen wir uns - sage ich jetzt - eine Woche vorher verabreden, oder dass sich die Kinder verabreden. Das geschieht schon, es aber nicht regelmäßig. Leider (25, 29:30).
>
> *Mit wem haben sie denn an einem normalen Tag, abgesehen von ihren Kindern im Haushalt und ihren Arbeitskollegen zu tun?*
> Was für Leute...? Na, mit niemand, eigentlich.
> *So Freunde, Nachbarn, Familie, also Verwandte oder so?*
> Nee, eigentlich - eigentlich ist gar keine Zeit. Wenn ich ganz ehrlich bin, ich meine, dass man da mal irgendjemanden sieht oder so was, ne? (56, 51: 54)
>
> *Mit wem haben Sie an einem normalen Tag zu tun?*
> Er: Zurzeit ehrlich gesagt mit niemandem.
> Sie: Ja, man geht früh, sieht keinen und kommst abends und siehst auch keinen. Ab und zu Nachbarn grüßen, beim Tanzen die Leute, aber ansonsten...an einem normalen Tag siehst Du hier eigentlich keinen.
> Sie: Kontakte eigentlich so alles über Arbeit (32, 30:34).

Solche Aussagen sprechen für sich selbst. Die Lebensführung in diesen Haushalten offenbart auf Grund von knappen zeitlichen Ressourcen eine reduzierte Wahrscheinlichkeit des Zustandekommens von emotional verbindenden oder gemeinschaftsfördernden Interaktionen jenseits ökonomischer Sinngrenzen. Es wird zu fragen sein, wie sich die einzelnen Haushalte mit extremen Ausprägungen in diesen Punkten zu anderen in Frage stehenden Ökonomisierungsindikatoren verhalten.

D) Abgabe (Wunsch) von Haushaltsarbeit und Belastungen durch Rationalisierungsanforderungen

Der Fragebogenteil zum Thema Haushaltsdienstleistungen zielte darauf ab, den Bedarf an bezahlter Unterstützung bei der Haushaltsarbeit zu bestimmen sowie damit verbundene Einstellungen und Vorbehalte zur Sprache zu bringen. Dabei wurde auch nach den Gründen für den Bedarf und den Verzicht auf Haushaltsdienstleistungen gefragt sowie nach Kenntnissen und Erfahrungen auf diesem Gebiet. Für die hier zunächst im Mittelpunkt stehende Frage nach ökonomisierungsbedingten Rationalisierungsprozessen im Haushalt interessierte vor allem das faktisch vollzogene Outsourcing von Haushaltsarbeit oder ein diesbezüglich dringlich geäußertes Interesse. Denn gerade in diesen Fällen liegt es nahe, so die Vermutung, dass sich die Grenzen zwischen Erwerbs- und Privatarbeit verschoben haben oder dass überkomme Unterscheidungskategorien zu diesem Thema ungültig geworden sind. Mit der Abgabe von haushaltsbezogener Eigenarbeit (bzw. dem dringlichen Wunsch danach) öffnet sich der Haushalt – theoretisch zumindest – dem Markt, denn innerhalb der Grenzen des Privaten werden bezahlte Leistungsbeziehungen zwischen beruflichen Rollenträgern zumindest akzeptiert. Aus diesem Grund, und da sich hierdurch auch der Charakter von Haushaltsarbeit möglicherweise verändert – sie wird tendenziell depersonalisiert – ist davon auszugehen, dass sich in solchen Haushalten Auffassungen oder Deutungen von „Privatheit" im Wandel befinden.

Die Auswertung der Interviews zu diesem Punkt hat ergeben, dass insgesamt zehn Haushalte aktuell und dauerhaft entweder eine bezahlte Putzhilfe, einen Fensterputzer (zwei Haushalte) oder einen Gärtner (ein Haushalt) beschäftigen. In vier weiteren Haushalten wurde in der Vergangenheit eine Putzhilfe beschäftigt und in drei Haushalten wird die zukünftige Beschäftigung einer solchen geplant, falls Kinder geboren werden. All diesen Haushalten wurde eine extreme Ausprägung der Variable „Abgabe(Wunsch)" zugeordnet. Von Interesse war weiterhin, ob sich diese Delegation von Hausarbeit oder der relativ extrem ausgeprägte Wunsch danach unmittelbar mit Belastungsempfindungen durch haushaltsexterne ökonomische Rationalisierungsanforderungen verbinden lässt. Ein Zusammenhang zwischen diesen beiden Variablen würde, so die Annahme, Rückschlüsse auf eine durch Ökonomisierungsprozesse induzierte Motivation zum Wunsch nach einer Abgabe von Hausarbeit zulassen. Die Ausprägung der Belastung konnte durch Analyse der Antworten auf die Frage nach den größten Stressfaktoren ermitteln werden sowie nach der Zufriedenheit mit der Erwerbssituation. Nur in Fällen, in denen auf beide Fragen hin erwerbsarbeitsbezogene Faktoren als negativ benannt wurden, erfolgten extreme Einstufungen. Nachfolgend ein zusammenfassender Überblick über die Verteilung der entsprechenden Variablen-Ausprägungen auf die befragten Haushalte:

4.1 Elemente ökonomisch geprägter Lebensführung

Tabelle 6: Verteilung der Variablenwerte für Abgabe von Haushaltsarbeit und Belastung durch Rationalisierung auf alle Haushalte

Verteilung der Variablenwerte für ökonomisch geprägte Handlungsmuster auf alle Haushalte insgesamt				
Variable	*Ohne Wert*	*Geringe Ausprägung*	*Mittlere Ausprägung*	*Hohe Ausprägung*
Abgabe (Wunsch) von Haushaltsarbeit	8	19	10	18
Belastung durch Rationalisierungsanforderungen	11	19	12	13

Zusammenfassend ist zu erkennen, dass ca. ein Drittel aller Haushalte entweder einen ausgeprägten Wunsch nach „Outsourcing" von Haushaltsarbeit äußern oder diese bereits gegen Bezahlung delegiert haben. Auf der anderen Seite lassen insgesamt 13 Haushalte durchblicken, dass sie erwerbsbedingt unter extrem hohen Belastungen in der arbeitsfreien Zeit leiden. Auf eine Explikation von Ankerbeispielen oder Belegstellen für die Einstufungen diesbezüglicher Aussagen wird an dieser Stelle verzichtet, da weiter unten noch einmal interpretativ vertiefend auf diese Aufteilung zurückgegriffen werden soll.

Aufschluss über den Zusammenhang zwischen diesen beiden Variablen liefert die folgende Kreuztabelle:

Tabelle 7: Kreuztabelle der Fall-Verteilung auf die Variablenwerte für Abgabe von Haushaltsarbeit und Belastung durch Rationalisierung auf alle Haushalte

Abgabe(wunsch) von Hausarbeit * Belastung durch ökonomische Rationalisierung						
		Belastung durch ökonomische Rationalisierung				Gesamt
		Ohne Wert	Geringe Ausprägung	Mittlere Ausprägung	Hohe Ausprägung	
Abgabe (wunsch) von Hausarbeit	Ohne Wert	6	2	-	-	8
	Geringe Ausprägung	3	10	2	4	19
	Mittlere Ausprägung		4	3	3	10
	Hohe Ausprägung	2	3	7	6	18
Gesamt		11	19	12	13	55

Deutlich wird aus dieser Darstellung, dass von den insgesamt 18 Haushalten mit extrem ausgeprägter Abgabebereitschaft oder praktizierter Abgabe von Haushaltsdienstleistungen nur insgesamt sechs Haushalte extrem hohen Belastungen durch Erwerbsarbeit zum Ausdruck bringen. Ein starker Zusammenhang zwischen Delegation von Haushaltsarbeit (bzw. dem Wunsch danach) und erwerbsarbeitsbedingten Belastungen scheint also nicht unmittelbar evident. Zu untersuchen sind im Hinblick auf die Variable „Abgabe (Wunsch)" daher auch andere den Haushalt möglicherweise beeinflussende oder motivierende Faktoren. Im Abschlussbericht des Forschungsprojekts zum Thema „Haushaltsdienstleistungen – der potenzielle Bedarf" konnte diesbezüglich zwischen vier Hauptgründen für eine Zustimmung zur Vergabe von Haushaltsdienstleistungen differenziert werden (Bergmann/Geissler/Pohlheim 2008: 86ff.). Unter anderem sind auch „zwecklose" Bequemlichkeit oder Erleichterung motivierend. Es wird hieran deutlich, dass es nicht immer notwendigerweise unmittelbar ökonomiserungsrelevante Beweggründe sind, die zu einer Delegation von Haushaltsarbeit führen. Die durch ein Outsourcing gewonnene disponible Zusatzzeit findet in vielen Fällen Verwendung für eine intensivere Beschäftigung mit den Kindern oder sie wird für die regenerative Freizeit genutzt (ebd. 88f.).

4.2 Akzeptanz von ökonomisch geprägten Deutungen und Handlungsorientierungen im privaten Bereich

Einen weiteren Auswertungspunkt bilden ökonomisch geprägte Deutungen und Handlungsorientierungen, wie sie in den Haushaltsinterviews zum Ausdruck gebracht wurden. Im Unterschied zu Alltagspraktiken zielen die folgenden Auswertungskategorien nicht allein auf die jeweils als objektiv beschreibbaren Handlungsmuster, sondern auf die subjektiven Sinnzuschreibungen sowohl zu eigenen Handlungen als auch zu vorgegebenen ökonomisierungsrelevanten Deutungsangeboten („Diskursen", „Ideologien"). Benannt werden sollen also „Rahmungen" von Handlungsvollzügen oder Entscheidungen. Die Begriffe „Deutungen" oder „Handlungsorientierungen" stellen zunächst nur zusammenfassend Hilfsbegriffe für die in den Interviews vorgefundenen motivationalen, handlungsbegründenden oder das allgemeine gesellschaftliche bzw. politische Geschehen kommentierenden Äußerungen dar. Folgende Variablen bildeten den Orientierungsrahmen für die Auswertung:

1. Erfolgsorientierung in der privaten Lebensführung
2. Orientierung an wirtschaftlichen Fragestellungen im Haushalt
3. Elemente aus Deutungsmustern wie „Neoliberalismus" und „Unternehmerisches Selbst"
4. Professionelles Rollenverständnis im Haushalt
5. Ablehnung traditionellen (geschlechtlichen) Rollenverhaltens

Mit jeder dieser Variablen wurden Aussagen zu bestimmten Themen und Fragestellungen aus den Haushaltsinterviews zusammengefasst und bewertet. Ziel der Suche nach thematisch relevanten Äußerungen war es, wie bereits bei der Analyse der Handlungsmuster, extreme Einstellungen herauszufinden, um sie später im Kontext von Privatheitskonstruktionen und von Handlungsmustern interpretieren zu können. Die folgende Tabelle gibt einen Überblick über das Gesamtergebnis der Auswertung in diesen Punkten.

Tabelle 8: Variablengruppe „Ökonomisch geprägte Handlungsorientierungen". Verteilung der Merkmals-Ausprägungen für alle Haushalte insgesamt

Verteilung der Variablenwerte für ökonomisch geprägte Handlungsorientierungen auf alle Haushalte insgesamt				
Variable	Ohne Wert	Geringe Ausprägung	Mittlere Ausprägung	Hohe Ausprägung
Erfolgsorientierung	25	23	4	3
Orientierung an wirtschaftlichen Fragstellungen im Haushalt	14	28	10	3
Neoliberalismus und unternehmerisches Selbst	36	14	3	2
Professionelles Rollenverständnis	5	18	20	12
Ablehnung traditioneller Rollenmuster	1	10	20	24
Durchschnittswerte für ökonomisch geprägte Handlungsorientierungen	16	19	11	9

Aus der Tabelle wird zunächst deutlich, dass in den Haushaltsinterviews nur relativ wenig aussagekräftiges Material im Hinblick auf ökonomisierungsrelevante Handlungsorientierungen überhaupt vorzufinden war. Der Anteil der Haushalte ohne interpretationsfähige Aussagen zu dieser Thematik liegt etwa bei einem Drittel. Bei Statements, die sich auf neoliberale, wirtschaftsbezogene Normen oder Komponenten des Leitbildes des „unternehmerischen Selbst" beziehen, liegt er sogar bei 36 von 55 Haushalten. Spiegelbildlich weisen nur sehr wenige der Interviews extrem ausgeprägte oder eindeutige Aussagen zu manchen dieser Variablen auf. Dieser geringe Interpretationsertrag liegt in der Natur der ursprünglichen Fragestellung der Interviews sowie in der relativ gedrängten Abhandlung einer Vielzahl unterschiedlicher Themen im Verlauf der Befragungen begründet. Einerseits kamen durch die thematische Fokussierung auf Haushaltsdienstleistungen und auf Haushaltsarbeit Möglichkeiten zur Kommentierung weiterer ökonomisierungsbezogener Deutungsangebote zu kurz. Andererseits war der Spielraum zur Artikulation interpretationswürdiger Einlassungen von Seiten der Interviewpartner relativ eingeschränkt. Dieser Sachverhalt soll an dieser Stelle aber keinen Hinderungsgrund darstellen, um die dennoch durchaus vorfindbaren ökonomisierungs-relevanten Handlungsorientierungen für eine weiterführende Analyse heranzuziehen.

A) Erfolgsorientierung in der privaten Lebensführung und Orientierung an wirtschaftlichen Fragestellungen im Haushalt

Mit Hilfe der Variablen „Erfolgsorientierung" und „Orientierung an wirtschaftlichen Fragestellungen im Haushalt" wurde versucht, Ziele und Handlungsbegründungen zu sammeln bzw. vergleichend zu bewerten, mit denen sich wirtschafts- oder marktbezogene Denkmuster verbinden lassen. Bei „Erfolgsorientierung" waren dies Zustimmungen zu Anforderungen an die Lebensführung, die sich aus ökonomisch begründeten Ansprüchen ergeben (z.B. Planung, Effizienz, Distanz, Flexibilität oder Leistungsorientiertheit, Konkurrenz, Selbstdisziplin). Diese Äußerungen konnten sich sowohl auf die eigene Lebensführung beziehen als auch auf die Lebensgestaltung im Allgemeinen.

Im Haushalt selbst ließen sich „Orientierungen an wirtschaftlichen Fragestellungen" durch die Artikulation von Kostenbewusstsein, Marktbeobachtungen oder Preisvergleichen in Fragen der Haushaltsorganisation oder der Haushaltsarbeit identifizieren. Insbesondere ein hoher Grad an Informiertheit zum Thema „Haushaltsdienstleistungen" zog in diesem Punkt eine hohe Einstufung nach sich (ebenso wie ein hohes Maß an Kalkulation bei der Versorgung oder Betreuung der Haushaltsmitglieder)[47]. Darüber hinaus wurde auch denjenigen Fällen eine hohe Orientierung an wirtschaftlichen Fragestellungen zugeordnet, in denen zum Beispiel Fragen der privaten Fürsorge oder Erziehungstätigkeiten aus der Marktperspektive kommentiert werden. Extreme Einstufungen für die Variable „Erfolgsorientierung" und „Orientierung an wirtschaftlichen Fragestellungen" wurden lediglich in insgesamt drei Fällen vorgenommen. Es handelte sich hierbei

---

[47] Die meisten derjenigen Haushalte, die Haushaltsarbeit gegen Bezahlung delegieren, erlangten keine hohe Einstufung in diesem Punkt, da sie dies nicht primär aus ökonomischem Kalkül praktizieren, das heißt, um sich direkt oder indirekt ökonomisch verwertbare Vorteile zu schaffen, sondern die Delegation erfolgt meistens mit dem Ziel des Zeitgewinns für private Erholung für sich oder die Familie. Darüber hinaus zeigten sich die meisten der Arbeitgeber-Haushalte tendenziell eher gering informiert in Bezug auf Marktpreise oder Angebote bei Haushaltsdienstleistungen (zu diesem Punkt vgl. auch Begemann 2007).

um Haushalte, in denen das berufliche Weiterkommen bzw. der Markterfolg relativ eindeutig im Vordergrund der Lebensführung steht und auch in eigentlich privaten Belangen Priorität besitzt. Diesbezügliche Aussagen wurden nicht direkt erfragt, sondern sie ergaben sich im Zusammenhang mit Angaben zur beruflichen Situation, zur Freizeitgestaltung und zur Zukunftsplanung.

So berichtet eine Bankangestellte, die am Wochenende zu ihrem Freund in eine andere Stadt pendelt, dass sie ihre Freizeit für ein Fernstudium nutzt, um sich beruflich zu verbessern. Sie hat Stress mit der Koordination ihrer privaten Termine und setzt deswegen alles daran, außerhalb der Berufsarbeit Zeit zu sparen (6, 23:31). Eine Delegation von Haushaltsarbeit hält sie prinzipiell für erwägenswert, sie plant die Vergabe für die Zukunft und ist auch über Marktpreise informiert (6, 160:162). Ein selbständiger Familienvater, Betreiber eines Fitness-Studios, betont ebenfalls, dass es für ihn auf Grund der langen Arbeitszeiten „keinen geregelten Freizeitablauf" (8, 49:49) gebe; er arbeitet „50-70 Stunden die Woche" (8, 39:39) und darüber hinaus verdeutlicht er seine Erfolgsorientierung dadurch, dass er manchmal lieber auf der Arbeit ist als zu Hause (8, 42:42). Der Befragte hat nach eigenen Angaben sein Hobby zum Beruf gemacht und die Wohnung hat gegenüber seinem Arbeitsplatz in Punkto Wohlfühlfaktor nur nachrangige Bedeutung. Kochen hält er für überflüssig, da Zeitverschwendung. Ebenso ist es ihm nicht wichtig, ob es in der Wohnung schön aussieht. Auch auf Sauberkeit zu Hause legt er nicht allzu viel Wert und die Beschäftigung einer Putzfrau wird von ihm abgelehnt, da sie auf Kosten seiner flexiblen Lebensführung ginge (8, 184:184). In Fragen der Kinderbetreuung dominieren für ihn ebenso wirtschaftliche Prinzipien:

> *Ist es in Zeiten der Gleichberechtigung problematisch, dass sich die Mutter immer um die Kinder kümmert?*
> Ich sehe das wirtschaftlich. Wer von beiden den besseren Job hat, der arbeitet und der andere macht den Haushalt (6, 258:259).

Bei einer selbständigen Familie, die im Hinblick auf oben stehende Variablen ebenfalls als extrem eingestuft wurde, lässt sich eine strikte Erfolgsorientierung schon allein dadurch erkennen, dass zwischen Arbeitszeit und Freizeit kaum ein Unterschied gemacht wird. Im Prinzip wird 24 Stunden am Tag gearbeitet, denn man sorgt sich noch „abends im Bett" um das nächste Projekt (11, 35:43). Haushaltsarbeit wird an bezahlte Hilfskräfte delegiert (Putzfrau und Gärtner) und die Kinderbetreuung, so die Beschwerde, kostet wertvolle Arbeitszeit:

> Sie: Und es ist einfach, also es ist schon, dass die Kinder, es klingt so doof, aber dass die Kinder einen schon in so ein Zeitkorsett zwingen, dem man nicht so sich immer unterwerfen möchte. Also bei mir ist das oft so, dass ich grade wenn die Kin-

4.2 Akzeptanz von ökonomisch geprägten Deutungen und Handlungsorientierungen

der abgeholt werden müssen, grad gut ins arbeiten komme und dann muss das unterbrochen werden, das ist, ja, das ist halt so, aber das nervt jeden Tag (11, 86:86).

Dieses Ehepaar, das seine privaten Räume auch als Büroräume nutzt, legt Wert darauf, auch sonst in Haushaltsdingen effizient zu kalkulieren und sich am Markt zu orientieren. Man ist informiert über die aktuellen Marktpreise für Haushaltsdienstleistungen. Der Ehemann rechnet außerdem vor:

> Was kostet es jetzt, jemanden zu bestellen, der den Garten macht, ne, mache ich es lieber selbst, also das ist teurer, wenn es ein externer Handwerker macht, so rechnen wir oft, oder was kostet mich das jetzt, wenn E. die Wäsche macht, die braucht dreimal solange, da stelle ich mich abends lieber hin, und dann sind 11 €, jetzt sind wir schon bald 30, also das ist schon, aber wahrscheinlich sind wir sehr ökonomisiert mit allem unserem Denken. Man denkt sehr stark in Opportunitätskosten auch, was können wir stattdessen jetzt machen und dann ist das auch, jetzt lagern wir mehr aus und jetzt machen mehr selbst, weil wenn ich nix zu tun habe, dann kann man auch anderes machen (6, 199: 199).

Auch beim Thema „Alltagseinkauf" verweist das Paar darauf, sich stets über die günstigsten Angebote zu informieren (obgleich der zitierte Haushalt zur einkommensstärksten Gruppe des ganzen Feldes zählt):

> Sie: Sonntags abends sitzt man über den Prospekten, ...(beide lachen)
> Er: Über den Prospekten, wie ich das bei meiner Mutter gelernt hab, das fand ich immer super, und da denke ich jetzt sparst Du 40%, und schreib ich das auf und dann kauft man ja doch nicht in diesem Laden, wo ich das aufschreibe, aber es gibt ein gutes Gefühl, diese Liste gemacht zu haben, ja das finde ich richtig super.
> Sie: Wir kaufen auch relativ oft da.
> Er: Nicht jeden Sonntag, aber wenn ich diesen Prospekt habe, der dann sonntags morgens drin liegt, dann blätter ich durch und dann gucke ich dann darauf und sag, da spare ich jetzt drei Euro und dann schreibe ich das auch auf, also bei Real (6, 241:244).

Aus dieser Ausführung wird deutlich, dass eine Orientierung an wirtschaftlichen Fragestellungen im Haushalt durchaus auch aus innerer Überzeugung und nicht nur aus haushaltsexternen Sachzwängen oder wirtschaftlichen Notsituationen heraus erfolgen kann. Die Auswertung der Variable zu ökonomischen (u.a. „neoliberalen") Interpretationsweisen der Realität, soll weiteren Aufschluss zu diesem Aspekt der Ökonomisierung bringen.
Eine mittlere Einstufung bei der Variable „Erfolgsorientierung" wurde in denjenigen (vier) Fällen vorgenommen, in denen die Erwerbsarbeit zwar das dominierende Element der Lebensführung bildet, die Abgrenzung zur regenerativen,

privaten Freizeit demgegenüber aber immer noch bewusst erfolgt. Dies äußert sich in diesen Haushalten bezüglich Strukturen der Lebensführung, die trotz dominierender Erwerbsfixierung und relativ strikter Rationalisierung auch Freiräume bieten sollen. Eine erwerbstätige Mutter zweier Kinder in einem Doppelverdiener-Haushalt schildert bspw. ihr Vorhaben, den hohen Grad an Planung im Haushalt in Zukunft zu mindern:

> Also, vielleicht, wenn die Kinder wieder größer sind, ein bisschen selbstständiger, kann ich mir vorstellen, dass da wieder mehr Flexibilität reinkommt und mehr Ungeplantes, aber im Moment geht es einfach gar nicht anders (31, 89: 89).

Da in diesem Haushalt eine bezahlte Putzhilfe beschäftigt wird, ist man dort auch in Bezug auf die Haushaltsführung in hohem Maß an Wirtschaftlichkeitskriterien orientiert. Dennoch erfolgt die Kalkulation oder Delegation der Handlungsabläufe primär zu dem Zweck, sich mehr Freizeit und „Familienzeit" zu verschaffen (31, 542:542). Diese Unterscheidung zwischen marktbezogenen Handlungsprinzipien bzw. Orientierungen einerseits und haushaltsbezogenen, privaten Zielen andererseits, liegt in den (insgesamt vier) Haushalten mittlerer Einstufung zwar relativ abgeschwächt, aber dennoch klar identifizierbar vor. So betont eine alleinstehende, gutverdienende Hochschullehrerin, die „unter permanenter Zeitnot" (5, 35:35) leidet und die auch oft in der Freizeit und zu Hause arbeitet (5, 60:60), dass sie sich immer noch Auszeiten gönnt und auch mal ganze Tage „verbaselt" (5, 58:58). Die Haushaltsarbeit wird zwar an eine bezahlte Hilfskraft delegiert, aber dennoch möchte man sich bestimmte Tätigkeiten davon, wie die Gartenarbeit, selbst zur Entspannung vorbehalten. Wie in diesem Fall, so betont auch eine karriereorientierte Frau, die mit ihrer erwachsenen Tochter zusammen lebt, die Berufliches und Privates oft kaum zu trennen vermag und viel auf Reisen ist, dass sie zu Hause „auch mal was liegen lässt" (39, 47:47) und sich dort nur bedingt kalkulierender Mittel bedient. Die Hausarbeit erfordert zwar „Disziplin", läuft aber eher nebenher (39, 176:177). Der Haushalt dient primär der Entspannung, Sauberkeit ist nicht so wichtig und um zu regenerieren, nimmt sie sich einmal im Monat einen Tag frei, an dem sie nur zu Hause bleibt, um „Dinge im Kopf zu ordnen" (39, 66:66).

Bildet häusliche Entspannung in diesen Fällen eher eine bewusst gewählte und organisierte „Auszeit" gegenüber sonstigen Verpflichtungen, konnte eine Notwendigkeit zur bewussten Grenzziehung zwischen erfolgs- und wirtschaftsbezogenen Zielen und privaten Belangen in den meisten der befragten Haushalten gar nicht erst festgestellt werden. Diese Grenze existiert weitgehend notwendig, unreflektiert, unhinterfragt. Für die Mehrheit der Befragten spielen Orientierungen an Leistung, Erfolg oder Markt im Haushalt bzw. im Zusammenhang mit

4.2 Akzeptanz von ökonomisch geprägten Deutungen und Handlungsorientierungen 137

der privaten Lebensführung scheinbar kaum eine Rolle. Man ist überwiegend beruflich bereits etabliert und sieht keine Notwendigkeit, sich auch im außerberuflichen Rahmen Marktprinzipien zu unterwerfen. Zwei Beispielfälle, die niedrig eingestuft wurden, mögen dies verdeutlichen:

Ein kinderloses Ehepaar, beide selbstständig tätig, betonen ihren ruhigen, von Routine bestimmten Lebensrhythmus, den sie vor allem auch im Privatbereich beibehalten wollen. Aus diesem Grund wäre eine Hinzuziehung von bezahlter Hilfe im Haushalt zu „aufwändig": man würde sich eingeschränkt fühlen und ein Eindringen fremder Personen in die Wohnung kommt sowieso nicht in Frage, da es die private Autonomie untergraben würde (13, 95:95; 207:207). Ein anderes, etwas älteres Paar argumentiert ähnlich: In Finanzdingen und beim Konsum wird nicht viel geplant (43, 76:76), man hat im Alltag viel Raum für selbstbestimmte Freizeitaktivitäten und erledigt daher die häuslichen Pflichten ohne „starres System" (43, 54:54) und Zeitnot, sogar gerne:

> Das (Putzen) ist auch bisschen was wie Sport, ist ja auch ne körperliche Betätigung, die einem auch mal gut tut nach diesem sitzen hier immer (43, 79:79).

Als Zwischenfazit bleibt festzuhalten: Die Analyse marktbezogener, ökonomisierungsrelevanter Orientierungen mit Hilfe der Antworten auf Fragen nach zeitlichen Rationalisierungsbemühungen im Alltag, nach Erfolgsstreben in der Lebensführung, nach Effizienz und/oder Planung von haushaltsbezogenen, privaten, familialen oder Freizeitaktivitäten sowie der Perspektive auf die „Vereinbarkeitsproblematik" von Beruf und Privatleben hat ergeben, dass nur wenige Haushalte dazu bereit scheinen, ökonomische „Rahmungen" im Privatbereich anzuwenden. Orientierungen an Effizienz, der Leistungsvergleich mit Anderen und ein Bemühen um marktbezogene Bewertungen im außerberuflichen Alltag bilden Ausnahmefälle. Der bereits theoretisch konstatierte außerökonomische „Eigensinn" des Privatbereichs scheint sich zu bestätigen. Gerade auch in denjenigen Haushalten, in denen Haushaltsarbeit gegen Bezahlung delegiert wird, konnten kaum extreme Ausprägungen bei der Orientierung an wirtschaftlichen Fragestellungen im Privatbereich vorgefunden werden.

B) Elemente aus Deutungsmustern wie „Neoliberalismus" und „Unternehmerisches Selbst"

Wirtschaftsbezogene Deutungen können, wie im ersten Kapitel ausgeführt, unter anderem als „Neoliberalismus" in legitimatorischen Handlungsbegründungen durch Sachzwänge, in einer formalisierten, gewinnorientierten Handlungslogik, in der Zustimmung zu Konkurrenz und Leistung sowie in der Zurückweisung eines Staatsintervenismus zu Gunsten der Marktkräfte bestehen. Denkmuster des unternehmerischen Selbst lassen sich möglicherweise durch Prinzipien wie Unabhängigkeit, Selbstbehauptung, Flexibilität oder permanente Selbstoptimierung verifizieren. Verhaltensstandards der postfordistischen Netzwerkökonomie schließlich wären in Aussagen zu Themen wie Geldnutzung oder Arbeit und Besitz zu suchen, die einen Wandel in der Alltagsmoral (gegenüber familienweltlichen Orientierungen) nahe legen; darüber hinaus in Idealen wie Bindungsunabhängigkeit, Selbstbestimmung, Anpassung, Vorläufigkeit und Mobilität. Diesen Denkfiguren wurde unter anderem in denjenigen Interview-Passsagen nachgegangen, in denen die Befragten um Kommentare zu aktuellen, öffentlich wirksamen Meinungen, zu sozialpolitischen Optionen oder zu möglichem staatlichen Handlungsbedarf gebeten wurden. Diesbezüglich angesprochen wurden unter anderem Themen wie Teilzeitarbeit, Schwarzarbeit, die Mutterrolle oder mögliche staatliche Interventionsfelder wie Kinderbetreuung und Förderung von Haushaltsdienstleistungen. In denjenigen Fällen, in denen mit Bezug auf solche Themen eine Identifizierung von bspw. ausgeprägtem Konkurrenzdenken, eine Zurückweisung von Staatsintervenismus zu Gunsten von Marktprinzipien möglich war, erfolgte eine hohe Einstufung zur Variable „Neoliberalismus und unternehmerisches Selbst".

Im Überblick zeigt die Verteilung der Variablenausprägungen auf alle befragten Haushalte, dass in nur insgesamt fünf Fällen mittel oder extrem ausgeprägte Antwortmuster aufzufinden waren. Bei den restlichen 50 Fällen waren „neoliberale" oder „unternehmerische" Deutungen kaum oder gar nicht identifizierbar (vgl. Tabelle11). Nichtsdestotrotz sollen einige dieser Aussagen im Folgenden kurz wiedergegeben werden. Denn gerade in diesen Fällen ist im Sinne der Forschungsfragestellung von Interesse, inwieweit wirtschaftliches oder tendenziell marktradikales Denken das Handeln im Haushalt tangiert.

Das oben bereits erwähnte selbständige Ehepaar orientiert sich offensichtlich nicht nur in seinen praktischen Handlungsvollzügen an ökonomischen Maßstäben, sondern auch in seinen weltanschaulichen oder politischen Einstellungen. So spricht sich bspw. der befragte Ehepartner gegen Teilzeitmodelle für Frauen aus, da Frauen mit Kindern eher dem Arbeitsmarkt zur Verfügung stehen sollten, als ihre Kinder zu Hause zu betreuen:

> Also ich finde das ein grundsätzliches Problem, dass Teilzeitarbeit so positiv auch teilweise in der Gesellschaft gesehen wird, insbesondere bei Frauen, weil es insbesondere dieses ganze Betreuungsmodell in Kitas und Kindergärten komplett dominiert als das Standardmodell und das regt mich auf. Also ich denke, die Frauen können auch Vollzeit arbeiten, da sind wir bisschen anderer Meinung und das würde unser gesamtes Bildungs- und Betreuungssystem ändern. Also aus der Sicht finde ich,

4.2 Akzeptanz von ökonomisch geprägten Deutungen und Handlungsorientierungen 139

dass Frauen (...) sie sollen halt Vollzeit arbeiten, (...) das wirkt sich auf dieses gesamte (Betreuungs)System aus und dann leiden wir, die wir die Kinder Vollzeit betreuen lassen, schon sehr (11, 99:99).

Diese Aussage (die Ablehnung häuslicher Kinderbetreuung) sowie die folgenden, können als Zurückweisung staatlicher Regulierungsversuche des Dienstleistungsmarktes und als Votum für selbständiges Unternehmertum interpretiert werden:

> Also da brauch man irgendwie ne Organisationsplattform für diese Dienstleistungen, aber die Leute glaube ich, sollten selbständig sein, das ist besser. Weil es auch wesentlich preiswerter wird, durch zusätzlich Umsatzsteuer und so, die dann drauf kommt im großen Bündel, kann man die Kosten reduzieren, man kann es intelligenter lösen, als die Dienstleistungszentren es gedacht haben. Ja, man muss eine andere Plattform finden, weil man dann irgendwie ab 17.500€ im Jahresumsatz über die Umsatzsteuerpflicht, von denen ja jetzt 19%, also man muss das anders organisieren als es da ursprünglich gedacht war, dass es überhaupt marktfähig ist. (...)
> *Finden Sie, dass Haushaltsdienstleistungen, das hatten wir eigentlich auch schon, staatlich gefördert werden sollten, damit sie billiger sind?*
> Er: Nein. Ich bin gegen jede staatliche Förderung.
> Sie: Da gehöre ich auch zu.
> Er: Das funktioniert anders. Man muss die irgendwie bestimmte Dinge jetzt anzuschieben oder bestimmte, aber letztlich muss das ein freier Markt sein, auf dem sich dann der, alles andere funktioniert wie gesagt, mit den Dienstleistungszentren nicht (11, 578; 692:695).

Auch dem oben schon zitierten selbständigen Familienvater wurde ein extrem ausgeprägter Wert zugeordnet. Er plädiert bspw. im Zusammenhang mit der Debatte um die Verlängerung der Ladenöffnungszeiten dafür, Teilzeitarbeit und Flexibilisierung der Lebensführung als notwendiges Zugeständnis an den ökonomischen Sachzwang zu akzeptieren. Die traditionell gegen solche Arbeitszeitmodelle argumentierenden Gewerkschaften empfindet er als störend:

> *Was halten Sie von Teilzeitarbeit?*
> Wichtig, muss sein wegen der Öffnungszeiten: Die klassischen Arbeitszeitmodelle werden verschwinden. Die Gewerkschaften nerven (in diesem Punkt), man muss sein Leben einfach umorganisieren, fertig (8, 44:45).

Obwohl oder gerade weil erfolgs- und leistungsorientiert, befürwortet der Befragte in punkto Besitz oder Zukunftsplanung ein hohes Maß an Flexibilität und Zukunftsoffenheit:

[Ich lebe heute.] Nächstes Jahr interessiert mich nicht, das ist mir egal. [Plant keine Veränderungen in nächster Zukunft. Will später ggf. auswandern.] Weg von der Technik, zurück zu den Ursprüngen (8, 54:55).

Werte wie Unabhängigkeit und Selbstbestimmung werden von diesem Befragten sowohl im Hinblick auf eine mögliche soziale Kontrolle durch die Nachbarn geäußert als auch durch die Bemerkung, er habe durch die berufliche Selbständigkeit sein „Hobby zum Beruf" gemacht (8, 42:42).

„Nachbarn interessieren mich überhaupt nicht. Ich habe mir so einen Status erarbeitet, mich spricht keiner an, wenn ich das nicht will (8, 115:115).

Hiermit sind in Abgrenzung zu traditionellen, besitzstandswahrenden und familienweltlichen Werten eher projektbezogene Werte angesprochen (vgl. Kapitel 1). Auch ein Single, der sich aus Gründen der Freizeitorientierung eine Putzhilfe leistet, ist der Meinung, dass sich der Staat mit Regulierungsversuchen des Marktes zurückhalten sollte:

Finden Sie, dass Haushaltsdienstleistungen stattlich gefördert werden sollten, damit sie erschwinglicher sind?
Nee, also prinzipiell halte ich nichts davon, wenn sich der Staat zuviel in solche marktwirtschaftliche Dinge einmischt (30, 341:342).

In diesem Fall erfolgte jedoch keine hohe Einstufung, da sich die interviewte Person ablehnend gegenüber Leistungsdruck äußert:

Also es gibt nichts, was mir jeden Tag besonders auf die Nerven geht. Was bei mir Stress verursacht, ist wenn, nicht mal unbedingt wenn ich selbst Stress auf Arbeit durch Termindruck oder so, das natürlich auch, aber bei mir verursacht auch Stress, wenn die Leute um mich rum Termindruck haben und äh dann dementsprechende Stimmung verbreiten, indem sie immer über den Flur hechten und rennen und sich gegenseitig dann Termine zubrüllen und so was, da fühle ich mich dann auch selbst unter Druck, obwohl ich den eigentlich nicht habe (30, 42:42).

In Abgrenzung hierzu finden in zwei weiteren Haushalten Leistung und Effizienz Befürwortung, insofern beruflich bedingte Anforderungen, die auch als Belastung gelten könnten, gutgeheißen werden. Eine berufstätige Frau mit Kind, die mit ihrem ebenfalls berufstätigen Lebenspartner zusammenlebt und die sehr unter Zeitknappheit leidet, möchte ihre Lebenssituation durch mehr Selbstdisziplin verbessern und äußert sich ablehnend gegenüber Untätigkeit und „Rumgammelei". Die Berufsarbeit macht ihr nichtsdestotrotz „sehr viel Spaß" (49, 96:96):

4.2 Akzeptanz von ökonomisch geprägten Deutungen und Handlungsorientierungen 141

> Ich denke auch, dass wenn man das [den Haushalt] anders organisieren würde, dass es auch anders gehen würde. Das ist einfach eine Frage der Disziplin der persönlichen und der Absprache. (…)
> *Hat sich denn in der Art, wie Sie alltäglich leben in letzter Zeit, soll heißen in den letzten Monaten, im letzten Jahr irgendwas Wichtiges verändert?*
> Ja, das die Freizeit also knapp bemessen ist und das man halt, also ich finde es positiv, dass ich immer um dieselbe Zeit aufstehe, das finde ich zum Beispiel richtig positiv, weil diese Rumgammelei eine Stunde länger im Bett oder was, das, äh ja, das finde ich einfach auch vertane Zeit, ansonsten ist es wirklich so, dass keine Zeit für einen selber bleibt, das muss man einfach mal so sagen (49, 112:112; 93:96).

Zeit, so kann man diese Aussage deuten, die nicht genutzt wird, ist verschwendete Zeit und anstatt den Belastungen durch Erwerbsarbeit durch Schaffung privater, regenaritver Freizeit oder einem „kürzer Treten" begegnen zu wollen, wird über mehr Selbstdisziplin und eine alternative Organisation des Haushalts nachgedacht. Eine solche Strategie der Planung der privaten Lebensführung klingt tatsächlich so, als seien betriebswirtschaftliche Maßstäbe im Haushalt übernommen worden. In einem anderen Haushalt nimmt man ebenfalls erwerbsarbeitsbedingten Stress in Kauf und lehnt staatliche Eingriffe in den Arbeitsmarkt ab:

> *Gibt es etwas, was Ihnen jeden Tag besonders auf die Nerven geht? Oder auch was verursacht den meisten Stress?*
> Sie: Arbeit macht mir Spaß, ist eine gute Sache, auch wenn sie stressig ist. (…)
> *Finden Sie, dass Haushaltsdienstleistungen staatlich gefördert werden sollten, damit sie erschwinglicher sind?*
> Er: Was soll eigentlich noch alles staatlich gefördert werden, ne? Also da kommen wir fast wieder da hin, wo wir mal hergekommen sind. Das war Sozialismus, wenn der Staat alles … (32, 49:49; 398:398).

Auch wenn solche kurzen Statements nicht als Belege für konsistente und in sich homogene „neoliberale" oder wirtschaftsradikale Weltdeutungen betrachtet werden können, sollen sie doch an dieser Stelle als Komponenten einer ökonomisierungsbedingt auf die Wirtschaft ausgerichteten Fixierung interpretiert werden. Dies gilt insbesondere dann, wenn sie im Zusammenhang mit besonders ausgeprägten Rationalitätspraktiken im Haushalt auftreten. Eine solche Vorgehensweise gewinnt an Plausibilität auch dadurch, dass in einigen Haushalten gegenteilige Aussagen vorfindbar sind. Denn Einstellungen wie die Fixierung auf wirtschaftliche Prinzipien, die Verteidigung eines unternehmerischen Arbeitsethos (auch im privaten Haushaltsrahmen) oder die Zurückweisung staatlicher Interventionen werden demgegenüber in manchen Interviews bewusst abgelehnt. So gibt sich eine alleinstehende Frau mit ihrem geringen Einkommen zufrieden und äußert keinerlei beruflichen Ehrgeiz:

> Ich habe nur ne Dreiviertelstelle und ich will auch keine ganze, ich komme mit dem Geld hin und habe lieber mehr Freizeit und weniger Arbeitszeit, so lange ich da mit dem Geld hinkomme finde ich das entschieden besser (2, 49:49).

Ein teilzeitbeschäftigter „Hausmann" mit zwei Kindern äußert sich ähnlich:

> *Gibt's da vielleicht irgendwelche Nachteile bei Teilzeitarbeit?*
> Kann ich eigentlich hier jetzt nicht sehen. Das Geld ist völlig ausreichend, also ich verdien' da nicht viel weniger als voll. Hab' da natürlich viel mehr Lebensqualität so...
> M-mh. Also mehr Zeit für sich einfach.
> Genau, also Garten und so, was man dann eben macht noch (40, 106:109).

Auch im Hinblick auf allgemein gesellschaftliche, politisch relevante Themen oder Deutungsangebote finden sich in vielen Haushalten Aussagen, die ökonomisierungsbezogen als Ablehnung marktbezogener Prinzipien gedeutet werden können. So stößt bspw. die Forderung nach staatlicher Unterstützung von Haushaltsdienstleistungen, also eine Regulation von Marktbeziehungen, in 25 von 55 Fällen vorwiegend aus arbeitsmarktpolitischen und sozialen Gründen auf Zustimmung. Andere Aussagen, wie bspw. die einer alleinerziehenden Frau, deren Alltag von Zeit- und Geldnot geprägt ist, lassen sich als bewusste Ablehnung ökonomischer Anforderungen deuten:

> *Was halten Sie von Teilzeitarbeit?*
> Also das kommt drauf an. Also ich, ich finde, wenn man weniger Arbeit, also wenn man weniger Arbeitspensum hat. Also ein konkret, ein konkretes Ziel, nicht 20 konkrete Ziele. Dann ist das überhaupt kein Thema. Aber es ist eben wie gesagt heute so - wer arbeitet, arbeitet sich tot. Und wer nicht arbeitet -
> Hat nix.
> ...hat gar nix. Ne? Und das ist also für mich ein gesamtgesellschaftliches Problem - was auch überhaupt nicht gelöst werden will - also es ist nicht, dass der einzelne hier die Verantwortung zu tragen hat, sondern da hat die gesamte Gesellschaft so das zu beantworten. Und da gehört in erster Line die Politik hin. - Dann in zweiter Linie die Wirtschaft - und so weiter und so weiter, ne? (55, 100:103) (...)
> Also die, alle Probleme, die wir haben, sind hausgemacht. Und da können wir uns die Familienrollen oder die Familienbilder oder die Familienformen ankucken, das ist völlig egal. Ne? Ob ich in einer Zwei-Verdiener-Familie wohne oder, lebe oder in einer Ein-Verdiener-, ich bin nie eigentlich glücklich oder kann nie und wirklich alles gut entfalten, weil die Strukturen eigentlich nicht entsprechend den Bedürfnissen

wirklich von Familien angepasst sind. Gar nicht, ne? Weil eben der Mensch dann nicht das Maß ist, sondern das Kapital.(55, 307:307).

Mit dieser Aussage, die in Form einer Kritik an mangelnder staatlicher Unterstützung bei der Kinderbetreuung in der Mehrheit der Haushalte anzufinden ist, ebenso wie mit Ablehnungsbekundungen von Schwarzarbeit aus sozialen Gründen (mangelnde soziale Absicherung der illegal Beschäftigen), die in 24 Haushalten geäußert wird, werden ökonomische „Gesetzmäßigkeiten" oder Strukturzwänge direkt oder indirekt abgelehnt. Auf diesem Hintergrund gewinnt die Einstufung anderer Aussagen als „extrem" zustimmend zu ökonomisierungsbezogenen Themen an Plausibilität.

C) Professionelles Rollenverständnis im Haushalt und Ablehnung traditioneller Rollenmuster

Ein weiterer, zumindest theoretisch für Ökonomisierungprozesse relevanter Punkt betrifft das (mögliche) Verhalten der Befragten gegenüber bezahlten Dienstleisterinnen im Haushalt sowie die Ablehnung traditioneller geschlechtlicher Rollenmuster. Wie im zweiten Kapitel ausgeführt, widerspricht der private Haushaltskontext auf Grund seiner Strukturmerkmale weitestgehend den Rahmenbedingungen für professionelles Rollenverhalten oder Erwartungen, wie sie in ökonomisch geprägten Sozialbeziehungen üblich sind (bspw. Leistungsaustausch, unpersönliche, vertragliche Bindungen, emotionale Distanz, Professionalität, Forderung fachlicher Qualifikation). Gefragt wird daher mit Hilfe der Variablen „Professionelles Rollenverständnis" nach der relativen Akzeptanz eben solcher ökonomisch geprägter Rollenmuster im Privathaushalt. Ermöglicht wurde die Bildung dieser Variable durch die Frage nach den Erwartungen an eine potenzielle „Putzfrau" im Haushalt sowie nach den Bewertungskriterien, die an sie herangetragen werden (bzw. in zehn Fällen nach den faktisch vollzogenen Verhalten gegenüber den bezahlten Dienstleisterinnen). Dieses Verhalten bzw. die Erwartung an eine mögliche bezahlte Hilfe im eigenen Haushalt, wurde nach dem Grad an Professionalität differenziert.

Ebenfalls von Interesse ist die Frage nach Aktualität und Verbreitung geschlechtlich geprägter, traditioneller Rollenmuster im Haushalt. Eine ökonomisierungsbedingte „Modernisierung" haushaltsbezogener Beziehungsmuster widerspricht, so die Vermutung, traditionellen Zuschreibungen und Verhaltenserwartungen. Auch zu diesem Thema waren mehrere (direkte) Fragen nach geschlechtlich geprägten Erwartungen auswertungsrelevant. In Fällen einer Ablehnung von Hausfrauen- und Mutterrolle, bei tendenziell egalitärer Arbeitsteilung im Haushalt (bei Paaren) sowie bei geschlechtneutraler Konstruktion von Haushaltsarbeit, wurden der Variable „Ablehnung traditioneller Rollenmuster" hohe Ausprägungen zugeordnet.

Der Überblick über die Verteilung der Variablenwerte auf das Untersuchungsfeld zeigt, dass in 12 der befragten Haushalte ein relativ ausgeprägtes professionelles Rollenverhalten an den Tag gelegt oder antizipiert wird (vgl. Tabelle 12). [Von diesen 12 Haushalten sind fünf aktuelle Arbeitgeber von Dienstleisterinnen.] Vergleichsweise gering ausgeprägt ist eine „berufsmäßige", distanzierte Einstellung demgegenüber in etwa einem Drittel der Haushalte (18). Bezüglich Ablehnung traditioneller Rollenmuster zeigen knapp die Hälfte aller Haushalte eine eindeutig ablehnende Haltung, wohingegen diese Ablehnung bei den restlichen Haushalten nicht vollständig ausgeprägt ist.

Tabelle 9: Verteilung der Variablenwerte für „Professionelles Rollenverständnis" und „Ablehnung traditioneller Rollenmuster" auf alle Haushalte

Verteilung der Variablenwerte für Professionelles Rollenverständnis und für Ablehnung traditioneller Rollenmuster auf alle Haushalte insgesamt				
Variable	*Ohne Wert*	*Geringe Ausprägung*	*Mittlere Ausprägung*	*Hohe Ausprägung*
Professionelles Rollenverständnis	5	18	20	12
Ablehnung traditioneller Rollenmuster	1	10	20	24

Diese Einstufungen sollen im Folgenden kurz an Beispielen verdeutlicht werden. „Professionalität" in den Erwartungen an eine (potenzielle) Hilfe im Haushalt manifestiert sich in den Interviews an erwünschter fachlicher Erfahrung oder an technischen Fertigkeiten, die charakterlichen Eigenschaften gegenüber bevorzugt werden. Zudem äußert es sich in einem Verhalten, das versucht, trotz einer Vielzahl nahezu unvermeidlich als „privat" oder „persönlich" sich aufdrängender Themen, so weit wie möglich Distanz und Abstand zum Arbeitnehmer zu wahren[48]. Eine vergleichsweise hoch ausgeprägte professionelle Haltung gegenüber

---

[48] Vermeidungen persönlicher Begegnungen können, darauf hat Barbara Thiessen hingewiesen, auf Grund des Fehlens kultureller Modelle für die Gestaltung von Arbeitsverhältnissen im Privaten, auch als „Fluchtverhalten" gedeutet werden (vgl. Thiessen 2002).

4.2 Akzeptanz von ökonomisch geprägten Deutungen und Handlungsorientierungen 145

Dienstleisterinnen im Haushalt wird beispielsweise von einer alleinstehenden Hochschullehrerin an den Tag gelegt, die sich ihrer Arbeitgeberrolle bewusst ist:

> Ja ich glaube, es sind so Distanzierungen drin, finde ich aber auch ganz o.k., ja, einerseits, ich meine Freundschaft, das ist bescheuert, der arbeitet für mich, ja, und irgendwie Freundschaft und Bezahlung sind zwei paar Schuhe (5, 491:491).

Ähnlich verhält sich eine alleinlebende PR-Beraterin, die ihre Distanz gegenüber der bezahlten Reinigungshilfe dadurch zum Ausdruck bringt, dass sie eine persönliche, vertrauensvolle Beziehung zu dieser Person negiert und dadurch, dass sie die Wohnung verlässt, wenn die Dienstleisterin bei ihr arbeitet:

> *Eine Person die im Haushalt arbeitet soll ja vertrauenswürdig sein. Wonach beurteilen Sie das?*
> Also ich kenne, ich kenn die ja persönlich. Und ähm ..., ich würde sie jetzt,..., also ich würde sie insofern äh vertrauenswürdig einschätzen, als dass ich denke, ja, dass sie, dass sie hier irgendwie nichts wegnimmt oder so was, ich würde jetzt nicht sagen, ich würde nicht unbedingt meine Hand für sie ins Feuer legen, weil dafür kenne ich sie einfach auch nicht gut genug, aber es gibt einfach nichts wo ich sagen würde, das wäre SUPER dramatisch, äh, wenn sie das mitkriegen würde, also wenn ich jetzt hier Post liegen habe und Kontoauszüge und so was und sie guckt da oder ich muss mich mit dem Gedanken befassen, dass sie da reingkuckt, naja, was soll ich, naja, Herr Gott. (...)
> *Sie haben gesagt, Sie sind nicht zu Hause, wenn sie hier arbeitet. Ist Ihnen das lieber so oder...?*
> Ja, das ist mir lieber so.
> Also Sie wollen das gar nicht mitbekommen, wenn sie da ist?
> Nee, also ich...
> *Können Sie das ein bisschen begründen?*
> Ich hätte das Gefühl, ihr im Weg rumzustehen und ähm ich hätte auch das Gefühl, nicht wirklich so mein Dingen nachgehen zu können, weil ich mich immer so in der Verantwortung fühlen würde, jemanden zu unterhalten, der noch mit in meiner Wohnung ist. Ähm, ja und dann, sie ist von ihrer Art her auch, ziemlich, also sehr resolut und ich stell es mir vor auch so ein bisschen hektisch und das wäre mir einfach viel zu viel Trubel und Tohuwabohu, das soll sie machen (lacht), was sie hier für nötig hält, wenn sie alleine ist (30, 266:271).

Auch eine Frau, die einen Fensterputzer beschäftigt, verlässt die Wohnung bei dessen Anwesenheit und ist nicht daran interessiert, diesen näher kennen zu lernen (Interview Nr.54). Weitere Komponenten einer vergleichsweise „professionellen" Erwartungshaltung gegenüber der (potenziellen) Putzhilfe bestehen in der Forderung nach deren „technischen" oder fachlichen Qualifikationen. In Bezug auf solche Fertigkeiten spielt typischerweise die Erwartung einer gründlichen, selbständigen Arbeitsweise die größte Rolle oder der Nachweis einschlägiger beruflicher Erfahrungen.

> *Was wäre für Sie jetzt bei einer Putzfrau besonders wichtig?*
> Gründlich. Wenn schon, dass sie gründlich ist und sich daran hält, was man ihr gesagt hat, was gemacht werden muss (21, 384:385).

> Ja, dass sie gründlich arbeitet, dass sie möglichst selbstständig arbeitet, also dass ich dann nicht auf die Finger gucken und zeigen muss, und das jetzt noch und jenes. Sie soll selbstständig und gründlich arbeiten, und (zögerlich) wichtig wäre mir schon auch so ein, so eine Basis, wo ich ein Stück Vertrauen habe zu ihr. (27, 236:236).

Für die Haushalte, die noch am ehesten ein professionelles Rollenverständnis an den Tag legen, sind die vorrangig gewünschten „Eigenschaften" einer Putzfrau Gründlichkeit, Flexibilität, Schnelligkeit oder Sauberkeit. Verteilt über das gesamte Untersuchungsfeld, folgen Vertrauenswürdigkeit, Diskretion und Sympathie. Darüber hinaus werden häufig Zuverlässigkeit und Pünktlichkeit gefordert sowie vereinzelt Gepflegtheit und Freundlichkeit. Eine deutlich sachliche Einstellung artikuliert auch folgender Interviewpartner:

> Das (Arbeitsverhältnis zu Dienstleisterinnen) sehe ich total professionell, also ich finde, wenn jemand meine Wäsche macht, dann profitiert die Person auch davon, das würde ich nicht hierarchisieren, die hat sich eben auf Wäsche spezialisiert und ich habe mich eben auf Berufsbildung spezialisiert. (…) das finde ich ne absolut auf Augenhöhe stehende Geschäftsbeziehung (11, 685:687).

Vom (potenziellen) Arbeitgeber genannte Eigenschaften oder Zuschreibungen, die demgegenüber eine weniger ausgeprägte Professionalität oder berufliche Rollendistanz im Verhalten gegenüber bezahlten Hilfen im Haushalt zum Ausdruck bringen, bestehen aus „weicheren" oder „persönlichen" Merkmalen wie Sympathie, Erscheinungsbild oder Freundlichkeit. Man legt in diesen Fällen mehr Wert auf ein freundschaftliches, persönlich gefärbtes Verhältnis zur Angestellten.

> Doch, das ist wichtig für mich. Vertrauenswürdig, also ich muss einfach erst mal einen guten Draht zu denen haben und einfach so denken, ach, das passt schon, äh, ich meine man guckt immer den Leuten nur vor den Kopf oder so, aber kommt auch immer auf einen selber an, ob man so ein ängstlicher Typ ist, es gibt auch Frauen die sagen, ne, bei mir darf keiner in die Schränke gucken (10, 416).

4.2 Akzeptanz von ökonomisch geprägten Deutungen und Handlungsorientierungen 147

Unter welchen Bedingungen erschiene Ihnen eine Putzfrau vertrauenswürdig? Vielleicht, wenn man sich, na gut, dass wenn man sich mal so kurz unterhält, so ein bisschen merkt man ja so ob die vom Typ her einem so vielleicht so gefällt, was die halt so gerne macht auch und, dass man vielleicht so ein bisschen sich mal so kennen lernt und dann halt irgendwie wenn man so merkt da, so (7, 136:137).

Im Hinblick auf das Anforderungsprofil an bezahlte Hilfen im Haushalt lassen solche Antworten klar erkennen, dass in dieser Art von Dienstleistungsarbeit auch privat gefärbte, „unsachliche" Kommunikation zwischen Arbeitgeber und -nehmer eine Rolle spielt. Es ist mutmaßlich der besondere Kontext des Privathaushaltes, der solche Erwartungen fördert. Wenn es stimmt, dass informelle Verhaltensregeln wie Empathie oder emotionale Bindungen im privaten Rahmen ein größere Bedeutung haben als in Erwerbsarbeitsbeziehungen (Geissler 2006; 2008b), dann färbt dies scheinbar ab auf die Erwartungen an Haushaltsdienstleisterinnen.

Auch im Zusammenhang mit geschlechtlich konnotierten, traditionellen Einstellungen stellt sich die Frage nach deren haushaltsspezifischer Akzeptanz und Verbreitung. Die diesbezüglich insbesondere in der Frauenforschung herausgestellte Erkenntnis lautet, dass sich patriarchale Einstellungen im privaten Haushalt gerade auf Grund von dessen Komplementärfunktion zum Erwerbsbereich besonders deutlich manifestieren (vgl. Kapitel 2). Tätigkeiten wie Betreuung und Versorgung im Haushalt werden bis heute weitgehend von Frauen geleistet, da der Raum des Privaten ideologisch besetzt und strukturell abgewertet ist. Bei zusammenlebenden Paaren äußern sich traditionelle Einstellungen üblicherweise in einer ungleichen Arbeitsverteilung bei der Haushaltsarbeit – Frauen leisten den größeren Anteil. Geht man dagegen von einer tendenziellen Versachlichung bzw. ökonomisierungsbedingten Rationalisierung der Aufteilung der Haushaltsarbeit aus, müssten sich traditionelle Einstellungen oder Verhaltensmuster in abgeschwächter Form darstellen.

Zum Thema Arbeitsteilung in Paarhaushalten und Familien lassen die Interviews erkennen, dass geschlechtshierarchische, traditionell gefärbte Verhaltensmuster nach wie vor in vielen Haushalten scheinbar verbreitet sind. Frauen tragen im Untersuchungsfeld insgesamt mehr zur Organisationsarbeit im Haushalt bei als Männer und sie übernehmen im Verhältnis zum männlichen Partner auch größere Anteile der (materiellen) Haushaltsarbeit – trotz eigener Erwerbstätigkeit und obwohl von beiden Partnern durchgehend egalitäre Vorstellungen zum Ausdruck gebracht werden. Man versucht zwar, eine Gleichverteilung des Arbeitsaufwandes für beide Partner einzurichten, dies scheitert jedoch häufig an den unterschiedlichen Zeitbudgets und an divergierenden Vorstellungen über Gründlichkeit bzw. Sauberkeit. Das häufigste Rechtfertigungsmuster für die Ungleichheitsverteilung besteht im Hinweis auf unterschiedlich lange Arbeitszeiten.

> *Hausarbeit ist immer noch überwiegend Sache der Frauen. Bei Ihnen ja auch. Woran liegt das Ihrer Meinung nach?*
> Das liegt einfach daran, dass wir irgendwann in diese Verteilung rein gerutscht sind, wir haben auch schon zusammengewohnt wo wir noch beide studiert hatten und ein Kind hatten, und da hat mein Mann wesentlich mehr gemacht. Aber ab dem Zeitpunkt, wo wir diese klassische Aufteilung dann hatten, ich mit Kind zuhause, und mein Mann dann Arbeiten war ganztags, dann spielt sich das ein, also die Verantwortlichkeiten verrutschen dann einfach.(4, 190:191).

> *Hausarbeit ist immer noch überwiegend Sache der Frauen, woran liegt das Ihrer Meinung nach?*
> Sie: Bei uns liegt es daran, dass er arbeitet, und ich mir meinen Tag einteilen kann.
> Er: Wenn man das allgemein betrachtet, dann liegt das auch an solchen Dingen, dass eigentlich irgendwo dieses klassische Rollenbild, dass der Mann der Ernährer der Familie ist, sich immer noch in den Köpfen soweit festgesetzt hat. Wir beide sind da eigentlich gar nicht für und machen trotzdem, gehen in die Richtung (19, 234:235).

Vor allem in den *Paarinterviews* (zwölf) wird deutlich, dass diese Konstellation oft zu Belastungen des Zusammenlebens oder zu Konflikten führt. So ist es beispielsweise häufig die Waschmaschine, deren Bedienung der männliche Partner einfach nicht „verstehen will", und sie bemängelt, dass er nicht gründlich genug oder nicht motiviert genug beim Putzen sei. In der Regel zeichnet sich bei der Aufgabenverteilung in diesen Haushalten dann auch eine tendenziell eher traditionelle Arbeitsteilung ab, in welcher er eher für das „Grobe" und Handwerkliche zuständig ist, während sie häufiger putzt, kocht und die Wäsche erledigt.

> Er: Ich sauge schon. (…) Was ich nicht kapiere, ist die Waschmaschine zu bedienen.
> Sie: Ja, weil Du nicht willst (32, 226:227).

> Er: Bei der Wäsche ist es so, dass…, also da mache ich nicht so wahnsinnig viel, ich mache mal aufhängen und, aber das mache ich immer falsch, deswegen darf ich das nicht machen. Sie: (lacht)
> *Was macht er da falsch?*
> Er: Irgendwie die Reihenfolge…
> Sie: Verknickt aufhängen…
> Er: Ich nehme es einfach, wie es kommt, ich kapier das nicht…
> Sie *(ironisch)*: Du musst einen Ärmel zusammen knüllen und reinstecken, und dann hoffen, dass es trocknet.
> Er: Ich sortiere das vorher nicht. Blumen gießen, das mache auch eher ich.
> Sie: Aufräumen.
> Er: Kochen ist eher pari pari, würde ich jedenfalls sagen.

4.2 Akzeptanz von ökonomisch geprägten Orientierungen und Handlungen 149

Sie: Da muss man unterscheiden, in der Woche mache ich es auch meistens (41, 113:123).

Diese Aussagen weisen darauf hin, dass zwar bei beiden Geschlechtern eine Verinnerlichung der Gleichheitsnorm stattgefunden hat, es jedoch bisher bei den Männern nicht zu einer entsprechenden Routinisierung der Alltagspraktiken und Zeitverwendung gekommen ist. Zudem fehlen Detailkenntnisse, die Mädchen durch die Sozialisation im Elternhaus scheinbar mitbekommen haben. Fast alle Befragten distanzieren sich dagegen von den überwiegend traditionellen hausarbeitsbezogenen Vorstellungen der eigenen Eltern. Sowohl im Hinblick auf elterliche Sauberkeitsstandards als auch in Bezug auf die Rollenmuster des Alleinernährer- und Hausfrauenmodells, die in den elterlichen Haushalten noch überwiegen, werden ausschließlich Ablehnung und Kritik geäußert.

Heute sind wir beide verantwortlich und gucken, das hätte mein Vater nie getan. Der brauchte immer die Aufforderung meiner Mutter. (20, 90:90).

Der Vater hat nichts gemacht im Haushalt. Die Mutter hat alles gemacht. (...) Die Mutter hatte wahrscheinlich nicht das Organisationsproblem, was die heutige Elterngeneration hat. Bin jetzt ganz froh, dass wir das zurzeit so ganz gut [*egalitär*] organisieren können (38, 162:164).

Die Interviewpartnerinnen grenzen sich in der Regel durch die Betonung einer berufszentrierten oder vereinbarkeitsorientierten („doppelten") Lebensplanung (Geissler/Oechsle 1996) von der eigenen Mutter ab, sofern diese als Hausfrau gelebt hat. Darüber hinaus wird in fast allen Haushalten hervorgehoben, dass sie gegenüber dem elterlichen Haushalt niedrigere Sauberkeitsstandards haben. Ergänzt wird dieses Bild durch eine überwiegend geschlechtsneutrale Bewertung der haushaltsbezogenen Fertigkeiten von Frauen und Männern. Eine bessere oder schlechtere Befähigung zur Haushaltsarbeit, so die Meinung fast aller Befragten, sei nicht geschlechtsspezifisch verteilt, sondern eine Sache der Erziehung oder des persönlichen Willens. Dass heutzutage mehrheitlich dennoch Frauen einen größeren Teil der Hausarbeit übernehmen, sei durch Erziehung bzw. die Weitergabe von Rollenklischees oder durch unterschiedliche Arbeitszeiten zu erklären. Dieses Antwortverhalten ist eine klare Absage an das Rollenmuster der Hausfrau:

Sind Frauen in der Hausarbeit besser als Männer?
Sie: Nein!
Er: Ich denke, das ist ein Mythos, einfach zu sagen dass das entweder Frauen oder einfach Männer besser können. Das ist, wie soll ich sagen, charakterabhängig oder fähigkeitsabhängig oder wie auch immer man das nennen will.

Sie: Das kann man so schön mit dem Satz beschreiben: „Ich kann nicht, heißt ich will nicht", das hat glaube ich eher was mit dem Rollenverständnis zu tun. (1, 295:296).

Aus den darlegten Interviewaussagen wird insgesamt ersichtlich, dass sich die Spezifik des Arbeitsortes Privathaushalt in den Erwartungen und Einstellungen gegenüber (potenziellen) Putzhilfen und auch in geschlechtlichen Zuschreibungen niederschlägt. Zwar sind durchaus auch Haushalte befragt worden, in denen vergleichsweise „professionelle" Anforderungen und Erwartungen an eine Putzhilfe gestellt werden, und einige der Arbeitgeberhaushalte verhalten sich vergleichsweise „ökonomisiert" gegenüber den bezahlten Haushaltshilfen, insofern sie sich relativ distanziert geben. In gleichem Maße artikulieren die meisten der befragten Haushalte hinsichtlich geschlechtlich geprägtem Denken ein modernes, egalitäres Rollenverständnis und erweisen sich damit pro forma als modernisiert. Dennoch scheinen sich auch, zumindest rein quantitativ betrachtet, nach wie vor in ähnlichem Ausmaß gegensätzliche Einstellungsmuster zu finden. „Unprofessionelle" Erwartungen an Putzhilfen und praktizierte hierarchische Muster geschlechtlicher Arbeitsteilung widersprechen in ungefähr der Hälfte der befragten Haushalte ökonomischen oder marktgängigen Anforderungen. Solche Einstellungen und Praktiken passen nicht in das Bild einer „Vermarktlichung" des Privaten, insofern sie zu personengebunden, zu geschlechtsorientiert sind und sich zu wenig an Leistung und an kalkulierbaren, abstrakt vergleichbaren Wertmaßstäben orientieren, um als „ökonomisiert" gelten zu können.

4.3 Zum Stellenwert des Privathaushaltes als Privatsphäre

Die Bedeutung, die die befragten Haushalte den „eigenen vier Wänden", den in ihnen vollzogenen Praktiken, Ritualen oder kommunikativen Verhaltensweisen beimessen, wurde vor allem anhand der Aussagen zu den Themenkomplexen „Haushaltsarbeit" sowie „Haushaltsdienstleistungen" rekonstruiert. Orientiert an den im zweiten Kapitel gebildeten Indikatoren für privatheitsbezogene Handlungsmuster und Deutungen, wurden mehrere (ursprünglich 17) Variablen erstellt, die auf verschiedene Komponenten und Konstruktionsweisen von Privatheit verweisen. Dabei interessierte im Sinne der Fragestellung zunächst, ob im Haushalt überhaupt noch Vorstellungen von einer Privatsphäre oder haushaltsbezogene Grenzziehungen nach außen existieren. So diese existierten, interessierte, welcher Art diese Vorstellungen waren. Nach einer ersten Sortierung, Zusammenfassung und Auswahl der zugeordneten Aussagen, wurde die ursprüngliche Liste auf sechs Variablen reduziert. Von diesen sechs Variablen wiederum

4.3 Zum Stellenwert des Privathaushaltes als Privatsphäre

brachten zwei zusammenfassend privatheitsbezogene Praktiken und Deutungen zum Ausdruck, die sich von ökonomischen Handlungsprinzipien abgrenzen ließen[49]. Vier weitere Variablen verwiesen auf verschiedene Muster der Konstruktion von spezifisch *haushalts*bezogener Privatheit. Diese Muster oder Typen unterschieden sich vor allem in der Art der Grenzziehung zwischen Haushalt und Außenwelt. Was macht die Spezifik der jeweils im Haushalt praktizierten und kommunizierten Unterscheidungen aus? Auf Basis dieser Typen wird dann zu fragen sein, ob und inwieweit sich diejenigen Haushalte, die diesen Typen zugeordnet wurden, mit extremen ökonomisierungsbezogenen Variablenausprägungen in Verbindung bringen lassen.

Die folgende Tabelle 10 (S. 152) gibt Überblick über die Verteilung der Merkmalsausprägungen der gebildeten Variablen auf alle Haushalte.

Ähnlich wie in den vorhergegangenen Verteilungsmustern der Variablenwerte, wurden durchschnittlich jeweils zehn der befragten Haushalte hohe Ausprägungen zugeordnet. Das bedeutet, in diesen Haushalten sind besonders deutliche oder eindeutige Aussagen zu privatheitsbezogenen Themen oder Praktiken vorfindbar.

Mit der Variable „Emotional-bedürfnisorientierte Handlungsmuster" (Reziprozität, Orientierung an Bedarfsdeckung) sind Tätigkeiten bezeichnet, die ökonomischen oder Effizienzkriterien widersprechen, da sie entweder mit Liebe oder Fürsorge verbunden sind, oder da sie ohne Erwartung einer Gegenleistung für die Familie oder personengebunden ausgeführt werden. Dieser Variable wurden darüber hinaus Tätigkeiten zugeordnet, die sich primär an Bedarfsdeckung orientieren, da sie nicht auf weiterführende ökonomische Verwertungsmöglichkeiten ausgerichtet sind. Muster solcher Handlungsweisen, die in insgesamt zwölf Haushalten vergleichsweise deutlich ausgeprägt und in 19 Haushalten mittel ausgeprägt sind, bestehen vor allem dort, wo deutlich auf Vertrauen oder Gegenseitigkeit basierende Hilfstätigkeiten in Kombination auftreten mit relativ umfangreichen Fürsorge- oder Erziehungstätigkeiten (oder auch mit deutlich ausgeprägtem regenerativem Freizeitverhalten). Solchen Praktiken entsprechen oft Einstellungen, die personenbezogene Handlungsziele (Intimität, Fürsorge, Solidarität etc.) zum Ausdruck bringen, womit die zweite der privatheitsbezogenen Variablen benannt ist. Sie lassen sich gegenüber zweckrationalen, konkurrenzorientierten Denkweisen abgrenzen.

---

[49] Diese Variable bezieht sich auch auf Aussagen, die das gesellschaftliche oder politische Geschehen *außerhalb* des eigenen Haushalts kommentieren.

Tabelle 10: Variablengruppe „Praktiken und Deutungen zu Privatheit"
Verteilung der Merkmalsausprägungen für alle Haushalte insgesamt

Verteilung der Variablenwerte für Praktiken und Deutungen zu Privatheit auf alle Haushalte insgesamt				
Variable	Ohne Wert	Geringe Ausprägung	Mittlere Ausprägung	Hohe Ausprägung
Emotional- bedürfnisorientierte Handlungsmuster (Reziprozität, Orientierung an Bedarfsdeckung)	4	19	19	12
Personenbezogene Werte und Ziele (Intimität, Fürsorge, Solidarität)	22	13	13	7
Privatheit als gemeinschaftlicher Raum (Gemeinschaftliche, gruppenbezogene Praktiken)	13	13	18	11
Privatheit als Rückzugsraum oder als Gegenwelt zu Konkurrenz und Öffentlichkeit	7	12	20	16
Privatheit als Schutzraum	4	27	14	10
Privatheit als Repräsentationsbereich	23	15	12	5
Durchschnittswerte Praktiken und Deutungen zu Privatheit	12	16	17	10

Nicht sonderlich überraschend, werden die meisten solcher Handlungsmuster und Einstellungen in Haushalten mit Kindern artikuliert, wenn es um deren Betreuung und Erziehung geht. Von den insgesamt zwölf Haushalten mit relativ deutlicher Ausprägung solcher Handlungsmuster sind sieben Familien- und drei Alleinerziehendenhaushalte. Emotionalität oder Bedürfnisorientiertheit kommen hier unter anderem dadurch zum Ausdruck, dass Kinderbetreuungszeit und Familienzeit Priorität eingeräumt wird gegenüber Erwerbsarbeitszeit. Zudem finden sich hier Meinungen, die im Hinblick auf öffentliche Diskurse eher „soziale" Positionen einnehmen (z.B. Forderungen nach mehr Unterstützung sozial Schwächerer oder von Familien). In diesem Sinne äußert sich ein Familienvater, der seine Arbeitszeit reduziert hat, um mehr Zeit für die Familie zu haben:

4.3 Zum Stellenwert des Privathaushaltes als Privatsphäre

> Die Zeit für mich und meine Sohn ist sehr wichtig, auch wenn es weniger Geld gibt. (...) Ich arbeite zwar jetzt weniger, um mehr Zeit mit meinem Sohn zu haben, aber ich würde gerne vielleicht noch ein bisschen kürzer arbeiten, aber das wäre einfach nicht möglich in meinem Büro (15, 48:49).

In insgesamt 15 Haushalten wird Teilzeitarbeit zum Befragungszeitpunkt – hauptsächlich von Frauen mit Kindern – praktiziert. Geringere berufliche Einbindung und finanzielle Einschränkungen werden hierbei in Kauf genommen, um mehr Zeit für die Familie, die Kinder oder die Freizeit zu haben. Eine charakteristische Äußerung zu diesem Thema verdeutlicht die Wertschätzung von Teilzeitmodellen für Mütter:

> *Was halten Sie generell von Teilzeitarbeit beziehungsweise von flexiblen Arbeitszeiten?*
> Ich finde es ganz wichtig. Ich arbeite schon viele Jahre in meinem Beruf [Erzieherin]. Solange ich kein Kind hatte, war das für mich nicht so ein Thema. Aber ich habe das immer so schwierig gefunden für die Mütter unter uns. Ich hatte zuvor einen Arbeitgeber, der keine Teilzeitarbeit zugelassen hat und das fand ich ganz schwierig. Wir sollten für die Eltern immer da sein, für die anderen Eltern, und wo wir selber Eltern waren, konnten wir es nicht, konnten wir das nicht, was wir gerne wollten. Das fand ich schwierig, aber bei meinem jetzigen Arbeitgeber gibt es dieses Problem nicht. Ich finde Teilzeit gut. Darauf habe ich großen Wert gelegt, nachdem ich ein Kind hatte, weil ich auch Zeit mit ihr verbringen möchte und auch mitkriegen möchte, was sie erlebt. (21, 57:58).

In zwei weiteren Familienhaushalten sind Tagesablauf bzw. Alltagsorganisation außerhalb der Erwerbsarbeit und die Freizeit weitgehend auf die Kinder ausgerichtet:

> *Wie wichtig ist es Ihnen, einen geordneten Alltag zu haben?*
> Ja, mit den Kindern empfinde ich es als wichtig, weil, ähm, doch ich hab das Gefühl, dass die Kinder das spüren, wenn es zu sehr äh durcheinander geht, also, ich bin der Meinung, dass es wichtig ist, einen halbwegs geregelten Arbeits- öh, also Tag zu haben, ähm, einfach aus dem Hintergrund, dass es dann wieder einfacher ist, das alles zu organisieren. Dann gibt es Absprachen, an die sich jeder halten kann und dann gibt es Ausnahmen, und das kann man dann aber besser regeln, wenn man weiß das ist der Normalfall und das ist jetzt ne Ausnahme, ja. Also, ne, wir (...) achten eigentlich sehr darauf, dass es auch Essen, gibt es schon so zu regelmäßigen Zeiten, eigentlich alles, auch die Kinder ins Bett bringen, morgens Aufstehen ist eigentlich auch sehr geordnet bei uns (31, 368: 39).

> *Würden Sie einen Fensterputzer einstellen?.*
> Sie: Wenn ich das Geld dazu hätte (lacht), wenn wir das Geld dazu hätten, würden wir es machen...
> Er: Würden wir mehr Zeit...
> Sie: ... für uns haben.
> Er: ... mit dem Kind verbringen (29, 494:498).

Auch der Wert der Freizeit wird gegenüber der Erwerbsarbeit oft betont:

> Ich habe nur ne Dreiviertelstelle und ich will auch keine ganze, ich komme mit dem Geld hin und habe lieber mehr Freizeit und weniger Arbeitszeit, so lange ich da mit dem Geld hinkomme finde ich das entschieden besser (2,49:49).

> Man will ja auch noch die Zeit, die man als Paar hat, dann irgendwo, wir versuchen die ganze Zeit, den Begriff zu vermeiden, aber ich sage es mal: Quality Time, miteinander zu verbringen, und nicht nur die Putzsachen tun (19, 507:507).

Wie in diesen Aussagen angedeutet, wird Privatheit in den Haushalten mit ausgeprägt emotional- bedürfnisorientierten Handlungsmustern über eine Priorisierung der Kinderbetreuung oder der Freizeit hergestellt; sie kann aber ebenso durch Pflege intimer oder (weiterer) familiärer, verwandtschaftlicher oder freundschaftlicher, nachbarschaftlicher Bindungen zum Ausdruck kommen. Solche Bindungen aktualisieren die Beteiligten durch gemeinsame Freizeitaktivitäten oder über unentgeltliche Hilfeleistungen. Beispiele hierfür finden sich in den Interviews wiederum vor allem zum Thema Kinderbetreuung:

> Also die Oma kümmert sich eigentlich ziemlich gern auch um die Kinder und macht das auch häufiger und die Schwester von meiner Frau, ansonsten würde es auch problematisch sein mit irgendwelchen, wenn wir abends weggehen (33, 73:73).

Eine andere Befragte schildert, wie sie für Freunde das Catering bei Festivitäten übernimmt:

> *(Nutzen Sie einen) Cateringservice?*
> (Lacht) was soll ich jetzt sagen? Dass ich da es auch schon für Freunde gemacht habe? Wenn die umziehen, dann bringe ich das gesamte Essen herein; und alle sind ganz glücklich, wenn ich das mache. Für mich habe ich das noch nie genutzt, aber ich habe das schon übernommen für Freunde, wenn etwas hatten.
> *Auch gegen Bezahlung dann?*
> Wenig. Das ist dann eher ein Freundschaftsdienst. Also statt die Kisten mitzuschleppen mache ich das und mache es gut. Oder bei Feten: „Kannst Du ein bisschen nach dem Buffet gucken"? (14, 340:340).

4.3 Zum Stellenwert des Privathaushaltes als Privatsphäre

Generell holt man sich in den befragten Haushalten zudem oft beim Renovieren oder beim Umzug Freunde zur Hilfe.

(Brauchen Sie) vielleicht jemand der so kleinere Reparaturen macht?
Da brauch ich keine Firma, da hab ich einen guten Freundeskreis. Also meinen 50. Geburtstag mit 50 Leuten, können Sie sich vorstellen, da waren manche noch nicht dabei, also ich kann wirklich sagen, ich habe so einen Freundeskreis, dass ich keinen überfordere, weil wenn man jemanden bloß einmal im Jahr bittet, kannst du mir mal in die Decke paar Dübel bringen, äh, die Frau sagt, komm, gehst gleich mit, aber wenn ich dem Laufend auf den Geist gehe, dann ist es nicht gut, ansonsten kann ich also über den Freundeskreis und Bekanntenkreis gut viele Sachen auch abdecken, die mal sein müssen (54, 301:301).

Regelmäßige „Netzwerke" der gegenseitigen Unterstützung bilden allerdings eine Ausnahme im Untersuchungsfeld. In lediglich zwei Fällen betonen Haushalte die Eingebundenheit in solche privaten Hilfeformen. Zu unterscheiden ist in diesem Punkt zwischen seltener anfallenden Arbeiten wie Renovieren oder Reparieren einerseits und regelmäßiger Haushaltsarbeit andererseits. Während bei Reparaturen oder beim Renovieren Hilfe üblich ist, wird in den meisten der befragten Haushalte beim Putzen, Kochen oder Wäsche waschen wenig bis keine unentgeltliche Hilfe geleistet. Selbst im Krankheitsfall wird bei Haushaltsarbeit sehr selten auf verwandtschaftliche oder nachbarschaftliche Unterstützung zurückgegriffen. Dies kann als Hinweis auf die Bedeutung der Haushaltsarbeit für die Konstruktion des Privaten gedeutet werden – man lässt sich hierbei möglicherweise eher ungern helfen, da mit der Arbeit in den eigenen Räumen private, intime oder persönliche Dinge berührt werden. Bestenfalls engste Familienmitglieder werden unterstützend hinzugezogen:

Gibt es da jemanden von außerhalb, der im Haushalt hilft?
Ja, da ich die Waschmaschine mit meiner Tochter zusammen benutze, macht die natürlich für mich manchmal die Wäsche, umgekehrt ich auch mal für Sie. Aber ansonsten mache ich meinen Kram alleine (26, 137:138).

Mit der Aussage „meinen Kram alleine" zu machen verweist diese Interviewpartnerin, eine alleinstehende Frau im Alter von über 50 Jahren, darauf, dass sie ihre Haushaltsarbeit gerne selbst erledigt. Unterstützung „von außen", egal ob gegen Bezahlung oder nicht, würde ihrer Privatheitskonzeption widersprechen; Haushaltsarbeit bedeutet für sie keine Belastung oder Arbeit, sondern Vergnügen und Zerstreuung:

Sind diese Tätigkeiten (Haushaltsarbeit) Arbeit?
Sie: Nö, das ist für mich nicht Arbeit. Das mache ich gerne, das mache ich für mich, das ist ein Unterschied zur Arbeit, die mache ich nicht für mich, die mache ich für jemand anders.
Sind da Sachen dabei, die Sie besonders gerne machen oder die besonders schwer fallen?
Sie: Nein, das gestatte ich mir gar nicht, dass mir da irgendwas besonders schwer fällt, ich mache das, was gemacht werden muss, und ist gut, und möglichst mit Lust (26, 86:90).

Zwar stellt eine solche Perspektive (Haushaltsarbeit wird gerne gemacht, hat Freizeitcharakter und ist emotional positiv besetzt) auf private Haushaltsarbeit nicht die Mehrheitsauffassung im Untersuchungsfeld dar, sie ist aber dennoch vielfach (in insgesamt 16 Haushalten) auffindbar. Auf unterschiedliche Bedeutungen der Haushaltsarbeit für die Konstruktion des Privaten soll im nächsten Unterkapitel noch näher eingegangen werden.

Insgesamt wird aus diesen Andeutungen ersichtlich, dass personenbezogene Praktiken und Werte, die Fürsorge, Unterstützung oder Hilfe ausdrücken, (und die in etwa der Hälfte der befragten Haushalte vergleichsweise deutlich ausgeprägt sind), bei der Alltagsorganisation eine bedeutsame Rolle spielen können. Da es im Vollzug solcher Praktiken im Gegensatz zu ökonomischen oder Leistungsbeziehungen nicht um den Austausch von abstrakt messbaren Gaben und Gegengaben geht, sondern da eher die Beziehung selbst im Vordergrund steht, handelt es sich um Formen der Reziprozität (Hollstein 2005 und Hartmann/Offe 2001). Insbesondere in Familien scheinen verpflichtende Hilfeleistungen nach wie vor relativ stark verbreitet zu sein.

Muster der Konzeption von Privatheit

Als Hauptertrag der Auswertung von Aussagen zum Thema „Privatheit" bzw. damit zusammenhängender Praktiken und Einstellungen konnten vier verschiedene Muster der Ausgestaltung des Privaten ausgemacht werden. Sie bilden idealtypische Kondensate der markantesten Interviewaussagen zu diesem Themenbereich (Kluge 1999). Diese Muster schließen sich daher gegenseitig nicht aus und sie können auch in Mischformen auftreten. Es folgt eine kurze Schilderung ihrer wesentlichen Charakteristika.

1) Eine Konzeption von *Privatheit als Rückzugsraum oder als Gegenwelt zu Konkurrenz und Öffentlichkeit* ist in den Interviews am deutlichsten identifizierbar und am häufigsten in ausgeprägter Form nachzuweisen (16 Fälle). In diesem (klassischen) Verständnis wird der private Raum als Bereich der Erholung und

4.3 Zum Stellenwert des Privathaushaltes als Privatsphäre 157

als Binnenraum konzipiert, der einerseits nicht jedem zugänglich sein soll und in dem andererseits Prinzipien wie Leistung, Konkurrenz oder Effizienz gegenüber der Außenwelt in vergleichsweise abgeschwächter Form Gültigkeit besitzen. So wird im Vergleich der Arbeit einer Putzhilfe im eigenen Haushalt mit der Arbeit von Zimmermädchen im Hotel die räumliche Bestimmung von Privatheit als auf die eigene Wohnung bezogen deutlich:

> Ja, das ist dann schon natürlich wieder persönlicher also, Zimmermädchen, das kennt man ja dann gar nicht so im Prinzip, das ist schon was anderes, das (ist) für ein Hotel, das ist ja nicht meine Wohnung, ja (4, 522: 522).

Die eigene Wohnung ist in dieser Auffassung vor allem als „persönlicher" Ort benannt, da man dort „selbstbestimmt" (41, 187) agieren kann und es sich gut gehen lässt; man kann in Ruhe „auf dem Sofa liegen und lesen" (27, 66). Man gönnt sich Erholung, denn die Außenwelt ist „schon unruhig genug" (32, 38). In den privaten Räumen gilt ein anderer zeitlicher Rhythmus und man stellt an sich und die Haushaltsmitglieder andere Anforderungen als außerhalb; ein egoistisch-rationales, rechenhaftes Verhalten ist erst einmal außer Kraft gesetzt. So betont ein Ehemann die gemeinschaftliche und egalitäre Arbeitsteilung bei der Haushaltsarbeit:

> Kochen ist ihre große Leidenschaft, kann alles sehr gut, hat ein Händchen dafür. Ich mache danach sauber. Badezimmer, Fenster mache alles ich. Das Feine macht sie. Wir teilen uns wirklich alles. Wir rechnen das auch nicht auf, wir haben auch nicht zwei Kassen (8, 56:56).

In einem auf diese Art als privat bestimmten Wohnraum wird sich vornehmlich der Regeneration gewidmet und man verbringt die Freizeit gerne zu Hause (18). Es wird dann vornehmlich „relaxt" und „Stress" lässt sich im Privatbereich „besser wegstecken" (19, 44) als anderswo. Die Wohnung gilt als ein „Ort der Ruhe und der Erholung" (10, 27). Zwei weitere kurze Statements zum Thema Alltagsgestaltung verdeutlichen dies:

> *Was verursacht so den meisten Stress im Alltag?*
> Also ich empfinde so eigentlich keinen Stress, also man macht sich Stress immer selber und ich habe eher so im privaten Bereich dann den Stress, dass man in der wenigen Freizeit so viel wie möglich unterbringen möchte und dann ins galoppieren kommt, aber da leide ich nicht groß drunter, weil da weiß man ja warum man es macht, im privaten Bereich, da kann man das dann besser wegstecken (19, 44:44).

Gibt's denn etwas, was ihnen jeden Tag besonders auf die Nerven geht? Oder was verursacht den meisten Stress?
Mmh, was verursacht den meisten Stress? Also das ist schwierig, ich mach' mir mit'm Haushalt nicht so besonders viel Stress. Da bin ich auch relativ großzügig, muss ich sagen (51,40:40).

2) Eine zweite Auslegung von Privatheit konstruiert diese vornehmlich als *Schutzraum und als Intimbereich*. In zehn der befragten Haushalte ist diese Konzeption vergleichsweise deutlich ausgeprägt. Bei diesem Privatheitsmuster werden verschiedene Räume oder Bereiche der Wohnung als besonders sensibel oder intim bezeichnet, die vor der Öffentlichkeit verborgen gehalten werden sollen. Sie sind oft mit Scham besetzt, da es hierin um Körperpflege, Essen oder um Schmutz geht. Es werden bestimmte Bereiche der Wohnung in dem Sinn als „privat" angesehen, dass dort keine Putz- oder Aufräumarbeiten stattfinden sollen (Räume wie Schlafzimmer, Bad, Wäsche und Küche sollen verborgen bleiben)[50]. Sowohl Alleinstehende, Familien und auch Paarhaushalte äußern diese Vorbehalte, gelegentlich noch verstärkt durch Misstrauen gegenüber Dienstleisterinnen (etwa wegen Diebstahl oder Indiskretion). Wie weiter oben schon ausgeführt, werden – um die Wohnung als Schutzraum gegen außen zu sichern – von den (potenziellen) Dienstleisterinnen sehr oft persönliche Eigenschaften wie Diskretion oder Vertrauenswürdigkeit gefordert oder es wird häufig diffus erwartet, dass die Arbeitsbeziehung auf Sympathie gründet. Da die Grundlage für eine Vertrauensbeziehung jedoch sehr prekär ist, wird von vielen Haushalten auf die Beschäftigung von Dienstleisterinnen verzichtet.

Weiterhin ist diese Auffassung charakterisiert durch ausgeprägtes Abwehrverhalten gegenüber fremden Personen und gegen staatliche Eingriffe. Deutlich wird diese Einstellung erneut bei der Frage nach der (möglichen) Beschäftigung einer Putzhilfe im eigenen Haushalt sowie nach dem Unterschied zwischen „Zimmermädchen im Hotel" und einer solchen Putzhilfe. Im Hotel gibt man, so die Auffassung, „nicht so viel von sich preis" (14, 372) wie zu Hause. Die Beschäftigung einer Dienstleisterin im eigenen Haushalt wird in dieser Gruppe zudem mit einem „Einbruch" gleichgesetzt (23, 192); in abgeschwächter Form artikuliert sich dieses Misstrauen dahingehend, das man lieber Firmenangestellte als alleinselbstständige Privatpersonen in die Wohnung lassen möchte. Generell äußert man vielfach Unbehagen und „komische Gefühle" bei der Vorstellung,

---

[50] „Gibt es Grenzen, was sollte die Putzfrau nicht machen? Bereiche, Grenzen, wo sie nicht hinsollte? Intimbereich finde ich, ist schwierig, also gut, so direkt, Toiletten sind ja sozusagen auch schon eine Art von Intimbereich, ähm, ja aber jetzt die Wäsche waschen und sortieren lassen also umso was also solche Sachen würde ich nicht machen (lassen)" (4, 514:518).

4.3 Zum Stellenwert des Privathaushaltes als Privatsphäre 159

dass fremde Personen in der Wohnung tätig werden. Gelegentlich wird solch eine Vorstellung auch als „peinlich" und „unangenehm" (37, 284) bezeichnet.

> *(Haben Sie Interesse an der Beschäftigung einer) Putzfrau?*
> Sie: Nee. (lacht)
> Er: Kommt uns nicht ins Haus.
> Sie: Nee, also das wäre eindeutig vom, weiß ich nicht, gedanklichen also ist mir zu peinlich, zu unangenehm (37, 284:284).

Selbst eine Arbeitgeberin einer (männlichen) Putzhilfe, die eigentlich schon Routine im Umgang mit einer solchen Situation haben müsste, hat nach wie ein „komisches" Empfinden auf Grund der Verletzung ihrer Intimsphäre:

> *Ist das überhaupt so ein bisschen komisch, wenn da jemand privates in der eigenen Wohnung unterwegs ist? Also wenn jemand fremdes unterwegs ist?*
> Also da fällt mir manchmal, dass habe ich vorhin nicht erwähnt, also mit dieser Kommunikation zwischen Putzmann und mir, dass man dann schon manchmal diese, ne. Also dass ich als Frau einen Mann als Putzmann beauftrage, ja, und irgendwie Haushalt ist ja so Intimbereich irgendwie, ja, ähm, dass ich das dann manchmal schon irgendwie ein bisschen komisch finde, ne, aber nicht so, dass mich das ernsthaft, nur es geht mir hin und wieder durch den Kopf, es fällt einem auf, ne, hier ein Mann sozusagen, mit dem ich nichts habe sozusagen, ja, dringt er in meine Privatsphäre und mithin Intimsphäre ein, ne (5, 343).

In Ergänzung zu dieser Bestimmung von Privatheit als zu schützender Intimbereich wird sie gegen die politische Sphäre abgegrenzt (Rössler 2001: 55). In diesem Sinne bestimmt sich Privatheit sowohl über die Handlungsfreiheit und -fähigkeit des Subjekts als auch als die Sphäre, die frei ist von Einspruchs- und Eingriffsmöglichkeiten des Staates. Der Staat soll sich nicht in private Angelegenheiten einmischen, man will im Haushalt autonom entscheiden. Diese Meinung wird oft artikuliert, wenn es um mögliche Unterstützungsleistungen für bezahlte Haushaltshilfen geht. Um „private Dinge" wie die Arbeit im Haushalt, so die diesbezügliche Auffassung, habe sich jeder selbst zu kümmern.

3) Privatheit wird von einer dritten Gruppe an Haushalten auch als *gemeinschaftsbezogene Sphäre* aufgefasst. Das Private ist hier der Ort, an dem familiäre oder intime Beziehungen ausgelebt werden und wo man diese Beziehungen im Sinne der alltäglichen, gemeinsamen Organisation des Lebens gestaltet. An solchen intimen oder primären Beziehungen sind nur ausgewählte Personen beteiligt, weshalb das Private (normativ und rechtlich) einen besonderen Status genießt. Es ist der Ort, zu dem nur Verwandte, Bekannte oder Freunde unbeschränkte Zugangsrechte haben. Hierin liegt auch der wesentliche Gegensatz zur

Öffentlichkeit, zu der keine Zugangsbeschränkungen bestehen. Aussagen, die diese Privatheitskonzeption zur Geltung bringen, betonen die Wichtigkeit von Regeln oder von regelmäßigen gemeinsamen Mahlzeiten der Haushaltsmitglieder. Sie heben den besonderen Wert des gemeinschaftlichen Erfahrungsaustausches hervor oder sie betonen die Sorge der Haushaltsmitglieder füreinander bzw. den gemeinschaftlichen Gebrauch von Ressourcen. In elf Haushalten, davon die meisten Familien, ist dieses Privatheitskonzept besonders ausgeprägt. So betont ein Familienvater in einem Haushalt, in dem auf Grund der doppelten Erwerbstätigkeit der Eltern kaum Zeit füreinander bleibt, wie wichtig die gemeinschaftlich verbrachte Zeit ist:

> Regeln sind uns ganz wichtig. Das ist das eine, und miteinander zu reden, in Kontakt sein ist inzwischen, nach langem Austesten, wie wir das probiert haben, ist inzwischen auch wichtig, regelmäßig auch miteinander ins Gespräch zu kommen, wir haben jeden Sonntag Morgen so einen Familienkreis, wo wir zusammenkommen mit unserem Sohn, also nach dieser Zwiegesprächsmethode mal entstanden, aber wir haben das sozusagen als Trialog dann entwickelt und jeden Sonntag nach dem Frühstück sitzen wir zusammen und sagen, das war jetzt die Woche und was erwartet jeder so in der kommenden Woche, das ist uns ganz wichtig, das ist vielleicht auch der wichtigste Zeitpunkt in der Woche, den versuchen wir möglich an jedem Sonntag durchzuhalten (47, 37:37).

Gleichzeitig wird hier Misstrauen gegenüber Fremden artikuliert:

> Es ist sicher für uns auch ein Thema, wen wir in die Wohnung reinlassen (…) In erster Linie kommt für mich eben die Frage, da gebe ich dir Recht, die Vertrauensfrage, das ist heute sehr, sehr schwer. Wen kannst du in die Wohnung lassen, kannst du überhaupt noch jemanden in die Wohnung lassen; besteht die Gefahr, dass du abends nach Hause kommst und dann keine Wohnungseinrichtung mehr findest, das ist nämlich das Traurige an der ganzen Sache (47, 313:314).

Weitere Zitate belegen die besondere Bedeutung gemeinsamer Mahlzeiten im Privatbereich, die genauso wie eine gemeinschaftliche Erledigung der Haushaltsarbeit dazu dienen, sich als privates (familiales) Kollektiv zu konstituieren:

> Für mich ist es schon erstrebenswert, möglichst viel zu Hause zu kochen.(…) Essen und kochen bietet wenn man sich tagsüber nicht so viel sieht die Gelegenheit des Austauschs, insofern ist das schon gut, wenn man das viel zu Hause macht. (…) Ich finde es sinnvoll, dass man Kinder dazu erzieht, gemeinsam was zu machen, denn wenn man in der Familie gemeinsam anpackt ähm, … ja, viele Hände machen der Arbeit ein Ende sozusagen, dann ist die Arbeit für den einzelnen nicht mehr so

4.3 Zum Stellenwert des Privathaushaltes als Privatsphäre

schlimm und es insgesamt gesehen für die Familie einfach auch angenehmer, besser (1, 305:305).

Also eben diese gemeinsamen Mahlzeiten dann einzunehmen, ne? Dass man sich's gemeinsam irgendwie schön macht, gerade dieses Kaffeetrinken nachmittags, das ist genial. (...) diese Freizeitaktivitäten, die wir sonst nicht gemeinsam haben können - weil die Zeit irgendwie fehlt - ne? Das ist so ein bisschen so diese verbindenden Elemente, ne? So, von Familienzugehörigkeit (56, 236:236).

Am Wochenende ist es schon schön, wenn man als Familie zusammen am Tisch sitzt und zusammen isst. (32, 148:148)

Auch wenn Privatheit als gemeinschaftsbezogener Sphäre überwiegend in Familienhaushalten nachweisbar ist, ist sie ebenso in Paarhaushalten ohne Kinder zu beobachten.

4) In einer vierten Konzeption von Privatheit schließlich ist die Privatheit der Wohnung oder zumindest bestimmter Räume notwendig, um Möglichkeiten der Selbstfindung und der Selbstdarstellung zu haben. Privatheit als Wohnraum hat hier einen hohen *symbolischen Wert, insofern sie als Repräsentationsbereich* nach außen und als *Areal der persönlichen Sinnstiftung* und Befriedigung im Alltagsleben dient. Es sind neben persönlich bedeutsamen oder repräsentativen (Einrichtungs)Gegenständen auch Sauberkeitsstandards und Haushaltsarbeitstätigkeiten wie Kochen und Putzen, die in diesem Zusammenhang identitätsstiftenden, zerstreuenden oder befriedigenden Charakter annehmen können (womit die Bandbreite der auffindbaren Sinnstiftungen noch nicht abgedeckt ist). Eine Beschäftigung von Dienstleisterinnen würde eine solche Sinnstiftung des Alltagslebens durch regelmäßige und gründliche Haushaltsarbeit, die bei den Interviewten dieses Typus häufig vorkommt, in Frage stellen (vgl. hierzu auch Kaufmann 1998: 123ff.). In fünf Haushalten ist ein solches Einstellungsmuster vergleichsweise hoch oder deutlich ausgeprägt und in zwölf Haushalten eher mittelmäßig.

So wird etwa in einem Mehrpersonenhaushalt mit Kindern die private Haushaltsarbeit gründlich und ordentlich gemacht, die Interviewte fühlt sich hinterher „glücklich" (3, 172), und in einem anderen Fall erfüllt die aufgeräumte Wohnung die Befragte „mit Befriedigung"; sie ist „Bedürfnis" und Freude (43, 79). Kochen gehört in diesem Zusammenhang so gut wie immer zu denjenigen Tätigkeiten, mit denen etwas Persönliches oder Privates verbunden wird, sei es, dass damit Kreativität ausgelebt oder dass besonderer Gastlichkeit bzw. Zuneigung Ausdruck verliehen wird:

Kochen und so, ich finde, das ist eine ganz wichtige Sache, dass man selber tätig ist. Also ich, weil – ich kann mir gar nicht vorstellen, das ist für mich irgendwie ein ganz wichtiger Bestandteil von Lebensqualität, dass ich das selber mache. Mache ich lieber selber, ja (40, 609:609).

Sowohl in ausgeprägten Sauberkeitsstandards als auch in der Ausschmückung der privaten Räumlichkeiten wird dem Haushalt versucht, eine persönliche Note zu verliehen, die Wohnung soll „geschmackvoll" sein bzw. „Atmosphäre" verbreiten (43, 128) und man möchte sich dort wohl fühlen:

> *Was muss regelmäßig im Haushalt gemacht werden?*
> Das Bad, die Küche, ich habe da den höchsten Anspruch, da das regelmäßig gemacht werden muss. Ich glaube mein Sohn fühlt sich auch in Ordnung ganz wohl (lacht).
> *Fühlen Sie Befriedigung dabei?*
> Ich finde schon, weil es ist immer irgendwas neu gestaltet, also ich bringe mir dann auch manchmal Blumen mit oder irgendwas (22, 122:122).

Besonders deutlich wird die identitätsstiftende Rolle von Haushaltsarbeit im privaten Wohnraum am Verhalten einer verheirateten berufstätigen Frau mit Kind, die im Paar-Interview sogar zugibt, dass sie ihren Ehemann mit Sauberkeitsansprüchen überfordert, um ihrer Kompetenz in der Rolle als Mutter Ausdruck zu verleihen:

> Er: Wenn meine Frau Samstag nach Hause kommt und die Aufgaben sind alle abgearbeitet, dann ist das immer noch nicht ausreichend, weil man muss ja unter Beweis stellen, dass man eine gute Mutter ist, und dann muss man schon auch mal ein bisschen gucken, ob irgendwas noch nicht gemacht ist, und es ist für mich nicht zufällig, dass es immer was gibt, was nicht gemacht worden ist. Und da denke ich, das ist eine Bewältigungsstruktur, nicht als Vorwurf, aber ich habe das irgendwie als Muster so inzwischen erkannt: „Ich muss jetzt noch mal deutlich machen, ich bin eine gute Mutter, und da muss ich jetzt was suchen." Da sage ich mir, da stelle ich lieber den Wischeimer gleich hinter die Korridortür, dass der noch rum steht, dann hat sie es nicht so schwer.
> *Ist das so, ja?*
> Sie: Es ist ein bisschen verallgemeinert, aber so ähnlich ist es, ich muss mittlerweile auch drüber lachen (47, 119:122).

Zwar stellt ein solches (extremes) Verhalten eher die Ausnahme dar im Hinblick auf Selbstdarstellung im Privaten und in Bezug auf Anspruchshaltung gegenüber anderen Haushaltsmitgliedern. Die Grundhaltung jedoch des unter Beweis stellen Wollens der eigenen Kompetenz in Haushaltsdingen aus Gründen der Anerkennung bildet einen wesentlichen Bestandteil einer solchen Konzeption von Priva-

4.3 Zum Stellenwert des Privathaushaltes als Privatsphäre

theit. So gibt man sich „besonders Mühe, wenn Besuch kommt" (6, 106) oder man würde seinen Gästen keinesfalls etwas aus der Tiefkühltruhe vorsetzen, damit es „liebevoller" ist (43, 97). Auch durch diese emotionalen Einlassungen wird Privatheit in einen Gegensatz zur effizienzorientierten Wirtschaftssphäre und zur zielorientierten politischen Sphäre gesetzt.

5) Eine letzte Art der Bezugnahme schließlich auf privatheitsrelevante Themen in den Interviews besteht in deren Nicht-Beachtung oder auch Ablehnung. Vor allem Privatheit als repräsentativer, identitätsstiftender Bereich oder als (intime) Schutzzone spielt in einigen Haushalten kaum eine Rolle. Gering ausgeprägte Sauberkeitsstandards und eine vergleichsweise nachlässige Erledigungsart der Haushaltsarbeit weisen hierauf hin. Es ist allerdings kaum ein Haushalt identifiziert worden, in dem alle vier Privatheitskonzepte zugleich ohne Bedeutung sind. Mit anderen Worten: Privatheit tritt in der Regel mindestens einmal pro Haushalt in einer der festgestellten Variationen (in stärkerer oder schwächerer Form) auf. So gibt es beispielsweise Haushalte, in denen die Wohnung keinen Status als besonders geschützten oder symbolisch aufgeladenen Raum besitzt, sondern in denen sie symbolisch relativ abgewertet erscheint. (Dies schon allein dadurch, dass erwerbsarbeitsbezogene Ziele und Zeitverwendungsmuster auch im außerberuflichen Alltag einen großen Raum einnehmen.) Dennoch wird sie in einigen dieser Fälle gerne als Rückzugsraum genutzt. Zu Hinweisen auf Formen der praktizierten „Entprivatisierung" nun einige kurze Beispiele.

Ablehnende oder gleichgültige Einstellungen gegenüber „Privatheit als Repräsentationsbereich" werden tendenziell dadurch zum Ausdruck gebracht, dass gegenüber externen Dienstleisterinnen kaum Vorbehalte bestehen oder wenig Misstrauen, und dass man in der Wohnung wenig bis keine Zugangsbeschränkungen gegenüber fremden Personen artikuliert. In anderen Interviews gilt der Haushalt nicht als intimer, zu schützender Bereich und die in ihm vollzogenen Arbeiten sind nicht besonders bedeutungsvoll oder sinnstiftend. Im Gegenteil: Es gibt durchaus Haushalte, in denen der wohnungsbezogene Arbeitsaufwand ausnahmslos als unliebsame Belastung empfunden wird. Einzelne Befragte verbringen relativ wenig Freizeit zu Hause und Sauberkeitsstandards spielen eine eher untergeordnete Rolle. Da man wenig Zeit in der Wohnung verbringt, werden hier auch häusliche Gemeinschaftsrituale wie Kochen oder gemeinsames Essen eher gering geschätzt. Ein selbständiger Familienvater meint dazu:

> (Ich) habe in meinem Leben noch keine Küche besessen, brauch ich nicht, hätte ich auch nicht, wenn ich Single wäre, unnütze Geldausgabe. (...) Ich koche nie. Für mich würde zweimal die Woche kochen reichen, es gibt so viele günstige Angebote, für das Geld kann man sowieso nicht kochen (8, 40:40).

In wiederum anderen Haushalten betont man, dass die Wohnung einer (potenziellen) Putzhilfe tendenziell unbeschränkt offen steht und dass man weniger Probleme damit hat, seinen Privatbereich zu öffnen:

> *Was sollte eine Putzfrau nicht machen, also gibt es eine Grenze, wo eine Putzfrau nicht hin sollte?*
> Sie: Ach so Betten machen hätte ich natürlich auch nichts dagegen, also Bereiche, nee, eigentlich, die könnte überall hin, ja (3, 346:346).
>
> *Was empfinden Sie dabei, wenn eine fremde Person in Ihrem Privatbereich tätig ist?*
> Also am Anfang ... äh empfand ich das schon als komisch und wie gesagt, ich würde es auch nach wie vor so ein bisschen gehemmt sehen, wenn ich da dabei wäre, aber ... mittlerweile ist es wirklich so, dass ich mir sage, dass das eben auch so sein muss, wenn sie mir eine Hilfe sein soll, ähm, muss ich ihr einfach Zugang zu vielen Dingen gewähren, die sonst eher nur mein Privatbereich sind und dann nehme ich das einfach in Kauf. (30, 288:289).

Der geringe symbolische oder identitätsstiftende Wert der privaten Wohnräume in Haushalten dieses Typus kommt auch dadurch zum Ausdruck, dass hier soziale Kontrolle durch Nachbarn keine Rolle spielt – in den meisten Fällen ist es den Befragten schlicht egal, was diese über den Sauberkeitsstatus der eigenen Wohnung denken.

Fazit: In den befragten Haushalten konnten insgesamt vier unterschiedliche Privatheitsmuster in relativ deutlicher Ausprägung identifiziert werden. Sie konstituieren jede auf besondere Weise den Privathaushalt als Bereich, der von öffentlichen oder ökonomischen Belangen relativ abgegrenzt ist. Es gibt kaum einen Haushalt, in dem noch so rudimentäre Privatheitsmuster nicht vorzufinden sind. Zu fragen wird nun sein, ob und inwiefern diese Arten der Konzeption von Privatheit von ökonomisierungsbedingten Praktiken und Einstellungen tangiert werden.

4.4 Bedeutungen von Haushaltsarbeit

Wie im zweiten Kapitel theoretisch ausgeführt, werden privat geleistete, unentgeldliche Eigenarbeiten im Haushalt üblicherweise Eigenschaften zugeschrieben, die sie weitgehend der formalen Rechenhaftigkeit bzw. einer ökonomischen Konnotation entziehen. Im Gegensatz zu Erwerbsarbeit gilt Haushaltsarbeit unter anderem als personenbezogen, als emotional positiv oder normativ besetzt und sie entzieht sich weitgehend einer instrumentellen Rationalität, da sie größtenteils gewohnheitsmäßig erfolgt und nicht geplant, kalkuliert oder ergeb-

4.4 Bedeutungen von Haushaltsarbeit

nisorientiert ist. Gerade auf dem Hintergrund eines möglichen Outsourcing solcher Tätigkeiten stehen Zuschreibungen dieser Art jedoch auf dem Prüfstand. Denn mit einer möglichen Vergabe von Haushaltsarbeit an bezahlte Dienstleisterinnen oder durch Übernahme von ökonomischen Prinzipien bei der Haushaltsführung ändert sich möglicherweise die „Rahmung" solcher Tätigkeiten. Die an dieser Stelle interessierende Frage lautet daher, inwieweit private Haushaltsarbeit (noch) von Erwerbsarbeit unterschieden, bzw. ob und inwieweit ihr auf dem Hintergrund von Ökonomisierungstendenzen (noch) ein außerökonomischer Status zugeschrieben wird. Dies soll anhand von vier Variablen überprüft werden, die sich auf Angaben zur Bewertung und zur Art der Erledigung von Haushaltsarbeit beziehen. Folgende Tabelle bietet einen Überblick über die Verteilung dieser Variablen:

Tabelle 11: Variablengruppe „Praktiken und Deutungen zu Haushaltsarbeit"
Verteilung der Merkmals-Ausprägungen für alle Haushalte insgesamt

Verteilung der Variablenwerte für Praktiken und Deutungen zu Haushaltsarbeit auf alle Haushalte insgesamt				
Variable	Ohne Wert	Geringe Ausprägung	Mittlere Ausprägung	Hohe Ausprägung
Haushaltsarbeit als „Dreck wegmachen"	10	20	17	8
Haushaltsarbeit als Entspannungs- und Wohlfühl-Beschäftigung	19	12	16	8
Haushaltsarbeit als Privat-Arbeit	9	18	14	14
Haushaltsarbeit als anspruchsvolle Arbeit	15	20	14	6

Das zunächst auffälligste Ergebnis dieser Übersicht ist die relativ hohe Anzahl an Haushalten, die Haushaltsarbeit (nach wie vor) als private Arbeit betrachten. Mit dem Attribut der „Privatheit" umfasst diese Variable sämtliche der in Kapitel 4.3 geschilderten Spielarten. Es bezeichnet Aspekte entweder von Intimität, Gemeinschaftlichkeit, Fürsorge, individueller Identität oder von privater Zurückgezogenheit. Jeweils 14 Haushalten wurde eine hohe bzw. mittlere Ausprägung dieser Variable zugeordnet, was zusammen ungefähr die Hälfte des untersuchten

Feldes ausmacht. Als private Bestimmung von Haushaltsarbeit wurden beispielsweise solche Aussagen eingeschätzt, die diese als autonome, selbstbestimmte Tätigkeit qualifizieren oder als Arbeitsbereich, der den Staat oder Andere „nichts angeht". So finden sich hierzu Aussagen, die Haushaltsarbeit primär als notwendige Familienarbeit bestimmen:

> *Es gibt ja immer mal wieder die Forderung von Hausfrauen, dass Hausarbeit bezahlt werden sollte, was halten Sie davon?*
> Das finde ich nicht so toll, ist was, wenn ich ein Bad nehme, bezahlt mir das auch niemand, Hausarbeit ist einfach Arbeit die notwendig ist im Zusammenleben (...) Aber wenn ich eine Familie habe, dann muss ich auch bereit sein, die damit notwendigen Arbeiten zu machen (42, 177:179).

Andere Befragte betonen, dass Haushaltsarbeit „schwer aufzurechen" (39, 197) ist, da sie „keine Arbeit", sondern „selbstbestimmte" Tätigkeit sei (41, 100). Als private Eigenarbeit erfolge sie in Abgrenzung zur Erwerbsarbeit „freiwillig" und „persönlich" (49, 132), bzw. gestalte man damit sein „persönliches Leben" (49, 139). Der Wert der Haushaltsarbeit resultiert für Befragte aus dieser Gruppe eher aus dem Beitrag, den sie für das private Wohlergehen leistet und nicht so sehr für die Reproduktion wirtschaftlicher Leistungserbringung. Daher wird Haushaltsarbeit als Tätigkeit definiert, die man gerne und wie selbstverständlich selbst erledigen möchte (bzw. die man ungern an Dienstleisterinnen delegiert). Haushalte mit extremer Ausprägung bei dieser Variable (n=14) kombinieren Perspektiven, die der Haushaltsarbeit Freizeitcharakter zuschreiben, die eine Delegation an Dienstleisterinnen ablehnen und die mit ihr in besonderem Maße Fürsorge oder Anerkennung verbinden. Mit dieser Sicht auf Haushaltsarbeit gehen meistens bestimmte Arten ihrer praktischen Erledigung einher, nämlich eine planmäßige, regelmäßige oder routinisierte Durchführung, die sich von nachlässigen, spontanen und unregelmäßigen Erledigungsarten abgrenzen lässt (vgl. hierzu detailliert Bergmann/Geissler/Pohlheim 2008: 78ff.).

In gesteigertem Ausmaß finden sich solche Praktiken und Einstellungen in Haushalten, die die Haushaltsarbeit als „Entspannungs- und Wohlfühlbeschäftigung" betrachten, da sie dort mit Genuss, Akribie und Freude erledigt wird. In insgesamt acht Haushalten ist diese Einstellung besonders ausgeprägt. Man betont hier, dass die Arbeit im privaten Rahmen Freude bereitet und dass man sich dabei wohl fühlt. Weder stellt die Haushaltsarbeit in diesen Fällen eine besondere Belastung dar, noch wird sie überhaupt als „Arbeit" definiert. Damit einher geht zudem auch oft eine positive Wertschätzung der Haushaltsarbeit als „anspruchsvolle Arbeit", die Vorkenntnisse erfordert und deren Wert zu wenig anerkannt werde. Da sie wertvoll (Wert schöpfend) sei und letztlich der gesamten Gesellschaft zu Gute komme, sei es nur gerechtfertigt, für diese Art von Arbeit

4.4 Bedeutungen von Haushaltsarbeit

entlohnt zu werden oder Anerkennung in Form von beispielsweise Rentenansprüchen zu erhalten. Die Argumentation bei den Befürwortern einer Bezahlung für Haushaltsarbeit ist weitgehend einheitlich:

> *Es gibt ja immer mal wieder die Forderung von Hausfrauen, dass Hausarbeit bezahlt werden sollte: Was halten Sie davon?*
> Sie: Das ist sicherlich eine richtige Forderung, ich frage mich nur immer, wie soll das bezahlt werden und von wem? Sicherlich bin ich auch produktiv oder halte irgendwas auf dem Laufenden, aber ich wüsste jetzt auch nicht, wie man das bezahlen soll (17, 83:83).

> Also den Grundgedanken kann ich sicher nachvollziehen, wenn man wirklich eine definierte Hausfrau hat, die nichts anderes macht, sondern drei Kinder erzieht, also ich sag mal, das gilt es sicher zu schätzen. Eine Bezahlung ist gerechtfertigt (…), aber es müsste anders geregelt werden, bei der Steuer was dabei, irgend so was (38, 121:121).

Die in insgesamt acht Haushalten extrem ausgeprägte Ansicht, Haushaltsarbeit sei nicht viel besser als „Dreck wegmachen", bringt dagegen ein hohes Maß an Geringschätzung bzw. Abwertung haushaltsbezogener Arbeiten zum Ausdruck. In acht Haushalten konnte eine solche Meinung deutlich identifiziert werden. Die Befragten äußern sich in diesen Fällen dahingehend, dass Arbeit im Haushalt keine oder kaum Vorkenntnisse erfordere[51]. Den Dienstleisterinnen im Haushalt wird zwar Anerkennung entgegengebracht, da sie sich zur Erledigung solch „niederen" Arbeiten bereit erklären:

> Also, ich denke mal, dass wenn ich sie einstelle, dann dass man von der Menschenkenntnis ausgehen kann und wer sich da vorstellt, der weiß, auf was er sich einlässt, wenn er einen Privathaushalt macht, ne. Und da ich ja selber die Hausarbeit jetzt mache, dann weiß ich ja, was ich ihr dann zumute im Grunde genommen und weil ich jetzt nicht selber mache, denke ich mal, muss ich ihr eher noch einen gewissen Funken Respekt noch entgegenbringen, dass sie eigentlich meinen Dreck weg macht (3, 357:357).

Eine monetäre Anerkennung der eigentlich „privaten" Haushaltsarbeit wird jedoch abgelehnt, da sie nicht als eine eigenständige Form von Arbeit angesehen wird:

> Wenn jemand meint, seine Zeit im Haushalt verbringen zu müssen, ist das seine persönliche Einstellung. Also, ich sehe es nicht so. Für mich ist Haushalt ein Mittel

---

[51] „Jeder kann putzen. Jeder kann einen Haushalt machen" (7,79).

zum Zweck, genau, wie eben Trinken und Essen zum Leben gehört, so gehört Haushaltsführung, schon aus logischen Aspekten, für mich einfach dazu. Das ist nichts, wo ich jetzt sage „da möchte ich jetzt Geld für haben" (31, 132:132).

Die Befragte, eine in Vollzeit erwerbstätige Mutter, verdeutlicht mit dieser Aussage einerseits ihre Erwerbsfixierung und andererseits den für sie prinzipiell außerökonomischen, privaten Charakter des Haushaltes. Mit der Meinung, „man verblödet ja auch in einer gewissen Weise, wenn man nur zu Hause ist und nicht unter Leute geht" (33, 109:110) soll hier noch einmal abschließend eine Kontrastmeinung zur positiven Wertschätzung der Arbeit im Haushalt genannt werden. Zwar spiegelt dieses Zitat nicht die Mehrheitsmeinung wieder (eine Geringschätzung der Haushaltsarbeit ist in knapp weniger als die Hälfte der befragten Haushalte mittel oder hoch ausgeprägt), es illustriert aber gut die überwiegend berufszentrierte Lebensführung vor allem in Haushalten ohne Kinder. Da hier die Haushaltsarbeit oft nebenbei und ohne viel Aufwand erledigt wird, würde ihre Wertschätzung in Form von Bezahlung diese auf Kosten „normaler" Erwerbsarbeit aufwerten oder ein Hausfrauendasein fördern, was für Befragte dieser Gruppe eine Einschränkung von Möglichkeiten der (beruflichen) Selbstverwirklichung bedeuten würde.

Fazit: Sowohl in Fällen einer Geringschätzung der Haushaltsarbeit als auch bei deren Konzeptualisierung als Privatarbeit erfolgen klare Abgrenzungen gegenüber Erwerbsarbeit. Diese gilt überwiegend nach wie vor eher als fremdbestimmt, zweckorientiert und vor allem im Hinblick auf Fachkenntnisse und Rollenerwartungen voraussetzungsvoller als jene. Erwerbsarbeit wird ernster genommen als Hausarbeit. Zwar werden auch Haushaltsarbeitstätigkeiten mit Mühe oder Belastung verbunden und finden Formen der Anerkennung, die mit denjenigen für Erwerbsarbeit vergleichbar sind. Haushaltsarbeit gilt überwiegend aber dennoch als relativ minderwertige, weibliche und emotionale Tätigkeit. Ob eine solche abwertende Haltung gegenüber Haushaltsarbeit sinnvoll im Kontext einer möglichen „Ökonomisierung" der privaten Lebensführung interpretiert werden kann, soll der nun folgende Abgleich extremer Ausprägungen der entsprechenden Variablen zeigen.

4.5 Zusammenhänge zwischen Ökonomisierung und Privatheit

Zum Abschluss der Auswertung der Haushaltsinterviews soll untersucht werden, ob Zusammenhänge zwischen Einstellungen und Praktiken zu Privatheit einerseits und zu Ökonomisierung andererseits existieren. Die Bestimmung dieser Zusammenhänge erfolgt zunächst rein quantitativ. Im Sinne der forschungslei-

4.5 Zusammenhänge zwischen Ökonomisierung und Privatheit

tenden Annahmen, die Auswirkungen gesellschaftlicher Ökonomisierungstendenzen auf den Privathaushalt unterstellen, wird danach gefragt, ob Haushalte aus dem Untersuchungsfeld mit extrem ausgeprägten oder auffälligen Einstellungs- und Handlungsmustern in Bezug auf Ökonomisierung ebenfalls Auffälligkeiten in Bezug auf Privatheit aufweisen. Wenn es stimmt, dass Ökonomisierungsmuster in den Privathaushalt „eindringen" und Privatheitsmuster beeinflussen, dann kann vermutet werden, dass hohe Werte im ersten Bereich mit ausgeprägten Werten im zweiten Bereich korrelieren.

Zur (quantitativen) Überprüfung dieser Vermutung erfolgte zunächst eine Zusammenfassung von Einstellungs- und Handlungsmustern durch Bildung von Summenwerten (Indizes) für drei neu zu bildende Gruppenvariablen. Oben stehenden Übersichtstabellen entsprechend (Tabellen Nr. 10, 11 und 13) wurden Gruppenvariablen für (A) ökonomisch geprägte Handlungsmuster, (B) für ökonomisch geprägte Handlungsorientierungen und (C) für privatheitsbezogene Handlungen und Denkweisen erstellt, um diese dann aufeinander beziehen zu können. Die Werte der Ausprägungen pro gruppenkonstituierender Variable wurden hierfür für jeden Fall zwecks Bildung von Messzahlen addiert (Summenindizes). Zur Bildung der Gruppenvariablen der ökonomisch geprägten Handlungsmuster und Handlungsorientierungen wurden insgesamt 14 Einzelvariablen zusammengefasst. In die Konstruktion der privatheitsbezogenen Gruppenvariable flossen zehn Kategorien ein. Ziel dieses Schrittes war die Erstellung einer Liste mit Haushalten, die im Hinblick sowohl auf Ökonomisierung als auch auf Privatheit *als Konstrukt aus Merkmalskombinationen* vergleichsweise klar ausgeprägte Deutungsmuster und Praktiken aufweisen. Sodann sollte nach Zusammenhängen zwischen auffälligen Mustern in den beiden Bereichen gefragt werden. Existieren in denjenigen Haushalten, in denen ein vergleichsweise hoch oder niedrig ausgeprägter Ökonomisierungsgrad vermutet werden kann auch bestimmte Vorstellungen von Privatheit?

Die folgende Tabelle bietet einen Überblick über die Verteilung der Haushalte auf die neu gebildeten Gruppenvariablen. Haushalte, die den oberen und unteren Quartilen[52] zugerechnet wurden, sind auf Basis der Summenindizes als Extremfälle bewertet.

---

[52] Anhand der Quartile lässt sich eine Stichprobe in vier gleich große Gruppen aufteilen. Das erste oder auch „untere" Quartil bezeichnet den Wert einer Stichprobe, unterhalb dessen 25% der Messwerte liegen. Das zweite Quartil (oder Median) bezeichnet den Punkt, unterhalb dessen 50% der Messwerte liegen. Das dritte oder „obere" Quartil ist dementsprechend der Punkt, unterhalb dessen 75% der Messwerte liegen (Bühl 2006: 121).

4. Ergebnisse der Auswertung der Haushaltsinterviews

Tabelle 12: Verteilung der Indexwerte für ökonomisch geprägte Handlungsmuster und Handlungsorientierungen sowie für Privatheitsmuster (in Klammern der Größenanteil des jeweiligen Quartils am Gesamtfeld)

Verteilung der Indexwerte (Summenindex) für Praktiken und Deutungen zu Ökonomisierung und Privatheit auf alle Haushalte insgesamt			
(Gruppen)Variable	Unteres Quartil	Mittleres Quartil	Oberes Quartil
Ökonomisch geprägte Handlungsmuster	15 (27%)	27 (49%)	13 (15%)
Ökonomisch geprägte Handlungsorientierungen	10 (18%)	30 (54%)	6 (9%)
Gesamtwert für ökonomisch geprägte Handlungsmuster und Handlungs-orientierungen	13 (23%)	24 (44%)	13 (8%)
Privatheitsbezogene Handlungsorientierungen und Deutungen	13 (24%)	22 (40%)	15 (24%)

Aus dieser Tabelle wird ersichtlich, dass durch Zusammenfassung der relevanten Variablenwerte jeweils 13 und sechs Haushalte den oberen Quartilen der Gruppe der ökonomisch geprägten Handlungsmuster und Deutungen zuzurechnen sind[53]. Diese Fälle liegen alle oberhalb desjenigen Messwertes, der die 25% der Fälle mit den höchsten Werten von den restlichen 75% trennt. Umgekehrt sind 15 bzw. zehn Haushalte dem unteren Quartil in diesen beiden Gruppen zuzurechnen. Von den insgesamt 55 befragten Haushalten weisen dementsprechend jeweils 28 bzw. 26 Haushalte Werte auf, die den beiden oberen und unteren Quartilen der Indexwerte zu Privatheit und Ökonomisierung zuzurechnen sind.

In Bezug auf Privatheit ist zu erkennen, dass nahezu ein Viertel der Haushalte (15) vergleichsweise hoch ausgeprägte Indexwerte aufweist. Da insgesamt 60% der Fälle oberhalb des mittleren Quartils liegen, also relativ deutlich Konzepte und Komponenten von Privatheit zu realisieren scheinen, kann durchaus davon die Rede sein, dass der Haushalt seine Bedeutung als Privatsphäre über-

---

[53] Diese Untergruppen überschneiden sich fast vollständig, sodass Handlungsorientierungen und Deutungen in Bezug auf Ökonomisierung in einem nächsten Schritt ebenfalls zusammengefasst werden konnten.

4.5 Zusammenhänge zwischen Ökonomisierung und Privatheit

wiegend (noch) nicht eingebüßt hat. Diese Aussage gilt natürlich nur für das an dieser Stelle untersuchte Feld und ist keinesfalls repräsentativ. In welche Art von Beziehung lassen sich aber nun Privatheit und Ökonomisierung setzen (bzw. wie groß ist die Schnittmenge der Haushalte mit hoch ausgeprägten Indexwerten)?

Zur Beantwortung dieser Frage wurden die oberen und unteren Quartile, also die Extremwerte der Index-Gruppenvariablen, umkodiert und es wurden die zugeordneten Haushalte verglichen. Hohe Indexwerte wurden mit dem Wert „2" rekodiert und niedrige mit dem Wert „1". Gesucht wurde sodann nach Überschneidungen, dass heißt nach Fällen, die in zwei Teilgruppen zugleich auftauchen. Folgende Kreuztabelle veranschaulicht die Anzahl der Überschneidungen in diesen Teilgruppen:

Tabelle 13: Kreuztabelle der Fälle, die Extremwerte sowohl in Indexwerten zu Privatheit als auch zu Ökonomisierung aufweisen

	Extremquartilswerte Ökonomisierung		Gesamt
	Niedrig: 1	Hoch: 2	
Extremquartilswerte Privatheit Niedrig: 1	5	3	8
Hoch: 2	2	5	7
Gesamt	7	8	15

Die Tabelle zeigt Folgendes: Von den untersuchten Haushalten wurden 15 Haushalte jeweils zwei Teilgruppen mit extremen Indexwerten *zugleich* zugeordnet. Das bedeutet, knapp ein Drittel *aller* 55 befragten Haushalte und etwa die Hälfte derjenigen Haushalte mit extremen Ausprägungen (insgesamt 28) kombinieren – relativ betrachtet – deutliche Einstellungs- und Verhaltensmuster *sowohl in Bezug auf Privatheit als auch in Bezug auf Ökonomisierung*. Auf Grund der relativ geringen Anzahl der untersuchten Haushalte ist ein verallgemeinernder Rückschluss aus diesen Werten natürlich nur sehr bedingt möglich. Allerdings sind hieraus Hinweise oder auch Tendenzaussagen ableitbar, die weiterführende Untersuchungen zu dieser Thematik anleiten können. Die geschilderte Quote an Überschneidungen der Extremgruppen kann als Indiz dafür gedeutet werden, dass sich ausgeprägte Einstellungs- und Verhaltensmuster in den Bereichen

Ökonomie und Privatheit im Haushalt weder ausschließen müssen, noch dass sie sich in jedem Fall gegenseitig bedingen. Möglicherweise werden eindeutige Aussagen und Praktiken, die sich zu diesen Themen in Beziehung setzen lassen, auch von anderen, an dieser Stelle nicht thematisierten Bedingungen entscheidend beeinflusst. In Frage hierfür kommen neben soziodemografischen Merkmalen wie Einkommen, Alter und Lebensform sicherlich auch Momente der „Haushaltsbiografie" (vgl. hierzu Kaufmann 1999 und Wahl 2003).

Mit anderen Worten: Zusammenhänge zwischen den Konstrukten der Ökonomisierung und der Privatheit scheinen, zumindest auf das vorliegende Untersuchungsfeld bezogen, (quantitativ betrachtet) zwar in geringem Ausmaß vorhanden, jedoch nicht notwendig gegeben. Treten solche Zusammenhänge auf, weisen sie zudem nicht in die gleiche Richtung. So entsprechen nur insgesamt fünf der 15 Haushalte mit Überschneidungen in extremen Variablenwerten dem „Idealbild" eines wechselseitigen Ausschlussverhältnisses zwischen ausgeprägten Ökonomisierungs- und Privatheitsmustern. Von Haushalten mit hohen Werten bei ökonomisch orientierten Einstellungs- oder Handlungsmustern weisen lediglich drei relativ niedrig ausgeprägte privatheitsbezogene Muster auf. Dementsprechend treten in zwei weiteren Haushalten vergleichsweise gering ausgeprägte ökonomische Muster zusammen mit hohen Privatheitswerten auf.

In den anderen Fällen verdeutlicht die Spezifik der jeweiligen Kombinationsmuster, dass mindestens genauso häufig (fünf Fälle) deutlich gelebte oder geäußerte Privatheitskonzepte zusammen mit *hoch* ausgeprägten ökonomischen Orientierungen zusammen auftreten können; ebenso wie umgekehrt die Kombination niedriger Indexwerte in beiden Variablengruppen (ebenfalls in fünf Fällen). Auf Grund dieser Zahlen muss festgestellt werden, dass sich die theoretisch erschlossenen Annahmen oder Hinweise aus den ersten beiden Kapiteln nicht widerspruchsfrei in empirische Denk- und Handlungsmuster einfügen lassen.

Eine Zuweisung der insgesamt 13 Haushalte mit stark ausgeprägten ökonomisch orientierten Handlungsmustern und/oder Orientierungen zu den vorgefundenen vier verschiedenen Privaheitsmustern (vgl. Kapitel 4.3) zeigt zudem, dass immerhin neun von ihnen Privatheitskonstruktionen im Haushalt nach wie vor deutlich ausleben oder artikulieren[54]. Dies kann als Beleg dafür gewertet werden, dass in diesen Fällen, überspitzt formuliert, trotz tendenziell ausgeprägter „Ökonomisierung", kaum eine Verdrängung oder „Kolonisierung" privatheitlicher Muster – in welcher Form auch immer – stattgefunden hat. Anhand von ausgewählten Aussagen aus Beispielhaushalten zweier solcher Kombi-

---

[54] Zwei von ihnen beschäftigen auch eine bezahlte Hilfe im Haushalt, also übergeben Haushaltsarbeiten externen Personen – und konzipieren ihren Haushalt nichtsdestotrotz als Rückzugs- und Erholungsraum.

4.5 Zusammenhänge zwischen Ökonomisierung und Privatheit

nationsgruppen soll dieser Befund abschließend noch einmal kurz verdeutlicht werden.

A) Interview Nr.8

Als Beispielhaushalt, in dem sich vergleichsweise stark ausgeprägte Muster sowohl im Grad der Ökonomisierung als auch im Grad der Privatheit gegenseitig *auszuschließen* scheinen, soll das Interview Nr.8 dienen. Es handelt sich hierbei um einen „Musterhaushalt" im Sinne der theoriegeleiteten Annahmen dieser Untersuchung, insofern hier einerseits Handlungspraktiken und Deutungen deutlich am ökonomischen System orientiert sind und sich andererseits privatheitsbezogene Vorstellungen in Bezug auf den Haushalt nur in vergleichsweise gering ausgeprägter Form vorfinden. Der häusliche Privatbereich kann in diesem Fall regelrecht als „vernachlässigt" zugunsten der Erwerbsarbeit angesehen werden. Der Interviewpartner, ein selbständiger Familienvater und Besitzer eines Fitnessstudios, betont diesbezüglich, dass ihm der Aufenthalt an der Arbeitsstätte teilweise lieber ist als derjenige zu Hause:

> Meine Arbeit ist nicht meine Arbeit. Ich habe mein Hobby zum Beruf gemacht. Das ist keine Arbeit, ich gehe dahin und habe Spaß. Ich bin lieber teilweise da als hier (in der Privatwohnung), also ich rechne die Stunden nicht. Ist mir völlig egal (8, 42:42).

Der Befragte schildert sich als leistungsorientiert, arbeitsam („Ich arbeite 50- bis 70 Stunden pro Woche"; 8, 39:39) und hoch flexibel. Weder gibt es einen geregelten Freizeitablauf neben der Erwerbsarbeit (8, 49:49) noch werden im Haushalt regelmäßige Haushaltsarbeiten durchgeführt oder gemeinsame Familienmahlzeiten. Auf Grund der praktizierten Flexibilität in der Lebensführung (nicht etwa aus Gründen eines Schutzes der Privatsphäre) scheitert auch die mögliche Einstellung einer Putzhilfe. (Es gibt auch sonst keine Vorbehalte oder abwertende Beurteilungen gegenüber bezahlten Dienstleistungen im Haushalt). Hieraus und aus der relativ selten im Haushalt verbrachten Zeit resultieren reduzierte Ansprüche im Hinblick auf Sauberkeit und Ordnung in der eigenen Wohnung:

> Ich hab mir gedacht, ich habe mein Castel im Studio, da herrscht eine gewisse Grundordnung, und hier ist es dann nicht mehr ganz so stressig. Aber ansonsten ist es so, es ist nicht dreckig, sondern es ist einfach eben so, ich mag es halt eben so, wenn ich in gewissen Sachen weiß, wo das ist und hier ist es eben nicht so (8, 35:35).

Privatheit im Haushalt wird hier weder als intimer Schutzraum konstruiert (die potenzielle Putzfrau erhält kaum Zugangsbeschränkungen), noch ist die Wohnung affektiv besetzt oder wirkt identitätsstiftend. Gemeinschaftlichkeit oder Sauberkeit spielen zu Hause keine große Rolle. Im Gegenteil:

> Ich bügele nicht, ich nähe nicht, mache ich prinzipiell nicht, ich gieße keine Blumen, wenn die eingehen gibt's ne neue (8, 112: 112). (...) Es ist nicht wichtig, ob ich irgendwas geputzt habe oder so was, ich mache es zwar gerne, wenn ich mal dabei bin, (...) aber die wichtigen Dinge sind andere. (...) Staub putzen tue ich nicht, was der Staubsauger nicht findet, muss nicht weg (8, 74:74; 80:80).

Sogar Kochen wird – eine Ausnahme im untersuchten Feld, besonders in Familienhaushalten – als überflüssig empfunden:

> (Ich) habe in meinem Leben noch keine Küche besessen, brauch ich nicht, hätte ich auch nicht, wenn ich Single wäre, unnütze Geldausgabe. (...) Ich koche nie. Für mich würde zweimal die Woche kochen reichen, es gibt so viele günstige Angebote, für das Geld kann man sowieso nicht kochen (8, 88:88).

Zwar kann in diesem Haushalt kaum die Rede von einer „betriebsförmigen" Organisation der privaten Arbeit oder von leistungsbezogenen Interaktionen innerhalb der Familie sein. Der Befragte ist aber in Bezug auf die Lebensführung allgemein relativ deutlich an Effizienz und Leistung orientiert, da er Hobby und Beruf nicht trennt. Außerdem äußert er tendenziell neoliberale Einstellungen, denn er stimmt flexiblen Arbeitszeitmodellen zu und kritisiert in diesem Punkt die Haltung der Gewerkschaften. Überdies wägt er unterschiedliche Erziehungsmodelle anhand von Wirtschaftlichkeitskriterien ab[55]. Es ist es in diesem Fall daher durchaus plausibel, von einer ausgeprägten „Ökonomisierung" der privaten Lebensführung auszugehen. Obwohl oder gerade weil erfolgs- und leistungsorientiert, befürwortet der Befragte in punkto Besitz oder Zukunftsplanung ein hohes Maß an Flexibilität und Zukunftsoffenheit:

> [Ich lebe heute.] Nächstes Jahr interessiert mich nicht, das ist mir egal. [Plant keine Veränderungen in nächster Zukunft. Will später ggf. auswandern.] Weg von der Technik, zurück zu den Ursprüngen (8, 54:55).

---

[55] *„Was halten Sie von Teilzeitarbeit?* Wichtig, muss sein wegen der Öffnungszeiten: Die klassischen Arbeitszeitmodelle werden verschwinden. Die Gewerkschaften nerven (in diesem Punkt), man muss sein Leben einfach umorganisieren, fertig" (8, 44:45). *„Ist es in Zeiten der Gleichberechtigung problematisch, dass sich die Mutter immer um die Kinder kümmert?* Ich sehe das wirtschaftlich. Wer von beiden den besseren Job hat, der arbeitet, und der andere macht den Haushalt" (8, 258:259).

4.5 Zusammenhänge zwischen Ökonomisierung und Privatheit

Werte wie Unabhängigkeit und Selbstbestimmung werden von diesem Befragten auch im Hinblick auf eine mögliche soziale Kontrolle durch die Nachbarn geäußert:

> „Nachbarn interessieren mich überhaupt nicht. Ich habe mir so einen Status erarbeitet, mich spricht keiner an, wenn ich das nicht will (8, 115:115).

Hiermit sind in Abgrenzung zu traditionellen, besitzstandswahrenden und familienweltlichen Werten eher „projektbezogene Werte" (zu dieser Unterscheidung, vgl. Kapitel 1.1.2) angesprochen. Orientierungen an Flexibilität, Leistungsbereitschaft bis hin zur Opferung der Freizeit, sowie die Weigerung, in einen privaten Rückzugsraum zu investieren, können durchaus als Indizien für eine Ökonomisierung des Privaten gelten.

B) Interview Nr.31

Als Beispielfall für einen Haushalt, in dem sich relativ ausgeprägte Muter sowohl im Grad der Ökonomisierung als auch im Grad der Privatheit gegenseitig *nicht* ausschließen, soll ein Familienhaushalt mit zwei Kindern dienen, in dem beide Eltern berufstätig sind. Obwohl auf Grund des hohen beruflichen Engagements wenig Zeit für private Dinge bleibt, organisiert sich dieser Haushalt hochgradig arbeitsteilig und effizient, um sich „als Familie mehr Freizeit zu schaffen"[56]. Sowohl als Rückzugsraum als auch als gemeinschaftlicher Raum des Austauschs spielt Privatheit dennoch eine große Rolle. Dass Haushaltsarbeit hierbei zum Teil abgewertet und gegen Bezahlung delegiert wird und dass „ökonomisch" anmutende Strategien der Planung der gemeinsamen Freizeit im Haushalt zum Tragen kommen, widerspricht sich in diesem Fall nicht. Im Gegenteil: erst eine „ökonomisierte" Herangehensweise an die erwerbsarbeitsfreie Zeit stärkt und ermöglicht in diesem Haushalt die Konstruktion privater Freiräume, denn die Zeit ist sehr knapp:

> *Gibt es irgendwas, was Ihnen jeden Tag besonders auf die Nerven geht?*
> Ja, doch, die fehlende Zeit morgens. Irgendwie. Das ist Wahnsinn. Ja, also. Eigentlich jeden Morgen dasselbe. Man kann aufstehen, wann man will und trotzdem ist die Zeit zu knapp (31, 50:51).

So hat man detaillierte Absprachen getroffen, um einen gleichförmigen, regelmäßigen Tagesablauf aufrecht erhalten zu können und um die gemeinsame Einnahme von Mahlzeiten zu ermöglichen. Es gibt Regelungen über abwechselnde

---

[56] „Wir haben uns mehr organisiert als Familie, um Freizeit zu schaffen" (31, 86:86).

Abwesenheitszeiten und es gibt tägliche gemeinschaftliche Termine für Frühstück und Abendbrot:

> Wir haben uns jetzt so feste Tage so eingerichtet. „Du gehst Montag, ich gehe Dienstag, du gehst Mittwoch ich gehe Donnerstag". Also, es ist auch noch flexibel und, und verhandelbar, man kann's noch schieben, aber doch der Grundtenor ist eigentlich so, Montag du, Dienstag ich. Also schon so ein bisschen unsere Tage definiert. Und äh ja, wir haben uns schon familiär so ein paar Eckpunkte gesetzt. Also Eckpunkte, z. B. Frühstück machen wir zusammen, Abendbrot machen wir zusammen – das ist uns wichtig. Nach um 8, wenn die Kinder im Bett sind, ist es dann wieder so, kann jeder so sein Ding machen. Das ist dann Freizeit, ist dann auch, entweder man macht dann was zusammen oder jeder macht seins. Das haben wir noch mal grundlegend ein bisschen straffer organisiert (31, 86:86).

Auch bei der Erledigung der Haushaltsarbeit hat sich das Ehepaar arbeitsteilig organisiert:

> Wir teilen uns ganz gut rein. Also, wir machen, bis aufs Wäschewaschen machen wir eigentlich alles geteilt, also, auch mal den Boden saugen oder mal Geschirr abwaschen oder auch mal die Wäsche abnehmen oder aufhängen, also da sind wir fast gleich, vielleicht so, ich sage mal so 60:40 Prozent, da haben wir uns ganz gut reingeteilt, ja (31, 101:101).

Haushaltsarbeit, die zwar größtenteils ungern und unter Zeitdruck erledigt wird, besitzt in diesem Haushalt dennoch einen relativ hohen Stellenwert, denn zum Wohlfühlen müssen bestimmte Sauberkeitsstandards erfüllt sein. Diese Sauberkeitsstandards haben sich nach der Familiengründung „erstaunlicherweise" denjenigen der eigenen Eltern angenähert (31, 174:174). Die Arbeiten, die im Haushalt als „notwendig" definiert sind, müssen aus Zeitnot größtenteils samstags erledigt werden, der Rest bleibt liegen oder wird an die Putzhilfe delegiert, die einmal pro Woche kommt und auf die man „auf keinen Fall verzichten" möchte. Die Interviewpartnerin legt eine eher pragmatische Einstellung gegenüber Haushaltsarbeit an den Tag, sie wird als „Mittel zum Zweck" betrachtet und gehört einfach zum Leben dazu. Dieser Aspekt qualifiziert Haushaltsarbeit („Haushaltsführung") als private Tätigkeit und grenzt sie gegenüber ökonomisch verwertbarer bzw. monetär entlohnter Arbeit ab:

> *Es gibt ja immer mal wieder die Forderungen von Hausfrauen, dass Hausarbeit bezahlt werden sollte. Was halten Sie davon?*
> Nee, nee, halte ich nix von. Weil, das ist private Einstellung, wie sauber oder wie ordentlich ich mein Haushalt haben will. Ich hab damit überhaupt kein Problem, wenn da jemand der Meinung ist, seine Wohnung muss nur alle zwei Wochen sau-

4.5 Zusammenhänge zwischen Ökonomisierung und Privatheit 177

ber gemacht werden. (…) Ich bin aber auch ne berufstätige Mutter. (..) (Aber) wenn jemand meint, seine Zeit im Haushalt verbringen zu müssen, ist das seine persönliche Einstellung. Also, ich sehe es nicht so. Für mich ist Haushalt ein Mittel zum Zweck, genau, wie eben Trinken und Essen zum Leben gehört, so gehört Haushaltsführung, schon aus logischen Aspekten, für mich einfach dazu. Das ist nichts, wo ich jetzt sage „da möchte ich jetzt Geld für haben" (31, 131:132).

Diese Einstellung, Haushaltsarbeit als privatisiertes „Mittel zum Zweck" zu betrachten, reflektiert sich auch im Verhältnis zur (weiblichen) Putzhilfe, mit der ein freundschaftlicher, lockerer Umgang gepflegt wird. Es gibt für diese Dienstleisterin zudem keine Zugangsbeschränkungen zu bestimmten Orten im Haushalt, weil man ihr bis zu einem gewissen Punkt vertraut. Die Putzhilfe besitzt einen Wohnungsschlüssel und arbeitet meistens in Abwesenheit der Haushaltsbewohner.

Und, was empfinden Sie dabei, wenn, wenn so eine fremde Person in Ihrem Privatbereich tätig ist? Egal? Stört Sie das?
Stört mich nicht, nee. Also, ich pass schon auf, dass ich vielleicht persönliche Dinge äh, die eigentlich niemanden was angehen, dass ich die wegräume, also dass ich sie in den Schrank räume, aber ich schließ nicht ab oder so. Es würde mich jetzt auch nicht stören, wenn ich wüsste, sie würde da nachgucken, also, es würde mich stören, aber ich würde es nicht offen liegen lassen (31, 493:494).

Ersichtlich wird an diesem Zitat die nach wie vor relativ ausgeprägte Bedeutung von Diskretion bzw. des Schutzes der Privatsphäre als intimer Bereich, der Haushaltsfremde nichts angeht. Privatheit spielt aber auch als gemeinschaftlich verbrachte Familienzeit eine Rolle. Diese Form der Privatheit wird allerdings durch Outsourcing von Haushaltsarbeit „erkauft":

Hat das in Ihrem Alltag irgendwas verändert - die Abgabe von Hausarbeit?
Ja. Es hat uns definitiv am Wochenende mehr Freizeit, mehr Familienzeit verschafft. Also, keine persönliche „Ich-Freizeit", sondern Familienzeit (31, 541:542).

Praktiken der Ökonomisierung und der Privatheit müssen sich also nicht zwangsläufig ausschließen, sondern im Gegenteil. Dadurch, dass in diesem Fall einerseits ökonomisch konnotierte Leistungsbeziehungen im Haushalt als private Leistungen umdefiniert werden (die bezahlte Haushaltshilfe wird eher als befreundete Privatperson denn als beruflicher Rollenträger behandelt) und dadurch, dass man Teile der (eigentlich als privat definierbaren) Haushaltsarbeit gegen Bezahlung delegiert, entsteht ein wechselseitiges Steigerungsverhältnis. Mehr Spielraum für Privatheit als gemeinschaftlich verbrachte Familienzeit setzt den „Import" von ökonomischen Austauschverhältnissen in den Haushalt sowie eine rationale Planung der außerberuflichen Zeitverwendung voraus. Ausgeprägte Orientierungen an „erwerbsmäßigen" oder marktförmigen Handlungsorientierungen auf der einen Seite sorgen so für Gestaltungsmöglichkeiten auf der anderen, der privaten Seite. An den beiden Beispielfällen, dies kann als Fazit festgehalten werden, wird noch einmal deutlich, dass sich an Privatheit und an Ökonomie ausgerichtete Orientierungsmuster im Haushalt weder wechselseitig verdrängen müssen, noch dass sie sich in jedem Fall in die gleiche Richtung beeinflussen. Bezüge zwischen Ökonomisierung und Privatheit im Privathaushalt scheinen, wenn sie denn überhaupt auftreten, in mehrere Richtungen möglich. Sie können sich gegenseitig verstärken, sie können sich tendenziell ausschließen oder sie haben keine Berührungspunkte. Sowohl die quantitative als auch die qualitative Exploration der vorliegenden Haushaltsinterviews lassen kaum allgemeine Rückschlüsse auf Stärke, Art und Richtung des Zusammenhangs zu. Die Fülle der individuellen Besonderheiten der Haushalte und die geringe Fallzahl sowie weiterhin unbekannte, nicht erschlossene Einflüsse und Determinanten verstärken diesen Eindruck. Die spezifische Fokussierung der ursprünglichen Fragestellung in den Interviews auf das Thema „Bedarf an Haushaltsdienstleistungen" ermöglicht an dieser Stelle keine weitere Vertiefung im Hinblick auf die Themen „Privatheit" und „Ökonomisierung". Ein erhöhter Dienstleistungsbedarf oder die Inanspruchnahme von bezahlten Haushaltsdienstleistungen in der Privatwohnung, dies wurde allerdings bei dieser Untersuchung offensichtlich, begründet kaum die These einer Ökonomisierung des Privaten.

5. Fazit

Zentrales Forschungsziel dieser Untersuchung war die Beantwortung der Frage nach Existenz, Gestalt und relativer Ausprägung einer „Eigenlogik" des häuslichen Privatbereichs vor dem Hintergrund von Ökonomisierung. Begründet wurde diese Frage unter anderem mit Forschungslücken, die im Kontext von Beobachtungen aus Arbeits- und Industriesoziologie sowie im Zusammenhang mit zeitdiagnostischen Thesen zum gesellschaftlichen Wandel auffallen. Zum einen finden in diesen Diskussionszusammenhängen, so die Einschätzung, Forschungsgegenstände wie Arbeit außerhalb des betrieblich-marktförmigen Rahmens, mithin „Arbeit jenseits der formellen Erwerbsarbeit" (Geissler 2008) oder allgemeiner auch der private, „außerbetriebliche Lebenszusammenhang" (Jürgens 2006) kaum Erwähnung, wenn der soziokulturelle Wandel von Arbeit und Beruf im Ganzen thematisiert wird. Andererseits fehlen in Beschreibungen des gesellschaftlichen Wandels Präzisierungen, mit deren Hilfe der zusammenfassende Oberbegriff der Ökonomisierung auf den Bereich des Privaten oder den Privathaushalt bezogen werden könnte. Es bleibt in zeitdiagnostischen sozialwissenschaftlichen Analysen (theoretisch und empirisch) relativ unbestimmt, inwieweit Unterscheidungen zwischen Arbeit und Leben oder zwischen Markt und Privathaushalt von gesamtgesellschaftlichen Wandlungsprozessen affiziert werden oder inwieweit Imperative ökonomischer Rationalität an Einfluss auch im Privaten gewinnen.

Um solchen Fragen auf empirischer Ebene explorativ nachgehen zu können, erfolgte an dieser Stelle zunächst eine kursorische Rekonstruktion zentraler theoretischer Thesen hinsichtlich Ökonomisierung und Privatheit. Als Ergebnis dieser Rekonstruktionsversuche konnten einerseits Listen mit möglicherweise auf empirischer Ebene ertragreichen Indikatoren für Ökonomisierung und für Privatheit erstellt werden. Andererseits wurden für den Fortgang der Untersuchung zwei zentrale forschungsleitende Annahmen gebildet sowie mehrere konkrete empirische Forschungsfragen, die auf Basis vorliegender qualitativer Daten beantwortet werden sollten. Die Annahmen präsentieren sich wie folgt:

1. Geht man von einer Ökonomisierung der Gesellschaft und folglich auch des Privaten aus, von einer Intensivierung der Marktbeziehungen des Privathaushaltes oder von einem „Eindringen" ökonomischer Effizienzkalküle bzw. von einer

dort erfolgenden Ausbreitung „neoliberaler", ökonomisch geprägter Deutungen, dann ist zu erwarten, dass sich die soziologischen Merkmale von Privatheit im Privathaushalt tendenziell verändert haben oder nur noch in relativ abgeschwächter Form wiederfinden lassen.

2. Auswirkungen einer Ökonomisierung der Gesellschaft müssten sich im Privathaushalt unter anderem in einer Entemotionalisierung/Rationalisierung der Tätigkeiten im privaten Rahmen der Lebensführung niederschlagen. Die Grenzen zwischen Erwerbs- und Privatarbeit müssten sich verschieben; diesbezügliche traditionelle Unterscheidungskategorien müssten ungültig werden. Es ist davon auszugehen, dass sich Auffassungen oder Deutungen von „Privatheit" verändert haben

Anhand folgender empirischer Forschungsfragen sollte diesen Annahmen nachgegangen werden:

a) Welchen Stellenwert hat der Privathaushalt als Privatsphäre?
b) Wie ausgeprägt ist die Akzeptanz von ökonomischen Werten oder Verhaltensstandards im privaten Bereich?
c) In welchem Deutungshorizont reflektiert sich der zeitliche und organisatorische Aufwand für Haushaltsorganisation?
d) Welche Bedeutung besitzt Haushaltsarbeit und (wie) wird sie von Erwerbsarbeit unterschieden?
e) Kann der private Haushalt auf dem Hintergrund gesellschaftlicher Wandlungsprozesse wie „Ökonomisierung" überhaupt (noch) als Gegenwelt zu Konkurrenz und Öffentlichkeit betrachtet werden, bzw. können Privathaushalt und Markt (noch) als getrennte kulturelle Sphären oder Bereiche betrachtet werden?

Folgende Antworten können nun auf Basis der Interview-Auswertungen gegeben werden:

a) Der Privathaushalt als Privatsphäre genießt einen vergleichsweise hohen Status und scheint in seiner Wertschätzung relativ ungebrochen, trotz oder gerade wegen Ökonomisierungstendenzen in seiner gesellschaftlichen Umwelt. Es konnten vier unterschiedliche Privatheitsmuster in relativ deutlicher Ausprägung identifiziert werden. Sie konstituieren jeweils auf besondere Weise den Privathaushalt als Bereich, der von öffentlichen oder ökonomischen Belangen relativ abgegrenzt ist. Es gibt im untersuchten Feld kaum einen Haushalt, in dem noch so rudimentäre Privatheitsmuster fehlen. Eine Konzeption von Privatheit als

5. Fazit

Rückzugsraum oder als Gegenwelt zu Konkurrenz und Öffentlichkeit ist in den Interviews am deutlichsten identifizierbar und am häufigsten in ausgeprägter Form nachzuweisen. Andere Auslegungen von Privatheit konzipieren den Haushalt als Schutzraum und Intimbereich, als gemeinschaftsbezogene Sphäre oder als symbolisch bedeutsames, identitätsstiftendes Areal.

b) Die Analyse marktbezogener, ökonomisierungsrelevanter Orientierungen hat ergeben, dass nur wenige Haushalte dazu bereit sind, ökonomische „Rahmungen" im Privatbereich anzuwenden. Orientierungen an Effizienz, der Leistungsvergleich mit Anderen und ein Bemühen um marktbezogene Bewertungen im außerberuflichen Alltag bilden Ausnahmefälle. Demgegenüber überwiegen im häuslichen Alltag personenbezogene Orientierungen sowie Handlungsziele wie Bedarfsdeckung, Fürsorge und Regeneration. Der bereits theoretisch konstatierte außerökonomische „Eigensinn" des Privatbereichs scheint sich zu bestätigen. Dies gilt auch in Bezug auf eine (mögliche) Vergabe von Haushaltsarbeit an bezahlte Dienstleisterinnen.

c) Das Untersuchungsfeld vermittelt zudem insgesamt den Eindruck, dass von einer „betriebsförmigen", ökonomisch bedingten rationalen Lebensführung nur in verhältnismäßig wenigen Privathaushalten die Rede sein kann. In der Mehrzahl der befragten Haushalte gelingt die Schaffung von regenerativen Freiräumen auch ohne den permanenten Einsatz von Planung, Organisation und effizienzorientiertem Ressourceneinsatz. Hierzu passt, dass sich mehr als die Hälft der befragten Haushalte zufrieden mit der Erwerbssituation zeigt, wohingegen in nur etwa einem Viertel der Haushalte Belastungen durch zu lange Arbeitszeiten geäußert werden. Dies kann als Hinweis dafür interpretiert werden, dass es überwiegend gelingt, das Verhältnis zwischen marktbezogenen und haushaltsbezogenen Aktivitäten zufriedenstellend zu gestalten.

d) Es scheint eine relativ hohe Anzahl an Haushalten zu geben, die Haushaltsarbeit nach wie vor als private Arbeit betrachten. „Privatheit" bezeichnet hierbei Aspekte entweder von Intimität, Gemeinschaftlichkeit, Fürsorge, individueller Identität oder von Zurückgezogenheit. Insgesamt etwa der Hälfte des untersuchten Feldes wurde eine hohe bzw. mittlere Ausprägung der entsprechenden Variablen zugeordnet. Es erfolgen hier überwiegend klare Abgrenzungen der Haushaltsarbeit gegenüber Erwerbsarbeit. Letztere gilt nach wie vor in höherem Ausmaß als fremdbestimmt, zweckorientiert und vor allem hinsichtlich Fachkenntnissen und Rollenerwartungen voraussetzungsvoller als jene. Zwar werden auch Haushaltsarbeitstätigkeiten mit Mühe oder Belastung verbunden und finden Formen der Anerkennung, die mit denjenigen für Erwerbsarbeit vergleichbar sind. Haushaltsarbeit wird aber dennoch überwiegend als relativ minderwertige, weibliche und emotionale Tätigkeit betrachtet.

e) Insbesondere vor dem Hintergrund der nach wie vor geschlechtshierarchisch geprägten Muster der Arbeitsteilung im Haushalt, auf Grund der Einstellungen gegenüber Personen, die Haushaltsdienstleistungen anbieten und wegen der Interpretationen der Arbeitgeberrolle in den eigenen vier Wänden, kann zusammenfassend festgestellt werden, dass ökonomisch-sachliche Handlungsorientierungen im Privathaushalt vergleichsweise wenig Akzeptanz und Verbreitung zu genießen scheinen. Privathaushalt und Markt werden klar getrennt, insofern überwiegend „unprofessionelle" Erwartungen an Putzhilfen artikuliert werden und man haushaltsfremden Dienstleisterinnen mit Misstrauen und Vorbehalten begegnet. Hauhaltsarbeit wird zudem meist als minderwertige Putzarbeit betrachtet und dem weiblichen Geschlecht zugeschrieben. Die überwiegend praktizierten hierarchischen Muster geschlechtlicher Arbeitsteilung bei Paaren widersprechen darüber hinaus in ungefähr der Hälfte der befragten Haushalte ökonomischen oder marktgängigen Anforderungen. Solche Einstellungen und Praktiken passen nicht in das Bild einer „Vermarktlichung" des Privaten, insofern sie zu personengebunden, zu geschlechtsorientiert sind und sich zu wenig an Leistung und an kalkulierbaren, abstrakt vergleichbaren Wertmaßstäben orientieren, um als „ökonomisiert" gelten zu können. Es kann daher durchaus behauptet werden, dass sich der Arbeitsort Privathaushalt der kapitalistischen Rationalisierung sperrt.

Zusammenfassend weisen die Untersuchungsergebnisse in zwei Richtungen:

1. Die These einer Entgrenzung und Ökonomisierung des Privaten ist zumindest für die untersuchten Haushalte zu weitreichend. Durchmischungen von Handlungslogiken sind lediglich vereinzelt, auf individueller Ebene und nur in bestimmten Berufsgruppen oder Haushaltstypen beobachtbar. Strukturell bleibt die Privatsphäre von der Ökonomisierung scheinbar unberührt, dies betrifft auch den Umgang mit Haushaltsarbeit. Konstruktionen von Privatheit sind für das Leben im Haushalt überwiegend von Bedeutung; der private Bereich als Rückzugsraum und Kern individueller Autonomie wird als so bedeutsam eingeschätzt, dass er nach wie vor (gerade wegen des „Eindringens" von Dienstleistungsanbietern) verteidigt und aufrechterhalten wird. Der Privathaushalt erfüllt anscheinend nach wie vor eine *Komplementärfunktion* zum Erwerbsbereich.

2. Haushaltsarbeit verliert nur vereinzelt ihren Charakter als private Sorgearbeit und als identitäre Ressource haushaltsbezogener Gemeinschaftlichkeit. Sie wird,

5. Fazit

wenn überhaupt, überwiegend von Vertretern der jüngeren Generation nur noch als lästige Pflicht begriffen. Das Argument der „Privatheit" kann dann als Begründung für die Vergabe von Haushaltsarbeit (man möchte mehr Zeit für sich) als auch als Ablehnungsgrund für eine Vergabe fungieren (niemand soll in die Wohnung). Ansonsten kann auf Basis des untersuchten Feldes kaum von einer Entemotionalisierung oder Rationalisierung der Tätigkeiten im privaten Rahmen der Lebensführung die Rede sein. Grenzen zwischen Erwerbs- und Privatarbeit sind nach wie vor gültig und Auffassungen oder Deutungen von Privatheit scheinen sich kaum verändert zu haben.

Ökonomisierung ist ein allgemeineres Denkmuster, das um Effizienz und Effizienzverbesserung zentriert ist. Anders als bei „Kommerzialisierung" (Umwandlung von bisher marktfreien Bereiche des sozialen Lebens in Märkte) ist mit dem Bezug allein zum ökonomischen System das Bedeutungsspektrum dieses Begriffs nicht ausgeschöpft. Wie im ersten Kapitel angedeutet, kommen kulturelle Aspekte und Elemente politisch-normativer Diskurse hinzu. Eine empirische Analyse solche Komponenten des Ökonomisierungsdiskurses musste auf Grund der relativ eingegrenzten Fragestellung der Forschungsinterviews an dieser Stelle zu kurz kommen. Ebenso konnte im Rahmen dieser Untersuchung kaum ein Bezug zur gesamtgesellschaftlichen Ebene hergestellt werden. Eine Erforschung von Ökonomisierung als These einer sozialen Entgrenzung der Verhaltensrationalität des Marktes oder als Entdifferenzierung zwischen sozialen Systemen hätte den Rahmen dieser Analyse gesprengt[57]. Hier bieten sich allerdings Anknüpfungspunkte für weitere Forschungen an.

Auf Grundlage der beschriebenen Deutungs- und Handlungsmuster in Privathaushalten kann die Art der Beziehung zwischen den als Ökonomisierung deutbaren Prozessen und den haushaltsbezogenen Kommunikationen in der Privatsphäre auch als wechselseitiges Steigerungsverhältnis verstanden werden, als Verstärkung und Flexibilisierung des jeweilig (intern erzeugten) anschlussfähigen Kommunikationspotenzials bzw. Themenreservoirs. Mit „Ökonomisierung" sind auch Verschiebungen von Erwartungsmustern beschreibbar, die sich, bezogen auf den Bereich häuslicher oder familiärer Privatheit, zum Zweck einer besseren Orientierung an der Wirtschaft vollziehen. Hierbei erweisen sich aktuelle Deutungen zu privatem Leben, zu Privatheit oder auch Familie nicht als Widerspruch oder Gegensatz zu zweckrationalem Wirtschaftsdenken, sondern als dessen Ressourcen. Wenn sich beispielsweise ein erwerbstätiges Ehepaar mit Kindern dazu entscheidet, Haushaltsarbeit gegen Bezahlung abzugeben, um mehr Familienzeit in Anspruch nehmen zu können, dann bedient es sich marktförmiger Prinzipien, ohne dass in der Summe viel an Privatheit preisgegeben würde;

---

[57] Die Gesellschaftstheorie liefert zudem kaum Begriffe, um die empirische Wirklichkeit unmittelbar zu kategorisieren (Wenninger 2008).

gleichzeitig kann hierüber eine Anpassung an den Arbeitsmarkt erfolgen. Es vollzieht sich also in diesem und ähnlichen Fällen möglicherweise weder eine „Öffnung" noch eine „Abschottung" des Haushalts gegenüber dem „Markt", sondern eine haushaltsinterne Umorientierung, die sich an dort bereits vorhandene Muster anschließt. Beschreibungen von organisiertem und durchgeplanten Freizeit- und Haushaltsarbeitsverrichtungen, die Bereitschaft zur Inanspruchnahme von bezahlter Unterstützung im Haushalt oder semantische Figuren wie „Freizeitstress" und „Haushaltsmanagement" signalisieren daher eher Selbstkontrolle, Verfügung über die Umwelt, Handlungsspielraum und damit Verfügungsmöglichkeit über sich selbst (Luhmann 2008: 210ff.), als dass sie eine „Kolonisierung" oder Übernahme durch die Wirtschaft zum Ausdruck bringen.

6. Anhang

6.1 Übersicht über die Interviews zu Haushaltsdienstleistungen

Interview-Nummer	Lebensform	Haushaltsgröße	Alters-Gruppe	Einkommen	Berufliche Tätigkeit der Interviewpartner
1	Paarhaushalt	2	< 35	1500-2000	Redakteurin/Student
2	Single	1	41-50	1000-15000	Sozialpädagogin/ Physiotherapeutin
3	Andere	3	41-50	2500-3000	Einzelhandelskauffrau/Praktikantin
4	Familie	4	36-40	> 3500	Historikerin
5	Single	1	41-50	3000-3500	Professorin
6	Single	1	< 35	1500-2000	Bankfachwirtin
7	Single	1	< 35	< 1000	Physiotherapeutin
8	Familie	3	41-50	3000-35000	Selbständig/Fitness-Studio
10	Alleinerziehend	3	41-50	1500-2000	Pädagogin
11	Familie	4	36-40	> 3500	Selbständig/ Consulting
12	Paarhaushalt	2	41-50	2500-3000	Selbständig/ Logopäde/Künstlerin
13	Single	1	41-50	2500-3000	Sozialversicherungsangestellter
14	Alleinerziehend	3	41-50	1500-2000	Einrichtungsberaterin
15	Familie	3	36-40	3000-3500	Diplom-Designer
16	Familie	4	41-50	2500-3000	Steuerfachgehilfin
17	Familie	4	36-40	2000-2500	Physiotherapeutin
18	WG	2	> 50	1000-1500	Industriekauffrau
19	Paarhaushalt	2	< 35	1500-2000	Industriekaufmann/Studentin
20	Paarhaushalt	2	41-50	2000-2500	Journalistin
21	Alleinerziehend	2	36-40	< 1000	Erzieherin
22	Andere	2	> 50	2000-2500	Ergotherapeutin
23	Single	1	> 50	1500-2000	Angestellter
24	Single	1	> 50	1500-2000	Justizbeamter

Fortsetzung Übersicht über die Interviews zu Haushaltsdienstleistungen

Interview-Nummer	Lebensform	Haushalts-größe	Alters-Gruppe	Einkommen	Berufliche Tätigkeit der Interviewpartner
25	Alleinerziehend	3	36-40	1000-1500	Gesundheitswissenschaftlerin/Beraterin
26	Single	1	> 50	1000-1500	Angestellte
29	Familie	3	< 35	2500-3000	Polizeibeamtin/Polizeibeamter
30	Single	1	< 35	1000-1500	PR-Beraterin
31	Familie	4	< 35	3000-3500	Diplom-Kauffrau
32	Paarhaushalt	2	41-50	3000-3500	Bibliothekarin/Ingenieur
33	Familie	4	36-40	2000-2500	Selbständig /Fahrrad-Geschäft
34	Familie	3	41-50	1000-1500	Selbständig/ Industriedesignerin
35	Alleinerziehend	2	36-40	1000-1500	Sozialpädagogin
36	Familie	3	41-50	> 3500	Lehrerin/ Informatiker
37	Paarhaushalt	2	41-50	2000-2500	Drucker/Studentin
38	Familie	3	< 35	2500-3000	Bürokauffrau/ Ingenieur
39	WG	2	36-40	2000-2500	Museologin
40	Familie	4	< 35	3000-3500	Dipl.-Pädagoge
41	Familie	3	< 35	3000-3500	Erzieherin
42	Familie	3	> 50	2500-3000	Kunstwissenschaftler/Museumsangestellte
43	Paarhaushalt	2	> 50	3000-3500	Verwaltungsangestellte
45	Familie	4	36-40	3000-3500	Bildungsreferentin
46	Familie	3	41-50	2500-3000	Geschäftsführer/ Angestellte im Einzelhandel
47	Familie	3	< 35	> 3500	IT-System-Kauffrau/ Erziehungsurlaub

Fortsetzung Übersicht über die Interviews zu Haushaltsdienstleistungen

Interview-Nummer	Lebensform	Haushaltsgröße	Alters-Gruppe	Einkommen	Berufliche Tätigkeit der Interviewpartner
48	Familie	3	36-40	> 3500	Filialleiterin
49	Paarhaushalt	2	36-40	1000-15000	Systemadministrator
50	Paarhaushalt	2	> 50	> 3500	Psychotherapeutin
51	Paarhaushalt	2	41-50	1000-1500	gel. Facharbeiterin/ Sachbearbeiterin
52	Alleinerziehend	2	41-50	1500-2000	Lehrerin
53	Single	1	> 50	1000-1500	Projektentwicklerin
54	Familie	4	36-40	> 3500	Lehrerin
55	Alleinerziehend	3	41-50	1000-1500	Geschäftsführerin

Literatur

Adloff, Frank; Mau, Steffen (Hrsg.) (2005): Vom Geben und Nehmen. Zur Soziologie der Reziprozität. Frankfurt/M.; New York: Campus
Adorno, Theodor W.; Horkheimer, Max (1985): Dialektik der Aufklärung. Philosophische Fragmente. Frankfurt a.M.: Fischer
Altmeppen, Klaus-Dieter (2008): Ökonomisierung der Medienunternehmen: Gesellschaftlicher Trend und sektorspezifischer Sonderfall. In: Maurer, Andrea; Schimank, Uwe (Hrsg.): Die Gesellschaft der Unternehmen – Die Unternehmen der Gesellschaft. Wiesbaden: VS Verlag, S.237-251
Amman, Anton (2000): Alltagssoziologie: Ein Forschungsprogramm im Wandel. In: Soziologische Revue, Jahrgang 23, Sonderheft 5: Soziologie 2000: Kritische Bestandsaufnahmen zu einer Soziologie für das 21. Jahrhundert; Hg. von Richard Müch, Claudia Jauß und Carsten Stark. München: Oldenbourg Verlag, S.17-35
Anderson, Bridget (2006): Doing the dirty work? Migrantinnen in der bezahlten Hausarbeit in Europa, Berlin: Assoziation A
Ariès, Phillipe; Duby, Georges (Hg.) (1993): Geschichte des privaten Lebens. 5.Band: Vom Ersten Weltkrieg zur Gegenwart. Herausgegeben von Antoine Prost und Gérard Vincent. Frankfurt/M.: S. Fischer Verlag
Aulenbacher, Brigitte; Funder, Maria; Jacobsen, Heike; Völker, Susanne (Hrsg.) (2007): Arbeit und Geschlecht im Umbruch der modernen Gesellschaft. Forschung im Dialog. Wiesbaden: VS Verlag
Baecker, Dirk (2006): Wirtschaftssoziologie. Bielefeld: transcript
Baecker, Dirk (2008): Wirtschaft als funktionales Teilsystem. In: Maurer, Andrea (Hrsg.): Handbuch der Wirtschaftssoziologie. Wiesbaden: VS Verlag, S.109-123
Baethge, Martin (1991): Arbeit, Vergesellschaftung, Identität. Zur zunehmenden normativen Subjektivierung der Arbeit. In: Soziale Welt, Jg.42, S.6-19
Bango, Jenö (2001): Die Wirtschaft der Gesellschaft. Ökonomisierung des Sozialen. In: Luhmanns Funktionssysteme in der Diskussion. Tagungsband der 1. Luhmann-Gedächtnistagung in Budapest, 15.-16.September 2000; Hg. von Jenö Bango/András Karácsony. Heidelberg, S.60-82
Beck, Ulrich; Beck-Gernsheim, Elisabeth (Hrsg.) (1994): Riskante Freiheiten. Individualisierung in modernen Gesellschaften. Frankfurt/M.: Suhrkamp
Becker.-Schmidt, Regina (2004): Doppelte Vergesellschaftung von Frauen: Divergenzen und Brückenschläge wischen Privat- und Erwerbsleben. In: Becker, Ruth; Kortendiek, Beate (Hrsg.): Handbuch Frauen- und Geschlechterforschung. Theorien, Methoden, Empirie. Wiesbaden: VS-Verlag

Beckert, Jens (2007): Die soziale Ordnung von Märkten. In: Ders. u.a. (Hrsg.): Märkte als soziale Strukturen. Frankfurt/M.; New York: Campus; S.43-62

Beckert, Jens; Diaz-Bone, Rainer; Ganßmann, Heiner (Hrsg.) (2007): Märkte als soziale Strukturen. Frankfurt/M.; New York: Campus

Begemann, Maik C. (2007): Die Inanspruchnahme von Dienstleistungszentren zur Unterstützung im Privathaushalt. Eine vom Konzept der Alltäglichen Lebensführung angeleitete empirische Untersuchung zur Nutzung haushaltsbezogener Dienstleistungen. Hamburg: Kovac

Behning, Ute (Hg.) (1997): Das Private ist ökonomisch. Widersprüche der Ökonomisierung privater Familien- und Haushaltsdienstleistungen. Berlin: edition sigma

Behning, Ute (1997): Einleitung. In: Dies. (Hg.): Das Private ist ökonomisch. Widersprüche der Ökonomisierung privater Familien- und Haushaltsdienstleistungen. Berlin, S.11-20

Berger, Johannes (2003): Neuerliche Anfragen an die Theorie der funktionalen Differerenzierung. In: Giegel/Schimank (Hrsg.): Beobachter der Moderne. Frankfurt/M.; S.207-230

Bergmann, Jens; Geissler, Birgit; Pohlheim, Katja (2008): Haushaltsdienstleistungen – Der potenzielle Bedarf. Abschlussbericht an die Hans-Böckler-Stiftung. Universität Bielefeld (Fakultät für Soziologie)

Bergmann, Jens (2007): Korruption und Systemrationalität. Systemtheoretische Aspekte von Korruption am Beispiel des Kölner Müllskandals. Saarbrücken: VDM Verlag

Boelcke, Willi Alfred (1983): Liberalismus: 3b) Neoliberalismus. In: Willi Albers (Hrsg.): Handwörterbuch der Wirtschaftswissenschaft; Band 5. Göttingen: Vandenhoeck u. Ruprecht; S.44-45

Bohler, Karl Friedrich/Glatzer Wolfgang (1998): Renaissance des privaten Haushalts und seiner Leistungspotentiale für gesellschaftliche Wohlfahrt in neueren sozialwissenschaftlichen Theorien – Gegenwartslage und Zukunftsperspektiven; in: Richarz (Hg.): Der Haushalt. Neubewertung in der Postmoderne; Göttingen 1998, S.109-120

Bohnsack, Ralf (1991): Rekonstruktive Sozialforschung. Einführung in Methodologie und Praxis qualitativer Sozialforschung. Opladen: Leske + Budrich

Boltanski, Luc; Chiapello Ève (2003): Der neue Geist des Kapitalismus. Konstanz: UVK

Bolte, Karl Martin (2000): Typen alltäglicher Lebensführung In: Kudera/Voß (Hrsg.) Lebensführung und Gesellschaft. Opladen: Westdeutscher Verlag

Bora, Alfons (2001): Öffentliche Verwaltung zwischen Recht und Politik. Zur Multireferentialität der Programmierung organisatorischer Kommunikation. In: Tacke, Veronika (Hg.): Organisation und gesellschaftliche Differenzierung. Wiesbaden: Westdeutscher Verlag, S.170-191

Bosch, Gerhard (2000): Entgrenzung der Erwerbsarbeit – Lösen sich die Grenzen zwischen Erwerbs- und Nichterwerbsarbeit auf? In: Minssen, Heiner (Hg.): Begrenzte Entgrenzungen. Wandlungen von Organisation und Arbeit. Berlin: edition Sigma, S.249-268

Bourdieu, Pierre (1983): Ökonomisches Kapital, kulturelles Kapital, soziales Kapital. In: Kreckel, Reinhard (Hg.): Soziale Ungleichheiten. Sonderband 2 der Sozialen Welt. Göttingen: Schwartz; S.183-199

Bourdieu, Pierre (1998): Gegenfeuer. Wortmeldungen im Dienste des Widerstands gegen die neoliberale Invasion. Konstanz: UVK

Bourdieu, Pierre (2001): Gegenfeuer 2. Für eine europäische soziale Bewegung. Konstanz: UVK
Bröckling, Ulrich; Lemke, Thomas; Krasmann, Susanne (Hrsg.) (2000): Gouvernementalität der Gegenwart. Studien zur Ökonomisierung des Sozialen. Frankfurt/M.: Suhrkamp
Bröckling, Ulrich (2007): Das unternehmerische Selbst. Soziologie einer Subjektivierungsform. Frankfurt/M.: Suhrkamp
Brose, Hanns-Georg; Diewald, Martin; Goedicke, Anne (2004): Arbeiten und Haushalten – Wechselwirkungen zwischen betrieblichen Beschäftigungspolitiken und privater Lebensführung. In: Struck, Olaf; Köhler, Christoph (Hrsg.): Beschäftigungsstabilität im Wandel? Empirische Befunde und theoretische Erklärungen für West- und Ostdeutschland. München/Mering: Hampp; S. 287-309
Bühl, Achim (2006): SPSS 14. Einführung in die moderne Datenanalyse. München: Pearson Studium
Burkart, Günter (2002): Stufen der Privatheit und die diskursive Ordnung der Familie. In: Soziale Welt, Jg. 53, Heft 4, S.397-413
Burkart, Günter; Runkel, Gunter (Hrsg.) (2005): Funktionssysteme der Gesellschaft. Beiträge zur Systemtheorie von Niklas Luhmann. Wiesbaden: VS Verlag
Burkart, Günter (2005): Die Familie in der Systemtheorie. In: Burkart, Günter; Runkel, Gunter (Hrsg.): Funktionssysteme der Gesellschaft. Beiträge zur Systemtheorie von Niklas Luhmann, S.101-128
Burkart, Günter (2006): Positionen und Perspektiven. Zum Stand der Theoriebildung in der Familiensoziologie. In: Zeitschrift für Familienforschung, 18.Jg, Heft 2, S.175-205
Buß, Eugen; Schöpps, Martina (1979): Die gesellschaftliche Entdifferenzierung. In: Zeitschrift für Soziologie; Jg.8, H.4; S.315-329
Busch, Friedrich W.; Nave-Herz, Rosemarie (Hrsg.) (2005): Familie und Gesellschaft. Beiträge zur Familienforschung. Oldenburg: bis
Butterwege, Christoph; Lösch, Bettina; Ptak, Ralf (2008): Kritik des Neoliberalismus. Wiesbaden: VS Verlag
Chomsky, Noam (2003): Profit over People – Neoliberalismus und globale Weltordnung. Hamburg: Europa Verlag
Dahm, Sabine (2004): Das neue Steuerungsmodell auf Bundes- und Länderebene sowie die Neuordnung der öffentlichen Finanzkontrolle in der Bundesrepublik Deutschland. Berlin: Duncker & Humblot
Demirovic, Alex (Hg.) (2001): Komplexität und Emanzipation. Kritische Gesellschaftstheorie und die Herausforderungen der Systemtheorie Niklas Luhmanns. Münster: Westfälisches Dampfboot
Demirovic, Alex (2004): Hegemonie und das Paradox von privat und öffentlich. URL: http://www.republicart.net/disc/publicum/demirovic01_de.pdf [Zugriff: 04.08.2006]
Demszky von der Hagen, Alma M. (2006): Allltägliche Gesellschaft. Netzwerke alltäglicher Lebensführung in einer großstädtischen Wohnsiedlung. München, Mering: Hampp
Deutschmann, Christoph (2001): Die Verheißung des absoluten Reichtums. Frankfurt/M.: Campus

Deutschmann, Christoph (2002): Postindustrielle Industriesoziologie. Theoretische Grundlagen, Arbeitsverhältnisse und soziale Identitäten. Weinheim und München: Juventa

Dörre, Klaus (2003): Das flexibel-marktzentrierte Produktionsmodell – Gravitationszentrum eines ‚neuen Kapitalismus'? In: Dörre, Klaus; Röttger, Bernd (Hrsg.): Das neue Marktregime. Konturen eines nachfordistischen Produktionsmodells. Hamburg: VSA; S.35-54

Drepper, Thomas (2003): Organisationen der Gesellschaft. Gesellschaft und Organisation in der Systemtheorie Niklas Luhmanns, Opladen: Westdeutscher Verlag

Dunkel, Wolfgang; Sauer, Dieter (2006) (Hg.): Von der Allgegenwart der verschwindenden Arbeit. Neue Herausforderungen für die Arbeitsforschung. Berlin: edition sigma

Dunkel, Wolfgang; Weihrich. Margit (2006): interaktive Arbeit. Ein Konzept zur Entschlüsselung personenbezogener Dienstleistungsarbeit. In: Dunkel/Sauer (Hg.): Von der Allgegenwart der verschwindenden Arbeit; Berlin, S.67-82

Durkheim, Émile (1984): Die Regeln der soziologischen Methode. Frankfurt/M.: Suhrkamp

Eberle, Thomas Samuel (1991): Rahmenanalyse und Lebensweltanalyse. In: Hettlage, Robert, Lenz, Karl (Hrsg.): Erving Goffman – ein soziologischer Klassiker der zweiten Generation. Bern, Stuttgart: Verlag Paul Haupt; S.157-210

Egbringhoff, Julia (2007): Ständig Selbst. Eine Untersuchung der Lebensführung von Ein-Personen-Selbständigen. München, Mering: Hampp

Erler, Gisela (2003): Außer Spesen nichts gewesen? Rezension zu Arlei Russell Hochschilds „Keine Zeit. Wenn die Firma zum zuhause wird und zu Hause nur Arbeit wartet". In: Zeitschrift für Familienforschung, 15.Jg., Heft 3,Opladen, S.315-320

Esser, Hartmut (1996)2: Soziologie. Allgemeine Grundlagen. Frankfurt/M.: Campus

Evers, Adalbert; Heinze, Rolf G. (Hrsg.) (2008) Sozialpolitik. Ökonomisierung und Entgrenzung. Wiesbaden: VS Verlag

Farzin, Sina (2006): Inklusion/Exklusion. Entwicklungen und Probleme einer systemtheoretischen Unterscheidung. Bielefeld: Transcript

Fischer, Karsten (2002): Selbstkorrumpierung des Parteienstaates. Versuch über einen Gestaltwandel politischer Korruption; in: Bluhm/Fischer (Hrsg.): Sichtbarkeit und Unsichtbarkeit der Macht. Theorien politischer Korruption, S.67-86

Flick, Uwe (1996): Psychologie des technisierten Alltags – Soziale Konstruktionen und Repräsentation technischen Wandels in verschiedenen kulturellen Kontexten. Opladen: Westdeutscher Verlag

Foucault, Michel (1991): Der Wille zum Wissen. Sexualität und Wahrheit 1. Franfurt/M.: Suhrkamp

Foucault, Michel (2000): Die Gouvernementalität. In: Bröckling, Ulrich; Lemke, Thomas; Krasmann, Susanne (Hrsg.): Gouvernementalität der Gegenwart. Studien zur Ökonomisierung des Sozialen. Frankfurt/M.: Suhrkamp; S.41-67

Franke, Siegfried S. (2003): Ökonomisierung. In: Voigt, Rüdiger und Walkenhaus, Ralf (Hrsg.): Handwörterbuch zur Verwaltungsreform. Wiesbaden: Westdeutscher Verlag

Friebertshäuser, Barbara; Prengel; Annedore (Hrsg.) (1997): Handbuch qualitative Forschungsmethoden in der Sozialwissenschaft, Weinheim und München: Juventa

Friedrichs, Jürgen; Stolle, Martin; Engelbrecht, Gudrun (1993): Rational Choice-Theorie: Probleme der Operationalisierung. In: Zeitschrift für Soziologie 22; S. 2-15.
Friedrichs, Jürgen (Hg.) (1988): Soziologische Stadtforschung, Sonderheft. 29 der Kölner Zeitschrift für Soziologie und Sozialpsychologie
Fuchs, Tatjana (2005): Haushaltsproduktion. In: SOFI/IAB/ISF/INIFES (Hg.): Berichterstattung zur sozioökonomischen Entwicklung in Deutschland. Wiesbaden: VS Verlag, S. 403-432
Fuhse, Jan A. (2005): Persönliche Netzwerke in der Systemtheorie. SISS: Schriftenreihe des Instituts für Sozialwissenschaften der Universität Stuttgart: No.1/2005; URL: http://www.uni-stuttgart.de/soz/institut/forschung/2005.SISS.1.pdf [07.06.2007]
Funder, Maria (2000): Entgrenzung von Organisationen - Eine Fiktion der Managementforschung? In: Minssen, Heiner (Hrsg.): Begrenzte Entgrenzungen. Wandlungen von Organisation und Arbeit. Berlin: Sigma, S. 19-46
Galler, Heinz P.; Ott, Notburga (1993): Empirische Haushaltsforschung. Erhebungskonzepte und Analyseansätze angesichts neuer Lebensformen. Frankfurt/M.: Campus Verlag
Garhammer, Manfred (1990): Private Haushalte und Sozialpolitik – Leistungspotentiale und Grenzen, in: Breitkopf, Helmut/Wohlfahrt, Norbert (Hrsg.): Sozialpolitik jenseits von Markt und Staat? Bielefeld: Kleine 1990, S. 121-163
Garland, David (1997): 'Gouvernementality' and the Problem of Crime: Foucault, Criminology, Sociology; In: Theoretical Criminology, Vol.1 (2) 1997; S.173-214
Gather, Claudia; Geissler, Birgit; Rerrich, Maria S (Hrsg.) (2002): Weltmarkt Privathaushalt. Bezahlte Haushaltsarbeit im globalen Wandel. Münster: Westfälisches Dampfboot
Gerst, Detlef (2005): „Arbeitskraftunternehmer" – Leitbild der neoliberalen Arbeitsgesellschaft? URL: http://www.bdwi.de/forum/archiv/archiv/97626.html [16.11.2008]
Gerhards, Jürgen (1993): Funktionale Differenzierung der Gesellschaft und Prozesse der Entdifferenzierung. In: Fischer, Hans Rudi (Hrsg.): Autopoiesis. Eine Theorie im Brennpunkt der Kritik. Heidelberg: Carl-Auer-Systeme, S.263-280
Geissler, Birgit; Oechsle, Mechthild (1996): Lebensplanung junger Frauen. Zur widersprüchlichen Modernisierung weiblicher Lebensläufe. Weinheim: Deutscher Studienverlag
Geissler, Birgit (2002): Die Dienstleistungslücke im Haushalt. Der neue Bedarf nach Dienstleistungen und die Handlungslogik der privaten Arbeit. In: Gather, Claudia; Geissler, Birgit; Rerrich, Maria S. (Hrsg.): Weltmarkt Privathaushalt. Bezahlte Haushaltsarbeit im globalen Wandel. Münster: Westfälisches Dampfboot; S. 30-49
Geissler, Birgit (2005): Flexibilität in Arbeit und Alltag: das neue Paradigma der postindustriellen Gesellschaft. In: Freiburger FrauenStudien - Schwerpunktheft "Arbeit und Geschlecht". jos fritz-Verlag: Freiburg: 2005, S. 97-112.
Geissler, Birgit (2006): Haushalts-Dienstleistungen als informelle Erwerbsarbeit: Neue Ungleichheit oder Ausdifferenzierung des Arbeitsmarkts? In: Arbeit. Zeitschrift für Arbeitsforschung, Jg. 15 (2006), Heft 3, S. 194-205.
Geissler, Birgit (2008a): Zeitsouveränität: die paradoxe Suche nach Selbstbestimmung. In: Wagner, Gabriele; Hessinger, Phillip (Hrsg.): Ein neuer Geist des Kapitalismus? Paradoxien und Ambivalenzen der Netzwerkökonomie. Wiesbaden: VS; S.257-277

Geissler, Birgit (2008b): Arbeit jenseits der formellen Erwerbsarbeit: Haushaltsarbeit. (Manuskript für das „Lehr- und Handbuch Arbeitssoziologie")
Geuss, Raymond (2002): Privatheit. Eine Genealogie. Frankfurt/M.: Suhrkamp
Giddens, Anthony (1997): Jenseits von Links und Rechts. Frankfurt/M.: Suhrkamp
Giegel, Hans-Joachim; Schimank, Uwe (Hrsg.) (2003): Beobachter der Moderne. Beiträge zu Niklas Luhmanns „Die Gesellschaft der Gesellschaft". Frankfurt/M.: Suhrkamp
Gildemeister, Regine (2004): Doing Gender - Soziale Praktiken der Geschlechterunterscheidung, in: Becker, R./Kortendiek, B.: Handbuch Frauen- und Geschlechterforschung, Wiesbaden S. 130-141
Glatzer, W./Berger-Schmidt, R. (Hg.) (1986): Haushaltsproduktion und Netzwerkhilfe. Die alltäglichen Leistungen der Familien und Haushalte. Frankfurt/New York
Glatzer, Wolfgang (1994): Haushalten und Gesellschaft. In: Richarz, Irmintraut (Hg.) Haushalten in Geschichte und Gegenwart. Beiträge eines internationalen Symposiums an der Universität Münster, Göttingen: Vandenhoeck und Ruprecht, S. 237-246
Goffman, Erving (1974): Das Individuum im öffentlichen Austausch. Mikrostudien zur öffentlichen Ordnung, Frankfurt/M.: Suhrkamp
Goffman, Erving (2008a): Rahmen-Analyse. Ein Versuch über die Organisation von Alltagserfahrungen. Frankfurt/M.: Suhrkamp
Goffman, Erving (2008b): Wir alle spielen Theater. Die Selbstdarstellung im Alltag. München: Piper
Gottschall, Karin; Voß, Günther (Hrsg.) (2003): Entgrenzung von Arbeit und Leben. Zum Wandel der Beziehung von Erwerbstätigkeit und Privatsphäre im Alltag. München: Hampp.
Gräbe, Sylvia (Hg.) (1993): Der private Haushalt im wissenschaftlichen Diskurs. Frankfurt/M., New York: Campus Verlag
Gräf, Lorenz (1993): Privatheit und Datenschutz. Eine soziologische Analyse aktueller Regelungen zum Schutz privater Bereiche auf dem Hintergrund einer Soziologie der Privatheit. Köln, Univ. Diss.
Greve, Jens; Heintz, Bettina (2005): Die ‚Entdeckung' der Weltgesellschaft. Entstehung und Grenzen der Weltgesellschaftstheorie. In: Heintz, Bettina; Münch, Richard; Tyrell; Hartmann (Hrsg.): Die Gesellschaft und ihre Reichweite – wie zwingend ist die ‚Weltgesellschaft'. Sonderband der Zeitschrift für Soziologie
Haberkern, Klaus (2007): Zeitverwendung und Arbeitsteilung in Paarhaushalten. In: Zeitschrift für Familienforschung, 19. Jg.; H.2 2007; S.159-185
Habermas, Jürgen (1982): Theorie des kommunikativen Handelns. 2 Bde., Frankfurt/M.: Suhrkamp
Habermas, Jürgen (1996): Strukturwandel der Öffentlichkeit. Untersuchungen zu einer Kategorie der bürgerlichen Gesellschaft. Frankfurt/M.: Suhrkamp
Haferkamp, Hans (Hg.) (1990): Sozialstruktur und Kultur. Frankfurt/M.: Suhrkamp
Hahn, Kornelia; Burkart, Günter (Hrsg.) (1998): Liebe am Ende des 20. Jahrhunderts. Studien zur Soziologie intimer Beziehungen I. Opladen, Leske und Budrich
Halfmann, Jost; Japp, Klaus P. (1981): Grenzen sozialer Differenzierung – Grenzen des Wachstums öffentlicher Sozialdienste. In: Zeitschrift für Soziologie, Jg.10, H.3, S.244-255
Hartmann, Martina; Offe, Claus (Hrsg.) (2001): Vertrauen. Die Grundlage des sozialen Zusammenhalts. Frankfurt/M./New York: Campus

Heidenreich, Martin; Töpsch, Karin (1998): Die Organisation von Arbeit in der Wissensgesellschaft. In: Industrielle Beziehungen, 5.Jg., Heft1; S.13-45

Herlth, A.; Bruner, E.J.; Tyrell, H.; Kriz, J. (Hrsg.) (1994): Abschied von der Normalfamilie? Partnerschaft kontra Elternschaft. Berlin, Heidelberg, New York u.a.: Springer

Heinrich, Jürgen (2001): Ökonomisierung aus wirtschaftswissenschaftlicher Perspektive. In: Jarren, Ottfried; Meier, Werner A. (Hrsg.): Ökonomisierung der Medienindustrie: Ursachen, Formen und Folgen. Themenheft Medien & Kommunikationswissenschaft 49/2. Baden-Baden: Nomos; S.159-166

Helfferich, Cornelia (2005): Die Qualität qualitativer Daten. Manual für die Durchführung qualitativer Interviews, Wiesbaden: VS Verlag

Hengsbach, Friedhelm (2008): Kapitalismus als Religion? In: Hessinger, Phillip; Wagner, Gabriele (Hrsg.) (2008): Ein neuer Geist des Kapitalismus? Paradoxien und Ambivalenzen der Netzwerkökonomie. Wiesbaden: VS Verlag; S.145-191

Hessinger, Phillip; Wagner, Gabriele (Hrsg.) (2008): Ein neuer Geist des Kapitalismus? Paradoxien und Ambivalenzen der Netzwerkökonomie. Wiesbaden: VS Verlag

Hildebrandt, Eckart (Hg.) in Zusammenarbeit mit Gudrun Linne (2000): Reflexive Lebensführung. Zu den sozialökologischen Folgen flexibler Arbeit. Berlin: edition sigma

Hillebrandt, Frank (2007): Kaufen, Verkaufen, Schenken: die Simultanität von Tauschpraktiken. In: Beckert, Jens; Diaz-Bone, Rainer; Ganßmann, Heiner (Hrsg.) (2007): Märkte als soziale Strukturen. Frankfurt/M.; New York: Campus; S.281-295

Hiller, Petra (2005): Korruption und Netzwerke. Konfusionen im Schema von Organisation und Gesellschaft. In: Zeitschrift für Rechtssoziologie 26 (200), Heft 1, S.57-77

Hochschild, Arlie Russel (2003): The Commercialization of intimate life. Notes from Home and Work. Berkeley, Los Angeles, London: University of California Press

Hochschild, Arlie Russel (2006)2: Keine Zeit. Wenn die Firma zum Zuhause wird und zu Hause nur Arbeit wartet. Wiesbaden: VS-Verlag

Hoff, Ernst-H. (2008): Alte und neue Formen der Lebensgestaltung. Segmentation, Integration und Entgrenzung von Berufs- und Privatleben. In: Jurczyk,/Oechsle (Hrsg.) (2008): Das Private neu denken. Erosionen, Ambivalenzen, Leistungen. Münster: Westfälisches Dampfboot, S.133-153

Hollstein, Bettina (2005): Reziprozität in familialen Generationenbeziehungen. In: Adloff, Frank; Mau, Stefan (Hrsg.): Vom Geben und Nehmen. Zur Soziologie der Reziprozität. Frankfurt/New York: Campus; S. 187-209

Holtgrewe, Ursula (2002): Anerkennung und Arbeit in der Dienst-Leistungs-Gesellschaft. Eine identitätstheoretische Perspektive. In: Moldaschl, Manfred/Günter G. Voß (Hrsg.): Subjektivierung von Arbeit, München, Mering: Hampp, S.195 – 218

Holtgrewe, Ursula (2008): Die Organisation der Ausblendung: Der „neue Geist der Kapitalismus" und die Geschlechterverhältnisse. In: Wagner/Hessinger (Hrsg.): Ein neuer Geist des Kapitalismus? Paradoxien und Ambivalenzen der Netzwerkökonomie; S.279-309

Holzer, Boris (2008): Organisierte Globalität: Entgrenzung, Vernetzung und Institutionalisierung transnationaler Unternehmen. In: Maurer, Andrea; Schimank, Uwe (Hrsg.): Die Gesellschaft der Unternehmen – Die Unternehmen der Gesellschaft. Wiesbaden: VS Verlag, S.265-276

Hopf, Christel; Schmidt Christiane (1993): Zum Verhältnis von familialen sozialen Erfahrungen, Persönlichkeitsentwicklung und politischen Orientierungen: Dokumentation und Erörterung des methodischen Vorgehens in einer Studie zu diesem Thema. Institut für Sozialwissenschaften der Universität Hildesheim

Huinink, Johannes; Strohmeier, Klaus Peter; Wagner, Michael (Hrsg.) (2001): Solidarität in Partnerschaft und Familie. Zum Stand familiensoziologischer Theoriebildung. Würzburg: Ergon

Jankowitz, Jens; Stark, Carsten (Hrsg.) (2003): Soziologischer Funktionalismus. Zur Methdologie einer Theorietradition. Opladen: Leske + Budrich

Jansen, Stephan A.; Priddat, Birger P. (Hrsg.) (2007): Die Zukunft des Öffentlichen. Multidisziplinäre Perspektiven für eine Öffnung der Diskussion über das Öffentliche. Wiesbaden: VS Verlag

Jarren, Otfried (1998): Medien, Mediensystem und politische Öffentlichkeit im Wandel. In: Sarcinelli, Ulrich (Hrsg.): Politikvermittlung und Demokratie in der Mediengesellschaft. Opladen, Wiesbaden: Westdeutscher Verlag, S. 74–94.

Jürgens, Kerstin (2006): Arbeits- und Lebenskraft. Reproduktion als eigensinnige Grenzziehung. Wiesbaden: VS-Verlag

Jurczyk, Karin; Rerrich, Maria S. (Hrsg.). (1993). Die Arbeit des Alltags. Beiträge zu einer Soziologie der alltäglichen Lebensführung. Freiburg: Lambertus

Jurczyk, Karin; Oechsle, Mechthild (Hrsg.) (2008): Das Private neu denken. Erosionen, Ambivalenzen, Leistungen. Münster: Westfälisches Dampfboot

Jurczyk, Karin; Oechsle, Mechthild (2008): Privatheit: Interdisziplinarität und Grenzverschiebungen. Eine Einführung. In: Dies. (Hrsg.): Das Private neu denken. Erosionen, Ambivalenzen, Leistungen. Münster: Westfälisches Dampfboot, S.8-47

Jurczyk, Karin; Voß, Günter (2000): Entgrenzte Arbeitszeit – Reflexive Alltagszeit. Die Zeiten des Arbeitskraftunternehmers. In: Hildebrandt, Eckart (Hg.) in Zusammenarbeit mit Gudrun Linne: Reflexive Lebensführung. Zu den sozialökologischen Folgen flexibler Arbeit. Berlin: edition sigma, S.151-205

Jurczyk, Karin; Rerrich, Maria S. (Hrsg.) (1993): Die Arbeit des Alltags. Beiträge zu einer Soziologie der alltäglichen Lebensführung. Freiburg: Lambertus

Kaufmann, Franz-Xaver (1995): Zukunft der Familie im vereinten Deutschland. gesellschaftliche und politische Bedingungen. München: C.H. Beck

Kaufmann, Franz Xaver (2007): Warum Politik für Familien? In: Zeitschrift für Soziologie, Jg.36, Heft 5, Oktober 2007, S.380-384

Kaufmann, Jean-Claude (1999): Mit Leib und Seele. Theorie der Haushaltstätigkeit. Konstanz: UVK

Kaufmann, Jean-Claude (2005): Schmutzige Wäsche. Ein ungewöhnlicher Blick auf gewöhnliche Paarbeziehungen. Konstanz: UVK

Keppler, Angela (1997): Familie als Gespräch. Zu Identität und Interaktionsform familiärer Gemeinschaften. In: Wicke, Michael (Hrsg.): Konfigurationen lebensweltlicher Strukturphänomene. Soziologische Varianten phänomenologisch-hermeneutischer Welterschließung. Opladen: Leske +Budrich; S.143-156

Kluge, Susann (1999): Empirisch begründete Typenbildung. Zur Konstruktion von Typen und Typologien in der qualitativen Sozialforschung, Opladen: leske & budrich

Kettschau, Irmhild (Hrsg.) (2000): Familie 2000: Bildung für Familien und Haushalte zwischen Alltagskompetenz und Professionalität, europäische Perspektiven. Dokumentation der dritten europäischen Fachtagung, 26. - 28.9.1999 in Bonn. Baltmannsweiler : Schneider-Verl. Hohengehren

Kieserling, André (1994): Familien in systemtheoretischer Perspektive. In: Herlth, A.; Bruner, E.J.; Tyrell, H.; Kriz, J. (Hrsg.): Abschied von der Normalfamilie? Partnerschaft kontra Elternschaft. Berlin, Heidelberg, New York u.a.: Springer; S.16-29

Kieserling, André (1999): Kommunikation unter Anwesenden. Studien über Interaktionssysteme. Frankfurt/M.: Suhrkamp

Kieserling, André (2004): Zwischen Wirtschaft und Kultur: Über Pierre Bourdieu. In: Ders.: Selbstbeschreibung und Fremdbeschreibung. Beiträge zur Soziologie soziologischen Wissens. Frankfurt/M.: Suhrkamp

Kirchhoff, Christine; Meyer, Lars et al. (Hrsg.) (2004) : Gesellschaft als Verkehrung. Perspektiven einer neuen Marx-Lektüre. Freiburg: Ca ira

Kleemann, Frank (2005). Die Wirklichkeit der Teleheimarbeit. Eine arbeitssoziologische Untersuchung. Berlin: edition sigma.

Klocke, Andreas; Spellerberg Annette; Lück, Detlev (2002): Lebensstile im Haushalts- und Familienkontex In: Zeitschrift für Familienforschung, 14. Jahrg., Heft 1/2002, S. 70-87

Kocyba, Hermann; Voswinkel, Stefan (2008): Kritik in der Netzwerkökonomie. In: Wagner, Gabriele; Hessinger, Phillip (Hrsg.): Ein neuer Geist des Kapitalismus? Paradoxien und Ambivalenzen der Netzwerkökonomie. Wiesbaden: VS Verlag; S.41-62

Koppetsch, Cornelia; Burkart, Günther (1999): Die Illusion der Emanzipation. Zur Wirkung latenter Geschlechtsnormen im Milieuvergleich. Konstanz: UVK

Kraemer, Klaus (1997): Der Markt der Gesellschaft. Zu einer soziologischen Theorie der Marktvergesellschaftung. Opladen: Westdeutscher Verlag

Kratzer, Nick (2003): Arbeitskraft in Entgrenzung. Grenzenlose Anforderungen, erweiterte Spielräume, begrenzte Ressourcen. Berlin: edition sigma

Kratzer, Nick; Lange, Andreas (2006): Entgrenzung von Arbeit und Leben: Verschiebung, Pluralisierung, Verschränkung. Perspektiven auf ein neues Reproduktionsmodell. In: Dunkel, Wolfgang; Sauer, Dieter (Hg.): Von der Allgegenwart der verschwindenden Arbeit. Neue Herausforderungen für die Arbeitsforschung. Berlin: edition sigma, S.171-200

Kratzer, Nick; Sauer, Dieter (2007): Entgrenzte Arbeit - Gefährdete Reproduktion - Genderfragen in der Arbeitsforschung. In: Brigitte Aulenbacher; Maria Funder; Heike Jacobsen; Susanne Völker (Hrsg.): Arbeit und Geschlecht im Umbruch der modernen Gesellschaft. Wiesbaden: VS Verlag; S. 235-249

Krause, Detlef (2001): Luhmann-Lexikon. Eine Einführung in das Gesamtwerk von Niklas Luhmann, Stuttgart

Krebs, Angelika (2002): Arbeit und Liebe. Die philosophischen Grundlagen sozialer Gerechtigkeit. Frankfurt: Suhrkamp

Krönig, Franz Kasper (2007): Die Ökonomisierung der Gesellschaft. Systemtheoretische Perspektiven. Bielefeld: transcript

Kuckartz, Udo (2005): Einführung in die computergestützte Analyse qualitativer Daten. Wiesbaden: VS Velag

Kudera, Werner; Voß, G. Günter (Hrsg.) (2000): Lebensführung und Gesellschaft. Beiträge zu Konzept und Empirie alltäglicher Lebensführung. Opladen: Leske u. Budrich

Kühl, Stefan (2000): Grenzen der Vermarktlichung. Die Mythen um unternehmerisch handelnde Mitarbeiter. In: WSI-Mitteilungen, Jg. 53, S.818-828

Kühl, Stefan (2008): Wirtschaft und Gesellschaft: neomarxistische Theorieansätze. In: Maurer, Andrea (Hrsg.): Handbuch der Wirtschaftssoziologie. Wiesbaden: VS; S.124-151

Kumar, Krishan; Makarova, Ekaterina (2008): The Portable Home: The Domestication of Public Space. In: Jurczyk/Oechsle (Hrsg.): Das Private neu denken. Erosionen, Ambivalenzen, Leistungen, S.70-92

Kutsch, Thomas; Piortowsky, Michael-Burkhard; Schätzke, Manfred (1997): Einführung in die Haushaltswissenschaft: Haushaltsökonomie, Haushaltssoziologie, Haushaltstechnik. Stuttgart: UTB

Langhoff, Antonia (2008): „Ich habe gerne ein gutes Produkt, dass ich vorzeige" – Zur Managementisierung der humanitären Hilfe. In: Hessinger/Wagner (Hrsg.): Ein neuer Geist des Kapitalismus? Paradoxien und Ambivalenzen der Netzwerkökonomie. Wiesbaden: VS Verlag; S.233-254

Lemke, Thomas; Krasmann, Susanne; Bröckling, Uwe (2000): Gouvernementalität, Neoliberalismus und Selbsttechnologien. Eine Einleitung. In: Dies. (Hrsg.): Gouvernementalität der Gegenwart. Studien zur Ökonomisierung des Sozialen. Frankfurt/M.: Suhrkamp; S.7-41

Lenz, Karl (2005): Familie als Ensemble persönlicher Beziehungen. In: Busch/Nave-Herz (Hrsg.): Familie und Gesellschaft. Beiträge zur Familienforschung; S.9-32

Luhmann, Niklas (1975): Soziologische Aufklärung 2. Aufsätze zur Theorie der Gesellschaft. Opladen: Westdeutscher Verlag

Luhmann, Niklas (1984): Soziale Systeme. Grundriß einer allgemeinen Theorie. Frankfurt/M.: Suhrkamp

Luhmann, Niklas (1987): Soziologische Aufklärung 4. Beiträge zur funktionalen Differenzierung der Gesellschaft. Opladen: Westdeutscher Verlag

Luhmann, Niklas (1994): Die Wirtschaft der Gesellschaft, Frankfurt a.M.

Luhmann Niklas (1995a): Soziologische Aufklärung 6. Die Soziologie und der Mensch, Opladen: Westdeutscher Verlag

Luhmann, Niklas (1995b): Kausalität im Süden; in: Soziale Systeme, Jg. 1; S.7-28

Luhmann, Niklas (1997): Die Gesellschaft der Gesellschaft, Frankfurt a.M

Luhmann, Niklas (2000): Organisation und Entscheidung. Opladen: Westdeutscher Verlag

Luhmann, Niklas (2005): Sozialsystem Familie. In: Luhmann, Niklas: Soziologische Aufklärung 5. Konstruktivistische Perspektiven. Wiesbaden: VS Verlag; S.189-209

Luhmann, Niklas (2008): Liebe. Eine Übung. Hg. von André Kieserling. Frankfurt/M.: Suhrkamp

Lutz, Helma (2007): Vom Weltmarkt in den Privathaushalt. Die neuen Dienstmädchen im Zeitalter der Globalisierung. Opladen & Farmington Hills: Barbara Budrich

Maurer, Andrea (Hrsg.) (2008a): Handbuch der Wirtschaftssoziologie. Wiesbaden: VS Verlag

Maurer, Andrea (2008b): Das moderne Unternehmen: theoretische Herausforderungen und Perspektiven für die Soziologie. In: Maurer/Schimank (Hrsg.): Die Gesellschaft der Unternehmen – Die Unternehmen der Gesellschaft. Wiesbaden: VS Verlag, S.17-39

Maurer, Andrea; Schimank, Uwe (Hrsg.) (2008): Die Gesellschaft der Unternehmen – Die Unternehmen der Gesellschaft. Wiesbaden: VS Verlag

Matuschek, Ingo (2003): Intergenerationelle Ko-Produktion. Die Sozialisierung flexibilisierter Arbeit; in: Gottschall/Voß (Hg.): Entgrenzung von Arbeit und Leben. Zum Wandel der Beziehung von Erwerbstätigkeit und Privatsphäre im Alltag. München: Hampp, S.333-358

Mayntz, Renate; Rosewitz, Bernd; Schimank, Uwe; Stichweh, Rudolf (1988): Differenzierung und Verselbständigung: zur Entwicklung gesellschaftlicher Teilsysteme. Frankfurt/New York: Campus

Mayring, Phillip (2003): Qualitative Inhaltsanalyse. Grundlagen und Techniken. Weinheim und Basel: Beltz

Meier, Uta (1995): Familienhaushalte als Produktionsstäten von kulturellem und sozialem Kapital – Zur gesellschaftlichen Bedeutung des vermeintlich Privaten. In: Hauswirtschaft und Wissenschaft 6/1995, 243-249

Meier, Uta (Hg.) (1997): Vom Oikos zum modernen Dienstleistungshaushalt. Der Strukturwandel privater Haushaltsführung. Frankfurt/M., New York: Campus Verlag

Methfessel, Barbara; Glatzer, Wolfgang (1994): Der private Haushalt zwischen Haushaltswissenschaft und Soziologie; in: Soziologische Revue 17, Sonderheft 3: Familie. Soziologie familialer Lebenswelten, 425-435

Meyer, Thomas (1992): Modernisierung der Privatheit. Differenzierungs- und Individualisierungsprozesse des familialen Zusammenlebens. Opladen: Westdeutscher Verlag

Minssen, Heiner (Hg.) (2000): Begrenzte Entgrenzungen. Wandlungen von Organisation und Arbeit. Berlin: edition sigma

Mittelstrass, Jürgen (1990): Wirtschaftsethik oder der erklärte Abschied vom Ökonomismus auf philosophischen Wegen. In: P. Ulrich Hrsg.): Auf der Suche nach einer neuen Wirtschaftsethik. Bern u. Stuttgart: Haupt

Moldaschl, Manfred (1998): Internalisierung des Marktes. Neue Unternehmensstrategie und qualifizierte Angestellte. In: Institut für Sozialwissenschaftliche Forschung (ISF), München; Internationales Institut für Empirische Sozialökonomie (INEFS), Stadtbergen; Institut für Sozialforschung (IfS), Frankfurt/M.; Soziologisches Forschungsinstitut (SOFI), Göttingen (Hrsg.): Jahrbuch sozialwissenschaftliche Technikberichterstattung1997. Schwerpunkt: Moderne Dienstleistungswelten. Berlin; S.197-250

Moosbrugger, Jeanette (2008): Subjektivierung von Arbeit: Freiwillige Selbstausbeutung. Ein Erklärungsmodell für die Verausgabungsbereitschaft von Hochqualifizierten. Wiesbaden: VS Verlag

Müller, Florian; Müller, Michael (Hg.) (1996): Markt und Sinn. Dominiert der Markt unsere Werte? Frankfurt/M.; New York: Campus

Müller, Florian; Müller, Michael: Macht Markt Sinn? In: Müller F.; Müller, M. (Hg.): Markt und Sinn. Dominiert der Markt unsere Werte? Frankfurt/M.; S.7-15

Müller-Jentsch, Walther (2003): Organisationssoziologie. Eine Einführung. Frankfurt/M.: Campus

Nassehi, Armin (2003): Geschlossenheit und Offenheit. Studien zur Theorie der modernen Gesellschaft. Frankfurt/M.: Suhrkamp

Nave-Herz, Rosemarie (2003): Familie zwischen Tradition und Moderne. Ausgewählte Beiträge zur Familiensoziologie. Oldenburg: bis

Nave-Herz, Rosemarie (2006): Ehe- und Familiensoziologie. Eine Einführung in Geschichte, theoretische Ansätze und empirische Befunde. Weinheim und München: Juventa

Neckel, Sieghard (1996): Identität als Ware. Die Marktwirtschaft im Sozialen. In: Müller F.; Müller, M. (Hg.): Markt und Sinn. Dominiert der Markt unsere Werte? Frankfurt/M.; S.133-145

Nötzold-Linden, Ursula (1994): Freundschaft. Zur Thematisierung einer vernachlässigten soziologischen Kategorie. Opladen: Westdeutscher Verlag

Offe, Claus/Heinze, Rolf G. (1986): Am Arbeitsmarkt vorbei. Überlegungen zur Neubestimmung „haushaltlicher" Wohlfahrtsproduktion in ihrem Verhältnis zu Markt und Staat, in: Leviathan 14, S. 471-495

Ostner, Ilona (1986): Frauenarbeit und Frauenarbeitsforschung - endlos, glücklos, hoffnungslos von gestern?, in: Soziologische Revue, 1986, H. 4, S. 376-386

Ostner, Ilona (2008): Ökonomisierung der Lebenswelt durch aktivierende Familienpolitik? In: Evers, Adalbert; Heinze, Rolf G. (Hrsg.): Sozialpolitik. Ökonomisierung und Entgrenzung. Wiesbaden: VS Verlag, S.49-66

Ott, Notburga (1997): Beruf, Kinder, Familie – ein Spannungsfeld aus ökonomischer Sicht. In: Behning, ute (Hg.): Das Private ist ökonomisch. Widersprüche der Ökonomisierung privater Familien- und Haushaltsdienstleistungen. Berlin, S.41-65

Parsons, Talcott (2003): Das System moderner Gesellschaften. Weinheim und München: Juventa

Paul, Axel T. (2002): Money Makes the World Go Round. Über die Dynamik des Geldes und die Grenzen der Systemtheorie. In: Berliner Journal für Soziologie; H.2, 243-262

Pahl, Hanno (2007): Die Emergenz des Monetären. Wirtschaft und Finanzsphäre bei Marx und Luhmann. Bielefeld, Univ. Diss

Pfau-Effinger, Birgit; Geissler, Birgit (1992): Institutionelle und soziokulturelle Kontextbedingungen der Entscheidung verheirateter Frauen für Teilzeitarbeit. In: Mitteilungen aus der Arbeitsmarkt- und Berufsforschung, Jg. 25, Heft 3; S. 358-370

Pohlmann, Markus (2008): Die neue Kulturtheorie und der „Geist des Kapitalismus". In: Wagner, Gabriele; Hessinger, Phillip (Hrsg.): Ein neuer Geist des Kapitalismus? Paradoxien und Ambivalenzen der Netzwerkökonomie. Wiesbaden: VS; S.103-126

Polanyi, Karl (1979): Ökonomie und Gesellschaft. Frankfurt/M.: Suhrkamp

Pongratz, Hans; Voß, Günter (2003): Arbeitskraftunternehmer. Erwerbsorientierungen in entgrenzten Arbeitformen. Berlin: edition sigma (Forschungen aus der Hans-Böckler-Stiftung, Bd.47)

Prein, Gerald; Kelle, Udo; Kluge, Susan (1993): Strategien zur Integration quantitativer und qualitativer Auswertungsverfahren. Sfb-Arbeitspapier Nr.19, Bremen

Probst, Lothar (1998): Politisierung des Privaten, Privatisierung des Politischen. In: Blätter für deutsche und internationale Politik 43/10; S.1181-1191

Rapin, Hildegard (Hg.) (1990): Der private Haushalt im Spiegel sozialempirischer Erhebungen. Frankfurt/M., New York: Campus Verlag

Reichwein, Roland (1993): Privatsphäre im Umbruch – von der Familie zum Haushalt. In: Reichwein, Roland; Cramer, Alfons; Buer, Ferdinand: Umbrüche in der Privatsphäre. Familie und Haushalt zwischen Politik, Ökonomie und sozialen Netzen. Bielefeld: Kleine

Rerrich, Maria S. (2000): Zusammenfügen, was auseinanderstrebt: zur familialen Lebensführung von Berufstätigen In: Kudera, Werner/Voß, G. Günter (Hrsg.): Lebensführung und Gesellschaft. Opladen: Westdeutscher Verlag

Rerrich, Maria S. (2006): Die ganze Welt zu Hause. Cosmobile Putzfrauen in privaten Haushalten. Hamburg: Hamburger Edition

Resch, Marianne (1991): Haushalt und Familie: Der zweite Arbeitsplatz. Handlungstheoretische Analyse der Reproduktionsarbeit in Haushalt und Familie. Bern: Huber

Resch, Marianne (1999): Arbeitsanalyse im Haushalt. Erhebung und Bewertung von Tätigkeiten außerhalb der Erwerbsarbeit mit dem AVAH-Verfahren, Zürich: vdf

Richarz, Irmintraut (Hrsg.) (1998): Der Haushalt. Neubewertung in der Postmoderne. Beiträge eines internationalen disziplinübergreifenden Symposions an der Universität Münster vom 12.-13. März 1997. Göttingen: Vandenhoeck & Ruprecht

Richarz, Irmintraut (2001): Der Haushalt in Wissenschaft und Bildung: Herausforderungen in sich wandelnder Welt. Baltmannsweiler : Schneider: Hohengehren

Rose, Nikolas (1999): Governing the Soul. The Shaping of the Private Self. Free Association Books: London

Rössler, Bate (2001): Der Wert des Privaten. Frankfurt/M.: Suhrkamp

Roth, Wolfgang L.; Zakrzewski, Bianca M. (2006): Work Life Balance jenseits der 50-Stunden-Woche. Motive, Visionen und Lebensgestaltung junger High-Potentials. Kröning: Assanger Verlag

Rothenbacher, Franz (1987): Haushalt, funktionale Differenzierung und soziale Ungleichheit. Evolutionäre Wandlungsprozesse. In: Zeitschrift für Soziologie; Jg. 16: H.6, 450-466

Sauer, Dieter; Döhl, Volker (1997): Die Auflösung des Unternehmens. Entwicklungstendenzen der Unternehmensorganisation in den 90er Jahren. In: Institut für Sozialwissenschaftliche Forschung (ISF), München; Internationales Institut für Empirische Sozialökonomie (INEFS), Stadtbergen; Institut für Sozialforschung (IfS), Frankfurt/M.; Soziologisches Forschungsinstitut (SOFI), Göttingen (Hrsg.): Jahrbuch sozialwissenschaftliche Technikberichterstattung, Jahr 1996; S.19-76

Saul, John R. (1998): Der Markt frißt seine Kinder. Wider die Ökonomisierung der Gesellschaft. Frankfurt/M./New York: Campus

Scherger, Simone; Brauer, Kai; Künemund Harald (2004): Partizipation und Engagement älterer Menschen - Elemente der Lebensführung im Stadt-Land-Vergleich. In: Gertrud M. Backes; Wolfgang Clemens; Harald Künemund (Hrsg.): Lebensformen und Lebensführung im Alter. Wiesbaden: VS-Verlag für Sozialwissenschaften; S. 173-192.

Schimank, Uwe /Volkmann, Ute (1999): Gesellschaftliche Differenzierung. Bielefeld: tanscript

Schimank, Uwe (2001): Organisationsgesellschaft. In: Kneer, Georg; Nassehi, Armin; Schroer, Markus (Hrsg.): Klassische Gesellschaftsbegriffe der Soziologie. München: Wilhelm Fink

Schimank, Uwe (2003): Theorie der modernen Gesellschaft nach Luhmann – eine Bilanz in Stichworten. In: Giegel/Schimank (Hrsg.): Beobachter der Moderne. Frankfurt/M.; S.261-300

Schimank, Uwe (2008): Gesellschaftliche Ökonomisierung und unternehmerisches Agieren. In: Maurer/Schimank (Hrsg.): Die Gesellschaft der Unternehmen- Die Unternehmen der Gesellschaft. Wiesbaden: VS; S.220-236

Schimank, Uwe; Volkmann, Ute (2008): Ökonomisierung der Gesellschaft. In: Andrea Maurer (Hrsg.): Handbuch der Wirtschaftssoziologie. Wiesbaden: VS Verlag; S.382-393.

Schinkel, Andreas: (2003): Freundschaft. Von der gemeinsamen Selbstverwirklichung zum Beziehungsmanagement. Die Verwandlung einer sozialen Ordnung. Freiburg: Alber

Schmidt, Christiane (1997): „Am Material": Auswertungstechniken für Leitfadeninterviews; in: Friebertshäuser, Barbara/Prengel; Annedore (Hrsg.): Handbuch qualitative Forschungsmethoden in der Sozialwissenschaft, Weinheim und München: Juventa; S.544-567

Schupp, Jürgen (2001): Private Haushalte als Arbeitgeber bleiben beschäftigungspolitisch von geringer Bedeutung. In: DIW-Wochenbericht 86, 13; S. 201-210

Schuster, Peter; Stichweh, Rudolf u.a. (2003): Freundschaft und Verwandtschaft als Gegenstand interdisziplinärer Forschung. Einleitung zum Themenschwerpunkt. In: sozialer sinn, Heft 1/2003; S.3-20

Schwinn, Thomas (2001): Differenzierung ohne Gesellschaft. Umstellung eines soziologischen Konzepts. Weilerswist: Velbrück Wissenschaft

Schwinn, Thomas (Hg.) (2004): Differenzierung und soziale Ungleichheit. Die zwei Soziologien und ihre Verknüpfung. Frankfurt/M.: Humanities Online

Seel, Barbara (1993): Wirtschaftslehre des Haushalts – Ein multidisziplinäres Konzept. In: Bottler, J. (Hg.): Wirtschaftslehre des Haushalts. Baltmannsweiler, S.36-55

Sennet, Richard (1998): Verfall und Ende des öffentlichen Lebens. Die Tyrannei der Intimität. Frankfurt/M.: S. Fischer

Solga, Heike/Wimbauer, Christine (Hg.) (2005): „Wenn zwei das Gleiche tun ..." Ideal und Realität sozialer (Un-)Gleichheit in Dual Career Couples. Opladen: Barbara Budrich

Stichweh, Rudolf (2000): Semantik und Sozialstruktur: Zur Logik einer systemtheoretischen Unterscheidung. In: Soziale Systeme; Jahrgang 6; Heft2; S.237-250

Stichweh, Rudolf (2005): Inklusion und Exlusion. Studien zur Gesellschaftstheorie. Bielefeld: transcript

Simmel, Georg (1989): Philosophie des Geldes. Frankfurt/M.: Suhrkamp

Simsa, Ruth (2003): Defizite und Folgeprobleme funktionaler Differenzierung. Ein Vorschlag zur Beobachtung von Reaktionen der Gesellschaft. In: Soziale Systeme 9, H.1, S.105-130

Smelser, Neil J. (1985): Stabilität, Instabilität und die Analyse der politischen Korruption, in: Fleck, Christian; Kuzmics, Helmut (Hrsg.): Korruption. Zur Soziologie nicht immer abweichenden Verhaltens, Königstein/Ts.; S. 202-227

Statistisches Bundesamt (Hg.) (2006); (2007): Leben in Deutschland. Haushalte, Familien und Gesundheit – Ergebnisse des Mikrozensus 2005 . Wiesbaden

Statistisches Bundesamt (Hg.) (2007): Haushalte und Familien – Ergebnisse des Mikrozensus 2006. Wiesbaden

Statistisches Bundesamt/Forum der Bundesstatistik (Hg.) (2003): Wo bleibt die Zeit? Die Zeitverwendung der Bevölkerung in Deutschland 2001/02. Wiesbaden

Statistisches Bundesamt/Forum der Bundesstatistik (Hg.) (2004): Alltag in Deutschland. Analysen zur Zeitverwendung. Wiesbaden

Strauss, Anselm/Corbin, Juliet (1996): Grounded Theory: Grundlagen Qualitativer Sozialforschung. Weinheim: Beltz

Straubhaar, Thomas (2005): Ökonomisierung des Bildungswesens. In: Wirtschaftsdienst, Jg. 85, H. 2; S. 62–63

Tacke, Veronika (2000a): Soziologische Beobachtungsoptiken in der „grenzenlosen Gesellschaft" – Ein Vorschlag zur Neujustierung industriesoziologischer Schlüsselkonzepte. In: Minssen, H. (Hg.): Begrenzte Entgrenzungen. Wandlungen von Organisation und Arbeit. Berlin: edition sigma; S.105-137

Tacke, Veronika (2000b): Netzwerk und Adresse. In: Soziale Systeme 6, 291-320

Tacke, Veronika (Hg.) (2001): Organisation und gesellschaftliche Differenzierung. Wiesbaden: Westdeutscher Verlag

Thiessen, Barbara (2004): Re-Formulierung des Privaten. Professionalisierung personenbezogener, haushaltsnaher Dienstleistungsarbeit. Wiesbaden: VS Verlag

Tyrell, Hartmann (1976): Probleme einer Theorie der gesellschaftlichen Ausdifferenzierung der privatisierten modernen Kernfamilie, in: Zeitschrift für Soziologie 5, S. 393-417

Tyrell, Hartmann (1978): Anfragen an die Theorie der gesellschaftlichen Differenzierung. Zeitschrift für Soziologie 7, S. 173-193

Tyrell, Hartmann (1983): Zwischen Interaktion und Organisation II: Die Familie als Gruppe. In: Friedhelm Neidhardt (Hg.): Gruppensoziologie. Kölner Zeitschrift für Soziologie und Sozialpsychologie, Sonderheft 25, Opladen: Westdt. Verlag, S.362-390

Tyrell, Hartmann (1988): Ehe und Familie – Institutionalisierung und Deinstitutionalisierung. In: Lüscher, Kurt; Schultheis, Franz; Wehrspaun, Michael (Hrsg.): Die „postmoderne Familie". Familiale Strategien und Familienpolitik in einer Übergangszeit. Konstanz: Universitätsverlag, S.145-156

Tyrell, Hartmann (1998): Zur Diversität der Differenzierungstheorie. Soziologiehistorische Anmerkungen. In: Soziale Systeme 4, H.1, S.119-149

Ullrich, Carsten G. (1999): Deutungsmusteranalyse und diskursives Interview; in: Zeitschrift für Soziologie, Jg. 28; Heft 6, S.429-447

Vogd, Werner (2005): Systemtheorie und rekonstruktive Sozialforschung. Eine empirische Versöhnung unterschiedlicher theoretischer Perspektiven. Opladen: Barbara Budrich

Vogel, Rick (2007): Ökonomisierung des Öffentlichen? New Public Management in Theorie und Praxis der öffentlichen Verwaltung. In: Jansen, Stephan A.; Priddat, Birger (Hrsg.): Die Zukunft des Öffentlichen. Multidisziplinäre Perspektiven für eine Öffnung der Diskussion über das Öffentliche. Wiesbaden: VS Verlag; S.152-174

Von Schweitzer, Rosemarie (1988): Lehren vom Privathaushalt. Eine kleine Ideengeschichte. Franfurt/M.: Campus

Voß, Günter (1997): Beruf und alltägliche Lebensführung – zwei subjektnahe Instanzen der Vermittlung von Individuum und Gesellschaft. In: Voß, Günter G.; Pongratz, Hans J. (Hrsg.): Subjektorientierte Soziologie. Karl Martin Bolte zum siebzigsten Geburtstag. Opladen: Leske & Budrich; S.201-222

Voß, Günther; Pongratz, Hans (1998): Der Arbeitskraftunternehmer. Eine neue Grundform der Ware Arbeitskraft. In: Kölner Zeitschrift für Soziologie und Sozialpsychologie, Jg.50, S.131-158

Voß, Günther (1998): Die Entgrenzung von Arbeit und Arbeitskraft. Eine subjektorientierte Interpretation des Wandels der Arbeit. In: MittAB, 31.Jg. 3/1998, S.473-487

Voß, Günther: (2007): Subjektivierung von Arbeit und Arbeitskraft. Die Zukunft der Beruflichkeit und die Dimension Gender als Beispiel. In: Aulenbacher, Brigitte u.a. (Hrsg.): Arbeit und Geschlecht im Umbruch der modernen Gesellschaft; S.97-113

Voß, Günther; Weihrich Margit (Hrsg.) (2001): Tagaus - tagein: Neue Beiträge zur Soziologie alltäglicher Lebensführung (Arbeit und Leben im Wandel. Schriftenreihe zur subjektorientierten Soziologie der Arbeit und der Arbeitsgesellschaft Bd. 1). München, Mering: Hampp

Voswinkel, Stephan (2004): Die Organisation der Vermarktlichung von Organisationen – Das Beispiel erfolgsbezogenen Entgelts. In: Jäger, Wieland; Schimank, Uwe (Hrsg.): Organisationsgesellschaft. Facetten und Perspektiven. Wiesbaden: VS; S.287-312

Wagner, Gabriele (2007): Ein „neuer Geist des Kapitalismus"? Paradoxien der Selbstverantwortung. In: Österreichische Zeitschrift für Soziologie, Jg. 32; S.3-24

Wagner, Gabriele (2008): „Ausschließlich zahlenorientiert, ausschließlich an Erträgen orientiert". Vermarktlichung als Organisationsprinzip und Anerkennungsproblem. In: Österreichische Zeitschrift für Soziologie, Jg. 33.; S.20-42

Wagner, Thomas (2005): Funktionale Differenzierung und ein ökonomischer Primat – hat die systemtheoretische Gesellschaftstheorie ausgedient?
URL: http://www.sozialarbeit.ch,dokumente und oekonomischer primat.pdf [12.05.2007]

Wahl, Anke (2003): Die Veränderung von Lebensstilen. Generationenfolge, Lebenslauf und sozialer Wandel. Frankfurt/M.: Campus

Weber, Max (1980): Wirtschaft und Gesellschaft. Grundriß der verstehenden Soziologie. Tübingen: J.C.B. Mohr

Weber, Max (1988): Gesammelte Aufsätze zur Religionssoziologie 1. Tübingen: UTB

Wenninger, Andreas (2008): Kontrollierte Offenheit. Review Essay: Niklas Luhmann (2005). Einführung in die Theorie der Gesellschaft [65 Absätze]. In: Forum qualitative Sozialforschung/Forum: Qualiatative Social Research, 9(3), Art.23; http:://nbn-resolving.de/urn:nbn:de: 0114-fqs0803237.

Wienold, Hanns u.a. (1995): Lexikon zur Soziologie. Dritte, völlig neu bearbeitete und erweiterte Auflage. Opladen: Westdeutscher Verlag

Willke, Gerhard (2003): Neoliberalismus. Frankfurt/M., New York: Campus

Willke, Helmut (2003): Heterotopia. Studien zur Krisis der Ordnung moderner Gesellschaften. Frankfurt/M.: Suhrkamp

Wrana, Daniel (2006): Ökonomisierung und/oder Pädagogisierung der Weiterbildung.
URL:http://steam.human.uni-potsdam.de/sektion-eb/docs/wrana_oekonomisierungundpaedagogisierung.pdf